Ivo Korytowski

Português Sem Mistério

UM JEITO <u>ORIGINAL</u> DE TIRAR SUAS
DÚVIDAS DE PORTUGUÊS

2ª EDIÇÃO AMPLIADA

> COM **ESTRATÉGIAS** PARA VOCÊ SE
> **PREPARAR** PARA AS PROVAS DE
> REDAÇÃO & LINGUAGENS, CÓDIGOS
> E SUAS TECNOLOGIAS DO **ENEM**

ALTA BOOKS
E D I T O R A
Rio de Janeiro, 2017

Português Sem Mistério: Um jeito original de tirar suas dúvidas de português

Copyright © 2017 da Starlin Alta Editora e Consultoria Eireli. ISBN: 978-85-508-0187-2

Todos os direitos estão reservados e protegidos por Lei. Nenhuma parte deste livro, sem autorização prévia por escrito da editora, poderá ser reproduzida ou transmitida. A violação dos Direitos Autorais é crime estabelecido na Lei nº 9.610/98 e com punição de acordo com o artigo 184 do Código Penal.

A editora não se responsabiliza pelo conteúdo da obra, formulada exclusivamente pelo(s) autor(es).

Marcas Registradas: Todos os termos mencionados e reconhecidos como Marca Registrada e/ou Comercial são de responsabilidade de seus proprietários. A editora informa não estar associada a nenhum produto e/ou fornecedor apresentado no livro.

Impresso no Brasil — 2017 — Edição revisada conforme o Acordo Ortográfico da Língua Portuguesa de 2009.

Publique seu livro com a Alta Books. Para mais informações envie um e-mail para autoria@altabooks.com.br

Obra disponível para venda corporativa e/ou personalizada. Para mais informações, fale com projetos@altabooks.com.br

Produção Editorial Editora Alta Books	**Gerência Editorial** Anderson Vieira	**Produtor Editorial (Design)** Aurélio Corrêa	**Marketing Editorial** Silas Amaro marketing@altabooks.com.br	**Vendas Atacado e Varejo** Daniele Fonseca Viviane Paiva comercial@altabooks.com.br
Produtor Editorial Thiê Alves	**Supervisão de Qualidade Editorial** Sergio de Souza	**Editor de Aquisição** José Rugeri j.rugeri@altabooks.com.br	**Vendas Corporativas** Sandro Souza sandro@altabooks.com.br	**Ouvidoria** ouvidoria@altabooks.com.br
Assistente Editorial Juliana de Oliveira				
Equipe Editorial	Bianca Teodoro Christian Danniel	Ian Verçosa Illysabelle Trajano	Renan Castro	
Revisão Gramatical Wendy Campos Carolina Gaio	**Layout e Diagramação** Fernando Rocha	**Capa** Bianca Teodoro		

Erratas e arquivos de apoio: No site da editora relatamos, com a devida correção, qualquer erro encontrado em nossos livros, bem como disponibilizamos arquivos de apoio se aplicáveis à obra em questão.

Acesse o site www.altabooks.com.br e procure pelo título do livro desejado para ter acesso às erratas, aos arquivos de apoio e/ou a outros conteúdos aplicáveis à obra.

Suporte Técnico: A obra é comercializada na forma em que está, sem direito a suporte técnico ou orientação pessoal/exclusiva ao leitor.

A editora não se responsabiliza pela manutenção, atualização e idioma dos sites referidos pelos autores nesta obra.

Dados Internacionais de Catalogação na Publicação (CIP)
Odilio Hilario Moreira Junior CRB-8/9949

K85p   Korytowski, Ivo
    Português sem mistério: um jeito original de tirar suas dúvidas de português / Ivo Korytowski. – 2. ed. - Rio de Janeiro : Alta Books, 2017.
    224 p. : il. ; 17cm x 24cm.

    ISBN: 978-85-508-0187-2

    1. Língua portuguesa. 2. Gramática. I. Título.

                                    CDD 469.5
                                    CDU 811.134.3

ALTA BOOKS EDITORA

Rua Viúva Cláudio, 291 — Bairro Industrial do Jacaré
CEP: 20970-031 — Rio de Janeiro - RJ
Tels.: (21) 3278-8069 / 3278-8419
www.altabooks.com.br — altabooks@altabooks.com.br
www.facebook.com/altabooks

SUMÁRIO

INTRODUÇÃO... V

PARTE I: UM JEITO ORIGINAL DE TIRAR SUAS DÚVIDAS DE PORTUGUÊS.. 1

1. Comédia dos erros 3
2. Ortografia 13
3. Pronúncia 19
4. Palavras, expressões e abreviaturas...................................... 23
5. Pontuação.. 33
6. Acentuação 51
7. Concordância 61
8. Verbos... 73
9. Pronomes... 85
10. Femininos e plurais 91

PARTE II: COMO SE PREPARAR PARA A PROVA DE REDAÇÃO DO ENEM.. 99

11. Como desenvolver a Competência 2: Compreender a proposta de redação e aplicar conceitos das várias áreas de conhecimento para desenvolver o tema, dentro dos limites estruturais do texto dissertativo-argumentativo em prosa................................ 103

12. Como desenvolver a Competência 3: Selecionar, relacionar, organizar e interpretar informações, fatos, opiniões e argumentos em defesa de um ponto de vista.. 111

13. Como desenvolver a Competência 4: Demonstrar conhecimento dos mecanismos linguísticos necessários para a construção da argumentação... 113

iv | PORTUGUÊS SEM MISTÉRIO

14. Como desenvolver a Competência 5: Elaborar proposta de intervenção para o problema abordado, respeitando os direitos humanos 117

15. Como escrever uma boa redação: teoria e prática...........................119

16. Exercício: "O histórico desafio de se valorizar o professor"..................125

PARTE III: COMO SE PREPARAR PARA A PROVA DE LINGUAGENS, CÓDIGOS E SUAS TECNOLOGIAS........................ 133

17. Como desenvolver as Competências 1 e 9, que envolvem as tecnologias da comunicação e da informação....................................139

18. Como desenvolver a Competência 2: Conhecer e usar língua(s) estrangeira(s) moderna(s) como instrumento de acesso a informações e a outras culturas e grupos sociais............................ 147

19. Como desenvolver a Competência 3: Compreender e usar a linguagem corporal como relevante para a própria vida, integradora social e formadora da identidade.................................... 151

20. Como desenvolver a Competência 4: Compreender a arte como saber cultural e estético gerador de significação e integrador da organização do mundo e da própria identidade................................. 157

21. Como desenvolver a Competência 5: Analisar, interpretar e aplicar recursos expressivos das linguagens, relacionando textos com seus contextos, mediante a natureza, função, organização, estrutura das manifestações, de acordo com as condições de produção e recepção... 169

22. Como desenvolver a Competência 6: Compreender e usar os sistemas simbólicos das diferentes linguagens como meios de organização cognitiva da realidade pela constituição de significados, expressão, comunicação e informação 191

23. Como desenvolver a Competência 7: Confrontar opiniões e pontos de vista sobre as diferentes linguagens e suas manifestações específicas.....205

24. Como desenvolver a Competência 8: Compreender e usar a língua portuguesa como língua materna, geradora de significação e integradora da organização do mundo e da própria identidade..........209

CONCLUSÃO 217

INTRODUÇÃO

Este livro se divide em três partes. A Parte I trata de dúvidas de português. Afinal, na prova de redação do ENEM, mesmo que você desenvolva um raciocínio perfeito, com encadeamento lógico das ideias e uma conclusão brilhante, cometer erros crassos de grafia, acentuação, concordância, regência dará uma péssima impressão ao examinador que corrigir sua prova. Você precisa escrever corretamente, de acordo com a norma padrão.

A Parte II trata da redação. A redação no ENEM avalia cinco competências. Analisamos uma por uma e vemos como reforçar cada uma delas, exceto a Competência 1, "Demonstrar domínio da modalidade escrita formal da Língua Portuguesa", que é objeto da Parte I deste livro. Mas embora escrever um texto gramaticalmente correto já seja meio caminho andado, não é tudo. Você precisa desenvolver o hábito de analisar temas, avaliar prós e contras, formar opiniões e defendê-las. E é fundamental saber como "armar" a redação: bolar um título chamativo, redigir uma introdução que apresente o tema, desenvolvê-lo em uns três parágrafos e encerrar com sua proposta de intervenção. Vamos ver maneiras de fazer isto.

A Parte III aborda Linguagens, Códigos e Suas Tecnologias (LCST). A prova contém textos bem variados: cartuns, tirinhas, textos informativos, textos literários, letras de músicas, poesias, textos em linguagem popular. Em algumas perguntas, se prestar atenção, você descobre a resposta: é a mais óbvia. Outras perguntas são capciosas, mais de uma resposta parece certa. Você vai ter de fazer uma espécie de "revolução cultural" em sua vida. Vai ter que adquirir um mínimo de hábito de leitura. Mas em que tipo de leitura se concentrar? O que "cai" mais no ENEM? Vale a pena desenvolver, por exemplo, o hábito de ler poesia quando, das quarenta questões de língua portuguesa, apenas umas poucas são de poesia? A Parte III do livro aborda todos estes dilemas e faz uma análise objetiva dos tipos de questões que "caíram" nas provas de Linguagens, Códigos e Suas Tecnologias do ENEM nos últimos anos.

O ENEM não é uma prova tradicional, clássica, em que você decora uma matéria para depois responder a perguntas objetivas sobre ela. Trata-se de uma prova que avaliará sua capacidade de ler, entender e interpretar variados tipos de texto (poesia, matérias jornalísticas, textos em linguagem popular, textos literários, letras de músicas etc.) em português e em uma língua estrangeira, e de escrever um texto defendendo um ponto de vista e oferecendo propostas de solução. A prova também contém questões sobre artes, saúde e educação física.

Por isto, não adianta esperar até chegar um mês antes da prova e sair decorando a matéria como se fazia nos velhos tempos. Você vai ter que traçar uma estratégia, um plano de ação de médio prazo, e definir alguns pontos. Como faço para melhorar mivi | PORTUGUÊS SEM MISTÉRIO

nha técnica de redação? Como supero minhas dificuldades na interpretação de textos? Minha letra é legível o suficiente para que o avaliador consiga "decifrá-la"? Quais erros de português mais comuns devo evitar? Como aprendo a acentuar corretamente as palavras? (Afinal, na hora da prova não tem corretor ortográfico.) Este livro ajudará você a planejar essa estratégia de modo a reduzir suas deficiências e aumentar suas chances de sucesso nas provas de Redação & Linguagens, Códigos e Suas Tecnologias do ENEM.

Você pode ler o livro sequencialmente, abrir três frentes de combate e ler as três partes em paralelo, ou ainda ler fora de ordem, começando, digamos, pela Parte II, Redação, que é o tópico que mais "bomba" nas redes sociais e na mídia, antes, durante e depois do ENEM. Você decide.

PARTE I
UM JEITO ORIGINAL DE TIRAR SUAS DÚVIDAS DE PORTUGUÊS

As línguas são organismos vivos: nascem, crescem, passam por transformações, têm filhos (o português é "filho" do latim) e também morrem. E pode até acontecer o milagre da ressurreição, caso do hebraico, que, de língua morta com função puramente litúrgica, com a criação do Estado de Israel voltou a ser uma língua viva, falada no dia a dia.

O português utilizado hoje não é o mesmo de cem anos atrás. Nem o português da época de Machado de Assis era o mesmo de Camões, ou dos trovadores medievais (veja o boxe 'O Português Através Dos Tempos', no Capítulo 22). E tem mais: o português brasileiro não é o mesmo de nossos irmãos lusófonos de Portugal, Angola, Moçambique, Goa, Macau (veja o boxe 'Português Do Brasil E Português De Portugal', no Capítulo 24). E nem o português falado no Rio Grande do Sul é exatamente igual ao do Rio de Janeiro, Bahia, São Paulo, Acre etc. (veja o boxe 'O Português Brasil Afora', no Capítulo 24). Existem diferenças de pronúncia, entonação, vocabulário — um exemplo clássico é **sinal** no Rio e **farol** em Sampa —, além de gírias locais e regionalismos.

Na linguagem formal da matemática, logicamente perfeita, cada símbolo representa um único objeto, e os elementos se concatenam segundo regras rígidas. As línguas artificiais, como o esperanto, estão mais próximas da "lógica" das linguagens formais do que do caos das línguas "naturais". Mas é do caos que nasce a diversidade. É o caos que dá graça às coisas. Se o mundo fosse "certinho", seríamos como as formiguinhas que há milhares de anos repetem diariamente a mesma rotina.

O português — ou qualquer outra língua — não é logicamente perfeito. Pelo contrário, está cheio de contrassensos (como é cheia de contrassensos a mente humana): por exemplo, uma mesma letra pode representar vários sons (o **x** pode representar os sons **ch** – xadrez –, **ss** – sintaxe –, **z** – exame –, **cs** – sexo – e **s** – texto). E um mesmo som pode ser representado por diferentes letras (o som **ss** por **x** – trouxe –, **c** – cigarro –, **ç** – caçada – e **s** – sapato).

Ou, no nível das palavras: uma mesma palavra pode denotar diferentes objetos — **manga**, a fruta, e **manga** da camisa — e o mesmo objeto pode ser denotado por diferentes palavras — **cerveja**, **cerva**, **loirinha**.

Pois é exatamente este "caos" da língua que permite ambiguidades, sutilezas, conotações, trocadilhos, metáforas, gírias, trava-línguas, ditados ("Boa romaria faz quem

2 | PORTUGUÊS SEM MISTÉRIO

em casa fica em paz" ou "Amasiado com fé, casado é"), literatura e folclore; em suma, todo este tesouro que é a nossa língua.

Quando digo "tesouro" não estou exagerando. Com um vocabulário de umas quinhentas palavras a gente consegue se comunicar nas situações do cotidiano. Com duas, três mil palavras já se é razoavelmente culto. Machado de Assis teria usado, em *Memórias Póstumas de Brás Cubas*, 6.700 palavras diferentes. Calcula-se que Shakespeare tenha usado 25 mil palavras diferentes do inglês no conjunto de sua obra.

Parece muito, mas é pouco diante do número de verbetes dos dicionários atuais. O *Dicionário Aurélio* possui "milhares de verbetes, abonações, locuções e exemplos"; o *Dicionário Houaiss*, mais de 230 mil verbetes; o *Michaelis* tem 167 mil verbetes e 350 mil acepções; o *Aulete Digital* possui mais de 818 mil verbetes, definições e locuções em constante atualização.[1]

Mas toda moeda tem dois lados. Se a língua fosse puro caos, viveríamos em uma Babel, em uma incomunicabilidade total. Daí a necessidade de regras, das gramáticas normativas. Elas nascem de uma espécie de contrato social, um "acordo de cavalheiros" entre os falantes da língua para que todos se entendam. Mas, como ocorre no plano político-social, também no linguístico as "leis" se transformam — às vezes brotam até rebeliões populares contra elas. Um caso interessante é o **tu**, que, conquanto um pronome de segunda pessoa, cada vez mais se utiliza com o verbo na terceira — e não há gramático capaz de deter isto.

O objetivo da Parte I deste livro é expor, de maneira *divertida* e *bem-humorada* (mas também de forma *lógica* e *compreensível*), aquelas dúvidas clássicas de português que todo mundo tem. Você tirará suas dúvidas de ortografia, pontuação, acentuação, concordância, verbos, pronomes, femininos e plurais. E na Comédia dos erros, se divertirá com erros que vão do corriqueiro (meio-dia e meio) ao inacreditável (árvore ginecológica), colhidos da vida real — em ruas, *blogs* e *sites*, na imprensa etc.

Se ao final você se flagrar dizendo a si mesmo(a): "Enfim consegui aprender a diferença entre **porque** junto e **por que** separado, **ir de encontro a** e **ir ao encontro de**, a acentuar corretamente as palavras, colocar os pronomes na posição certa, distinguir **flamengo** de **flamenco** etc.", terei atingido o objetivo.

Lembre-se: escrever corretamente, com o mínimo de erros ortográficos e gramaticais, é condição necessária para uma boa nota na prova de redação do ENEM. Mas é mais do que isto. É uma competência que o acompanhará pelo resto da vida e será de grande valia na vida profissional. Expressar-se bem abre portas.

---

1. Dados obtidos na internet, em 6/1/2017.

1

Comédia dos erros

Erros de linguagem podem ser fonte de piadas. A anedota clássica do gênero é a do colunista social que acha que Pio VI *viu* alguma coisa, que "cristão" é um *Cristo grandão* e confunde Confúcio com Pafúncio (o pessoal da antiga deve lembrar). Também o general Costa e Silva foi objeto deste tipo de piada: em viagem à Escócia, o presidente recusou-se a beber "uísque nacional"; em Paris, perguntou ao assessor como se diz *petit-pois* em francês; e, tendo visto na rua várias placas de EM OBRAS, julgou tratar-se de nova estatal, a Emobras, que viesse se juntar à Petrobras e à Eletrobras.

Mas erros da vida real podem ser ainda mais hilários que os das piadas. Conta o folclore político que Benedito Valadares, interventor de Minas durante o Estado Novo, proferindo certa vez um discurso preparado pelo assessor, teria dito:

— Temos o prazer de estar hoje, aqui, na maior província mineral do Brasil, *cuíca* do mundo.

O pessoal que ouvia o discurso ficou bolado. *Cuíca do mundo?* Na verdade, o texto que estava lendo dizia: "Temos o prazer de estar hoje, aqui, na maior província mineral do Brasil, *quiçá* do mundo." (Uma curiosidade: **quiçá** vem do espanhol *quizá*, redução de um antigo termo que significa *quem sabe*.)

Uma figuraça a quem se atribuem casos antológicos é o ex-presidente do Corinthians, Vicente Matheus. Ele teria dito que "quem está na chuva é para se *queimar*", "agradecemos à Antarctica, que mandou umas *brahminhas* pra nós" e "jogador tem que ser completo como o pato, que é um bicho aquático e *gramático*". Certa vez, em referência a uma tática discutível, ele teria dito:

— Essa tática é uma *faca de dois legumes*!

O incrível é que esta história, de tanto ser contada, acabou realmente gerando confusão, e às vezes a gente ouve alguém dizer com a cara mais séria do mundo: "Isto é uma faca de dois legumes." Tem até na canção *Lá vem o alemão*, dos Mamonas Assassinas: "O amor é uma faca de dois legumes / A luz anal do vaga-lume / Que ilumina o meu sofrer."

Mas o que seria uma **faca de dois gumes**? O *gume* é o lado cortante, afiado da faca. Logo, uma faca de dois gumes corta dos dois lados — como algumas adagas e facas ciganas. Costumamos usar **faca de dois gumes** figurativamente para algo que pode ser bom, mas também, ruim, e por isto é arriscado. Proibir a venda de armas é uma faca de dois gumes: pode diminuir a violência, mas pode também deixar a população honesta indefesa diante dos bandidos.

• **Seje** o que Deus quiser

Este é um erro comuníssimo, tanto na linguagem falada quanto na escrita, que pega muito mal em uma redação do ENEM. Na internet, encontrei 2.400 ocorrências de "Seje o que Deus quiser", entre elas: "Vou seguir enfrente seje o que Deus quiser..."

O certo é: Vou seguir em frente, **seja** (*terceira pessoa do singular do imperativo afirmativo*) o que Deus quiser. Como dizem os Paralamas do Sucesso: Seja você / Seja só você.

E seja o que Deus quiser.

• Vieram **menas** pessoas

Outro erro que pega muitíssimo mal em uma redação do ENEM é colocar **menos** no feminino: **menas**. Menos é um **advérbio**, e *os advérbios*, como veremos bem no início do Capítulo 4, *são invariáveis*: não vão para o plural nem para o feminino, nunca variando. Ele é **menos** bonito, ela é **menos** bonita, eles são **menos** bonitos, elas são **menos** bonitas. Observe que o adjetivo bonito variou, foi para o feminino e plural, mas **menos** ficou sempre igual!

• **Torre de Pizza**

Encontrei mais de 453 mil ocorrências de **Torre de Pizza** na internet. Várias se referem a torres de pizza literais; por exemplo, a história do "engenheiro *pizzaiolo* que constrói uma torre de pizza". Existem também vários restaurantes Brasil afora chamados Torre de Pizza. Mas em certo *site* me deparei com esta pérola: "Galileu deixou desabar duas balas de canhão de massas diferentes do topo da **Torre de Pizza** e verificou que as balas chegavam juntas ao solo." A cidade italiana onde fica a torre inclinada não é Pizza, galera, é Pisa! Vejam no Google Maps. **Torre de Pisa!**

• **Duplo de dez** e **ambos os três**

Certa vez, ouvi alguém pedir na bilheteria do metrô: "Um **duplo de dez**!" **Duplo** significa *em dobro*: estrela dupla, pneumonia dupla, imagem dupla. (Claro que o leitor deste livro jamais cometeria um erro assim. Citei-o apenas porque achei... inusitado!)

Outro erro dentro desta mesma linha é **ambos os três**. Na internet encontrei estas "barbaridades": "Mas ambos os três somos experientes em jornalismo", "acenou com a cabeça para ambos os três que retribuíram igualmente". **Ambos** só podem ser dois.

Mas dizer **ambos os dois** é coisa do Casseta & Planeta — assim como dizer "uma dupla de dois tiras"! Basta dizer **ambos**: "Segurou o prato com ambas as mãos." Mas se houver ideia de conflito, oposição, evite **ambos**: "Após muita discussão, **as duas partes** chegaram a um consenso." (E não **ambas as partes**.)

E para terminar, uma observação curiosa: **pessoas de ambos os sexos** designa *homens e mulheres* ou *pessoas hermafroditas*?

▪ Metereologia?

A palavra **meteorologia** é sua antiga conhecida. Quando você chega a casa, ela está nos telejornais. Ao folhear o jornal, você vê a garota do tempo. Quando está no carro curtindo sua rádio, pode até calhar de ouvir a música *Vento no Litoral*, do Renato Russo: "Sei que faço isso pra esquecer / Eu deixo a onda me acertar / E o vento vai levando tudo embora."

Mas será que meteorologia é apenas chuva, frio, ventania? Na verdade, **meteorologia** *é a ciência dos meteoros*, assim como a **antropologia** é o *estudo do ser humano* (*antropo*, do grego, daí as palavras **misantropo** e **filantropo**) e a **psicologia** é a *ciência dos fenômenos psíquicos*. Mas o que são **meteoros**?

Meteoro (do grego *metéoros*, significa *bem alto no ar*) é um fenômeno atmosférico: chuva, vento, aurora boreal, arco-íris, relâmpago, trovão são meteoros. A palavra **meteoro** também é usada para designar uma *estrela cadente*. Portanto, a *ciência que estuda os fenômenos atmosféricos, possibilitando a previsão do tempo*, é a **meteorologia**.

Metereologia simplesmente não existe — não está no *Aurélio*, nem no *Houaiss*. Mas está na internet. Lá encontrei 12,6 milhões de ocorrências de **meteorologia** e — pasmem! — 345 mil ocorrências de **metereologia**, um índice de erro de 2,7%.

▪ Estrupo

Em um trabalho sobre mulheres vítimas de violência sexual apresentado em um seminário internacional, encontrei esta passagem: "Existem diversos tipos de violência sexual, que podem ser: abuso sexual infantil, **estrupo**, **estrupo** num encontro marcado, **estrupo** conjugal, assédio sexual e outros."

A palavra correta é **estupro**, do latim *stupru*.

▪ Aluga-se carros

É bastante comum este tipo de erro de concordância. Na internet encontrei alguns casos, entre eles: "**Aluga se quartos** p rapazes", "**Aluga-se Apartamentos** Ou Casas Guarapari" (nome de uma página no Facebook), "**Aluga-se moças**" (nome de um filme pornô) etc.

Na verdade (como veremos adiante no capítulo sobre concordância), a frase está na *voz passiva sintética*, e significa que "carros são alugados". Se o sujeito, *carros,* está no plural, o verbo também precisa estar: **Alugam-se carros!** Outros exemplos: "Consertam-se geladeiras" (= Geladeiras são consertadas), "Vendem-se doces" (= Doces são vendidos).

▪ Árvore ginecológica

O livro *101 pérolas do ENEM*, de Fernando Braga, inclui esta: "Cada vez mais as pessoas querem conhecer sua família através da árvore ginecológica."

Pois é, tem gente que confunde **árvore genealógica** (genealogia de uma família) com **árvore ginecológica**. Pensando bem, o que seria uma árvore ginecológica? Algum ginecologista de plantão poderia me esclarecer?

Bife **a cebolado**

O leitor já deve ter topado, no cardápio de algum pé-sujo, com um "bife **a cebolado**" (ou mesmo **à cebolado**). A palavra certa é **acebolado**, ou seja, *preparado com cebola.*

Suponhemos que ele chegue atrasado

O presente do subjuntivo do verbo supor se conjuga assim: que eu suponha, que tu suponhas, que ele suponha, que nós **suponhamos**, que vós suponhais, que eles suponham.

Corrigindo a frase: Suponhamos que ele chegue atrasado.

Outros exemplos retirados da internet: "Suponhamos que o volume de água existente nos oceanos é cerca de $7x10^{17}$ m³" (em problemas matemáticos ou científicos, nos deparamos muito com **suponhamos**). "Suponhamos que a inflação desce de 2% para 1%." (Um parêntese: como **suponhamos** dá ideia de algo incerto, impreciso, a frase ficaria mais elegante com o subjuntivo: Suponhamos que a inflação *desça...*)

Falta dois dias para o Carnaval

O sujeito de **falta** é **dois dias**. Via de regra (como veremos no capítulo sobre concordância), *o verbo concorda em número e pessoa com o sujeito.* Portanto, o certo é: Faltam dois dias para o Carnaval. Outros casos semelhantes: Existem muitas esperanças de que ele se recupere. Faltavam poucos quilômetros para ele completar a prova. Sobraram ideias no *workshop.*

Estrela **candente**

Candente é o mesmo que *incandescente, que está em brasa.* **Cadente** é *aquilo que cai.* Os meteoros (corpos celestes que penetram na atmosfera) são **candentes** e **cadentes**, mas a denominação correta é **estrela cadente**!

Pírula

Erro comum na linguagem falada que acaba contaminando também a escrita.

Em um *site* de um órgão da imprensa catarinense, em matéria intitulada "Índice de gravidez precoce chega a 30%", encontrei certa vez esta preciosidade: "Muitas adolescentes se recusam a utilizar qualquer método contraceptivo, seja pela ideia fantasiosa de que elas não vão engravidar ou por medo de tabus como que a **pírula** anticoncepcional engorda."

Por falar em pílula, o pessoal mais antigo vai se lembrar de umas tais de "pílulas de vida do Doutor Ross", que tinham um *jingle* que dizia que "fazem bem ao fígado e a todos nós", mas que a gente satirizava desta forma: "Pílulas de vida do Doutor Bode / Entram pela boca e saem por onde podem." Sessão nostalgia!

Asterístico

Parece até coisa de Debi e Loide, mas já ouvi pessoas até cultas dizerem **asterístico** no lugar de **asterisco** (eis um asterisco: *).

COMÉDIA DOS ERROS | 7

Pesquisando na internet encontrei no bairro carioca de Campo Grande uma empresa chamada Asterístico Propaganda e Marketing Ltda., e no Yahoo! me deparei com esta pergunta: "O que significa o asterístico em amarelo que aparece ao lado do nick do contato no messenger?"

O certo é **asterisco**. Vem da palavra grega *asterískos*, que significa estrelinha.

▪ Singapura

O certo é **Cingapura**, com **c**. **Singapura** é um erro comuníssimo, provavelmente por influência da forma inglesa Singapore. Aliás, a influência do inglês faz com que muita gente chame a **Birmânia** (que em 1989 mudou o nome para **Mianmar**) de Burma. Pelo andar da carruagem, vamos acabar chamando nosso querido Brasil de Brazil, com **z**!

Aliás, a gente é tão "americanizado" que cria palavras portuguesas... em inglês! É o caso de *motoboy*, palavra 100% brasileira (ela não existe em inglês! Não a encontrei nem no Oxford, nem no Webster's).[2]

▪ Meio-dia e meio

Quando alguém me pergunta "Que horas são?", e eu respondo "Dez e dez", subentende-se *dez horas e dez minutos*. Se eu respondo "dez e meia" subentende-se *dez horas e meia hora*. Portanto, a forma correta é "meio-dia e meia", ou seja, *meio-dia e meia hora*. Fácil, né?

▪ Viva os campeões!

Quando você grita "Viva tal-e-tal", está desejando *vida longa* a tal-e-tal. Viva o Flamengo! Viva a seleção! **Viva** é o imperativo afirmativo (3ª pessoa) do verbo viver. O contrário de **viva** é **morra**. Você diria "**Morra** os campeões?" Não, você usaria o plural: "**Morram** os campeões." Então tem que dizer também: "**Vivam** os campeões." Por mais estranho que soe — mas é o certo!

▪ Entretendimento

Ao contrário do que muita gente pensa, **entretenimento** não deriva do inglês *entertainment*, mas do espanhol *entretenimiento*. **Entretenimento** é *algo que entretém, distrai*: divertimento, distração, lazer.

Entretendimento simplesmente não existe. Em determinada página da internet encontrei: "Pois nas redes do futuro o comércio e o **entretendimento** serão mais virtuais do que físico." Além do entretendimento, o leitor já deve ter observado um erro de concordância na frase: **físico** em vez de **físicos**. Deve ter sido erro de digitação!

▪ Transanteontem

Às vezes a gente ouve esta palavra, **transanteontem**, no sentido do *dia anterior a anteontem*. O prefixo de origem latina **trans** tem o sentido de *através* — transamazônico

---

2. Veja Ron Martinez, *Inglês Made in Brasil*, Editora Campus, pág. 27.

8 | PORTUGUÊS SEM MISTÉRIO

(que atravessa a Amazônia), transatlântico (que atravessa o Atlântico) — ou de *além*: transalpino (situado além dos Alpes). A palavra certa é **trasanteontem**.

▪ Magestade

Majestade vem do latim *majestate*, e exprime a ideia de *superioridade, imponência, nobreza*. Outras palavras de origem idêntica: **majestoso, majestático**. Você escreveria **major** com **g**? Então tampouco deve escrever **majestade** com **g**. **Magestade** não existe!

Na internet encontrei esta "joia": "Sua **magestade** o Bode. Cidade paraibana transforma culto ao caprino em fonte de renda, com festa que atrai 50 mil pessoas num fim de semana de muita dança, comida típica e xixi de cabrita." Em tempo: xixi de cabrita é um "licor elaborado a partir de cachaça e leite de cabra".

▪ Tu **vai**, tu **comeu**, tu **sabe**

O que antes constituía uma espécie de "gauchismo" acabou contaminando o português falado em todo o Brasil: o pronome **tu** (2ª pessoa do singular) com o *verbo na 3ª pessoa do singular*: tu vai, tu comeu, tu sabe. Até meu filho, que estuda em uma boa universidade e tem pai escritor, fala assim — fazer o quê, cortar a mesada?

Em todas as línguas, você usa a segunda pessoa para se dirigir a alguém — *you are* (inglês), *du bist* (alemão), *tu es* (francês), *tu eres* (espanhol), *tu és* (português de Portugal) — e a terceira pessoa para se referir a alguém (*he is, er ist, il est, el es*). **Por que no Brasil esta estranha mistura da segunda com a terceira pessoa?**

É aí que entram os *pronomes de tratamento*. Você pode usar um pronome de tratamento para se dirigir a alguém, mas o verbo irá para a terceira pessoa. Tradicionalmente, os pronomes de tratamento eram reservados a pessoas especiais, eminentes: o rei (Sua/Vossa Majestade), o papa (Sua/Vossa Santidade) etc. Um dos pronomes de tratamento do passado era **Vossa Mercê**.

Com a transformação de **Vossa Mercê** em **Vosmecê** (você viu isto na *Casa das sete mulheres*) e enfim em **você**, o pronome de tratamento popularizou-se (sim, a rigor **você** é pronome de tratamento). Com isto, o uso da terceira pessoa para se dirigir a alguém se generalizou: Você vem comigo? Você não vai acreditar. Por influência do **você**, o **tu** também acabou sendo usado com o verbo na terceira pessoa. Mas que está errado, está! Tu "entendeu"?

▪ **Psíquico** no sentido de paranormal

Em português, **psíquico** é adjetivo, e significa *relativo à psique, alma ou psiquismo*. Opõe-se a **somático**, *relativo ao corpo*. Doença **psicossomática** é aquela que, tendo origem psíquica, acaba afetando o corpo.

Usar **psíquico** como substantivo no sentido de *paranormal, médium* (fulano é psíquico) é reflexo de um erro comum de tradução do inglês. A palavra inglesa *psychic* significa, além de *psíquico*, também *paranormal, médium*. Mas inglês é inglês, e português é portu-

COMÉDIA DOS ERROS | 9

guês! Pelo andar da carruagem, daqui a pouco *a gente vai usar a palavra puxar no sentido de empurrar* (a palavra inglesa *push* significa *empurrar*).

Etérico

Em *sites* esotéricos é comum se deparar com as expressões **duplo etérico** e **corpo etérico**. Achei até uma definição: "O termo **etérico** refere-se a todos os estados físicos da matéria menos densos que o estado gasoso."

O termo certo é **etéreo** — duplo etéreo e corpo etéreo. Significa "que é da natureza do éter".

Engulir

No Twitter encontrei esta mensagem: "quem quiser me **engulir** que me **engula**, tchau e benção" (deste jeito). E em um *blog* achei uma postagem intitulada: "**Engulir** sapo mais não dá!"

Engulir não existe. O verbo é **engolir**. Mas o presente se conjuga desta forma: eu **engulo**, tu engoles, ele engole, nós engolimos, vós engolis, eles engolem.

Prazeiroso

O substantivo é **prazer** (e não **prazeir**), logo, o adjetivo tem de ser **prazeroso**. Este erro reflete uma tendência da linguagem falada: por algum motivo que ignoro, "prazeiroso" soa mais natural do que "prazeroso" — tente falar em voz alta as duas "versões", que você perceberá. Mas na hora de escrever, escreva certo: prazeroso.

Será anunciado hoje os vencedores do concurso de poesias

Quando dizemos uma frase na ordem normal — sujeito, verbo, o resto do predicado — e o sujeito não é longo demais, costumamos acertar a concordância. Afinal, não há mistério: o verbo *concorda em pessoa e número com o sujeito*.

Mas se complicamos um pouquinho a frase — por exemplo, se colocamos o sujeito após o verbo, como na frase do enunciado, ou alongamos o sujeito —, entra em cena um fenômeno mental que faz com que erremos a concordância (refiro-me à língua falada, espontânea).

Então, na frase, qual é o sujeito? *Os vencedores do concurso de poesias*. Se a frase estivesse na ordem normal, dificilmente erraríamos: Os vencedores do concurso de poesias *serão anunciados* hoje. Mas a inversão da ordem normal faz com que muita gente caia em armadilhas.

Querem ver outro caso? Quando a frase tem um sujeito muito comprido: *A exibição* das longas filas de velhinhos nas agências do INSS *revoltaram* a população. Entre **a exibição** e o verbo foram intercalados tantos elementos no plural (longas filas, velhinhos,

10 | PORTUGUÊS SEM MISTÉRIO

agências) que certas pessoas acabam psicologicamente induzidas a levar o verbo erroneamente para o plural.

Vou dar outro exemplo que vi em uma Kombi do transporte complementar: *Pagamentos efetuados em vales transportes com valores inferiores a 12 reais deverá ser complementado*.

▪ Bordéu

Na internet encontro "gracinhas" como: "Após me formar eu e um amigo dono de um **BORDEU**, abrimos uma clínica, cujo nome é CLÍNICA CARDIOLÓGICA ABRE AS PERNAS...", "Fora outras coisas q dah pra vc fazer, como por exemplo virar dono de um **bordéu** e ganhar dinheiro as custas das prostitutas" e "Houve ainda um juiz classista, por ele indicado, que perdeu o cargo após um incidente policial que o denunciou como sendo dono de um **bordéu** no Rio, contou a juíza", esta última frase no *site* do Senado Federal!

Bordéu! Aí sou acometido de um surto de dúvida cartesiana e me pergunto: "Será que eu é que estou errado e a palavra **bordéu** existe?" Vou ao *Aurélio* (vou mesmo, não é força de expressão): nada de **bordéu**. Vou ao *Houaiss*: lá encontro a palavra **bordéus**, a forma aportuguesada de *bordeaux* (o vinho).

Não é **bordéu**, galera, é **bordel**, do francês *bordel*! Estamos combinados?

▪ A escola **que** eu dei aula foi fechada

Tipo de erro comum — vamos ver se consigo explicar. Você visita uma escola, você abre uma escola, você fecha uma escola, você constrói uma escola, você demole uma escola, mas... você não dá aula uma escola. Você dá aula **em** uma escola. Portanto, a escola **em** que eu dei aula (ou **onde** eu dei aula) foi fechada.

Vou dar outro exemplo: O carro **que** eu falei foi roubado. Você pode comprar um carro, vender um carro, pintar um carro etc., mas você não fala um carro. Você fala **de** um carro. Portanto, o carro **de** que eu falei foi roubado.

Mais um: A mulher **que** eu dei o presente. Você dá um presente **a** uma mulher. Portanto, a mulher **a** quem dei o presente.

▪ Tique-refeição

Em um *site* de empregos encontro uma vaga para supervisor de frota com os seguintes benefícios: "Assistência médica/medicina em grupo, celular fornecido pela empresa, cesta básica, **tique-refeição**, vale-transporte."

A palavra correta é **tíquete-refeição**. **Tíquete** é um aportuguesamento da palavra inglesa *ticket*, assim como **futebol** é um aportuguesamento de *football*. O erro reflete uma tendência da linguagem falada de engolir a última sílaba de "tíquete". Fenômeno similar ocorre com a palavra **pênalti**, que alguns comentaristas esportivos já chamam de **penal**. Mas pior foi o **cinematógrafo**, que acabou virando **cinema**, o **pneumático**, que virou **pneu**, a **fotografia**, que virou **foto**, a **motocicleta**, que virou **moto** e o **otorrinolaringologista**, que (para salvação dos gagos) virou **otorrino**.

▪ Carangueijo

Talvez por analogia com **queijo** ou **beijo** algumas pessoas são induzidas a escrever erradamente **carangueijo** em vez de **caranguejo** (a diferença é só de uma letra!).

Agora, se alguém lhe disser que **chipanzé** está errado, que o certo é **chimpanzé**, proteste! Os dicionários registram as duas formas, **chipanzé** e **chimpanzé**. (Segundo o *Houaiss*, a última forma é a preferível — mas ambas as formas estão registradas.)

▪ Losângulo

Talvez por analogia com **triângulo** e **retângulo**, há quem diga **losângulo** em vez de **losango**. **Triângulo** é uma figura com três ângulos, e **retângulo**, com ângulos retos. Por esta mesma lógica, **losângulo** seria a figura com *los* ângulos! Em suma, não é **losângulo**, é **losango** (do francês *losange*).

▪ Fragrante delito

Fragrante tem a ver com *fragrância* (perfume, odor): flores **fragrantes**. **Flagrante** é aquilo que é *evidente*: uma **flagrante** injustiça, **flagrante** delito. **Flagrar** é pegar alguém em flagrante.

Embora a incidência deste erro seja pequena, na página de um jornal no Facebook encontrei: "A polícia Militar de Conselheiro Lafaiete foi acionada e os elementos foram presos em **fragrante** delito e conduzidos juntamente com os materiais apreendidos para segunda delegacia Regional de Policia Civil."

▪ Célebro eletrônico

Na internet encontrei um *blog* chamado "Celebro Eletronico *comentarios & picardias*" (escrito exatamente assim).

Célebro não existe. Existem **cérebro** e **célebre** (famoso).

▪ Porisso

Em pesquisa na internet, encontrei 399 mil ocorrências de **porisso**. No entanto, esta palavra não está nos dicionários. Escrever **porisso** é tão errado quanto escrever **apartir** ou **derrepente**. O certo é **por isso**.

▪ Ancioso

Na internet encontro coisas como: "Estou ancioso por respostas de pessoas inteligentes e que tenham grande conhecimento no assunto abaixo!!!!", "Cara eu to mto ancioso", "E os horários dos jogos???? To ficando ancioso...hehehehe".

Você escreveria **ância** em vez de **ânsia**? Não! Então também não deve escrever **ancioso** em vez de **ansioso**!

■ Sombrancelha

No Yahoo! Respostas, Layannebca pergunta: "Qual é o certo? **Sombrancelha** ou **sobrancelha**?" Lucas responde: "Sombrancelha é o certo! Sombrancelha faz sombra para os olhos e ajuda a proteger do suor e etc..." Só que o Lucas se enganou. **Sobrancelha** (é assim que se escreve!) deriva do latim *supercilìa*, que significa "sobre os cílios". A **sobrancelha** não tem nada a ver com **sombra**.

■ **Mais** no lugar de **mas**

Um erro com que às vezes nos deparamos é **mais** no lugar de **mas**: Cheguei cedo, **mais** ele já tinha saído. **Mais** é +, o contrário de menos. Um mais um são dois. **Mas** é o mesmo que *porém, contudo, todavia*: Cheguei cedo, **mas** ele já tinha saído.

■ Aquicessível

Na internet a gente encontra coisas como: "Gosto muito de teatro, pena que são caros, nem todos podem ter acesso a ele, os preços deveriam ser mais **aquicessível** para a população de baixa renda!!!" O certo é **acessível**. E os preços deveriam ser mais **acessíveis**...

■ Helecóptero

O YouTube está cheio de vídeos sobre **helecópteros**: "Zoação de helecoptero", "Helecoptero pousa em ibipitanga", "Helecoptero burro". O problema é que a palavra certa é **helicóptero**. Outras palavras começadas por **heli** (que exprime a ideia de movimento circular): heliporto, helicoidal.

■ Foro **previlegiado**

No *site* jurídico Jusbrasil encontro este tópico: "Novo Congresso vai analisar mudanças no CDC e no foro **previlegiado**."

Previlegiado não existe em nenhum dicionário, e nunca existirá. A palavra certa é **privilegiado**, que goza de **privilégio**. Privilégio vem do latim *privilegium*. O verbo é **privilegiar**. Vamos privilegiar o português correto?

■ **Dispender** dinheiro

No *site* buscador de traduções Linguee encontro esta tradução: **dispender** dinheiro = *spend money*. A página apresenta vários exemplos de frases, como: "Não temos de **dispender** tanto dinheiro nisto como eles", e muitas outras. O problema é que, embora exista o substantivo **dispêndio** (= aquilo que se gasta) e o adjetivo **dispendioso**, o verbo certo é **despender** (= fazer despesas). A esposa de um governador de um estado da Federação **despendia** vultosas quantias com a compra de joias caríssimas. Tanto a esposa como o agora ex-governador passam uma temporada no xilindró.

2

Ortografia

O radical grego *orto* significa **direito**, **correto**. Um colchão **ortopédico** é aquele que permite dormir na posição correta, sem deformar a coluna vertebral. A **ortodontia** (dos tais aparelhos de dentes) é o ramo da odontologia que busca o alinhamento correto dos dentes. E a **ortografia** é a parte da gramática que ensina a escrever corretamente as palavras. E escrever corretamente é uma arte, como tocar corretamente um instrumento ou preparar corretamente uma receita da culinária.

Por uma questão de organização, a *pontuação* e a *acentuação*, embora a rigor também façam parte da ortografia, estão em seções separadas.

▪ Quando se usa **porque** (junto) e **por que** (separado)?

É simples: usa-se **por que** separado quando puder ser substituído por *por que motivo* (= *por que razão*) ou então por *pelo qual*:

Por que você não veio? (*Por que motivo* você não veio?) Aliás, nas perguntas, o **por que** é sempre separado.

Não sei **por que** ele faltou. (Não sei *por que razão* ele faltou.)

O motivo **por que** ele não veio desconheço. (O motivo *pelo qual* ele não veio desconheço.)

Caso contrário, usa-se **porque** junto (normalmente em explicações): Eu não vim **porque** estava doente ("Eu não vim *por que motivo* estava doente" ou "Eu não vim *pelo qual* estava doente" não fazem sentido). Você está explicando o **porquê** de sua não ida: Eu não vim **pois** estava doente. Eu não vim **visto que** estava doente.

Observou o **porquê** com acento circunflexo no parágrafo anterior? Trata-se da substantivação de **porque**, com artigo na frente: o porquê, no sentido de o motivo, a causa, a razão.

Uma última informação: quando a palavra **que** (em **por que**) é a última da frase, leva acento: Por que parou? Parou por **quê**?

14 | PORTUGUÊS SEM MISTÉRIO

Agora um exercício para você nunca mais errar o **porque** junto e o **por que** separado (é só aplicar o macete do *por que motivo* ou *pelo qual*):

1. Alguém sabe porque/por que ele faltou?
2. Alguém sabe o motivo porque/por que ele faltou?
3. Ele faltou porque/por que está doente.
4. Gostaria de saber porque/por que ele vive doente.
5. O porque/porquê de suas doenças só o médico sabe.
6. Então vamos falar com o médico para saber por que/por quê.

Respostas no rodapé.[1]

E para finalizar em tom ameno, vejamos exemplos da música brasileira:

> *Quando olhei a terra ardendo*
> *Qual fogueira de São João,*
> *Eu perguntei a Deus do céu, ai,*
> *Por que tamanha judiação?*

(*Asa Branca*, de Humberto Teixeira, Luiz Gonzaga e Zé Dantas)

> *O que seria de nossas vidas sem o hip-hop?*
> *Seríamos cantores ou simplesmente ouvintes de música pop?*
> *Seria menos difícil eu virar ouvinte do que cantor*
> *Porque eu não canto bem...*

(*Como Um Vício*, de Gabriel, o Pensador, e DJ Leandro)

▪ Qual a grafia certa: **yoga**, **iôga** ou **ioga**?

À medida que se transformam, as línguas assimilam termos estrangeiros em consequência de migrações, invasões, invenções, comunicações etc. A língua portuguesa, embora procedente do latim, foi enriquecida com termos árabes (algarismo), indígenas (mandioca), franceses (abajur), americanos (futebol), japoneses (shiatsu), italianos (pizza), alemães (chope), persas (divã), gregos (acrópole), hebraicos (aleluia), africanos (macumba) etc.

As palavras estrangeiras podem ser mantidas na forma original ou aportuguesadas. Tomemos exemplos dos esportes: futebol é *football* aportuguesado, pênalti é *penalty* aportuguesado. Nos esportes mais recentes, ainda não deu tempo de aportuguesar, e usamos a palavra na forma original: *bodyboard*, *rappel*, *slackline*, *kitesurf* (neste caso, a palavra deve ser grifada).

---

1. Respostas: 1) por que (Alguém sabe *por que motivo* ele faltou?), 2) por que (Alguém sabe *o motivo pelo qual* ele faltou?), 3) porque (explicação), 4) por que (Gostaria de saber *por que razão* ele vive doente), 5) porquê (substantivação), 6) por quê (última palavra da frase).

Voltando ao caso de **yoga/iôga/ioga**. A palavra deriva do sânscrito *yoga*, mas por ter sido aportuguesada, deve seguir as regras do português. Segundo o Acordo Ortográfico, o *y* (assim como *w* e *k*) só se usa em certos casos especiais, de modo que **yoga** está descartada.

Há quem defenda a grafia da palavra com acento circunflexo no **o** para indicar o som fechado: **iôga**. Vamos e venhamos: mesmo que o som fosse fechado, nossas regras ortográficas não justificariam o acento — o **o** em sopa, boca, mosca também tem som fechado, e não usamos acento.

Mas há outra questão. Tudo bem que **ioga** em sânscrito tenha som fechado, mas as palavras, ao se aportuguesarem, podem mudar ligeiramente de pronúncia para se adaptarem às tendências de nossa língua. Se esta moda do **iôga** pega, teremos que mudar a palavra **cabala** para **cabalá**, que é como se pronuncia em hebraico, e o **V** inicial de **Volkswagen** terá de ser pronunciado como **f**, que é como soa em alemão. E quando formos a Niterói e quisermos saber onde fica o bairro de Charitas, teremos de dizer "cáritas" (que é como se pronuncia a palavra em latim), em vez de "xaritas". E **futebol** vai ter que virar **fútbol**, que é como se diz em inglês!

▪ Qual é a grafia certa: **xuxu** ou **chuchu**?

A forma certa é **chuchu**. Mas por que se escreve chuchu *com* **ch** e Xuxa com **x**? Ou melhor: por que o português tem grafias diferentes para sons iguais?

Aqui entra em cena a questão do sistema ortográfico *etimológico versus fonético*. No sistema ortográfico etimológico as palavras são escritas de acordo com sua etimologia, ou seja, sua origem. Por exemplo, a letra **k**, que com o acordo ortográfico de 2009 passou a fazer parte "oficialmente" do nosso alfabeto, é usada em palavras de origem oriental: **k**iwi, **k**amikaze, **k**ung-fu — este é um exemplo de ortografia etimológica. Outro exemplo de ortografia etimológica no português moderno é a pi**zz**a, já que a combinação **zz** não existe em nossa língua.

Na ortografia fonética, as palavras são escritas como soam (cada letra representa um som e a cada som corresponde uma letra), independentemente da origem. O português clássico seguia uma grafia etimológica: **sciencia**, **pharmacia**, **theatro**, **director**, **optimo**. A reforma ortográfica de 1943 foi uma tentativa de tornar o português mais fonético, mas ela não foi longe o suficiente. O sistema atualmente vigente é misto, em grande parte fonético, mas com resquícios do sistema etimológico, daí as confusões entre **x** e **ch** (e entre **g** e **j**, **z** e **s**, **ç** e **ss** etc.).

Difícil encontrar uma "lógica" que explique quando uma palavra se escreve com **x** ou **ch**. Palavras de origem indígena e africana utilizam o **x**: **x**angô, ori**x**á, babalori**x**á, **x**avante, **x**ique-**x**ique, ca**x**ambu, capi**x**aba, ca**x**umba. Depois de ditongo normalmente se emprega **x**: amei**x**a, apai**x**onado, bai**x**aria, pei**x**e, quei**x**o, trou**x**a. Nas palavras inglesas aportuguesadas o **sh** vira **x**: **x**ampu (*shampoo*), **x**erife (*sheriff*), **x**elim (*shilling*). Mas por

16 | PORTUGUÊS SEM MISTÉRIO

que fachada (do italiano *facciata*) se escreve com **ch** e faxina (do italiano *fascina*), com **x**? Na prática, em caso de dúvida, só há uma saída: o pai dos burros (dicionário)!

E não se esqueça: **xeque**, com **x**, é o lance do xadrez e **cheque**, com **ch**, é o cheque bancário. **Xá**, com **x**, era o soberano do Irã (antiga Pérsia) e **chá**, com **ch**, é a bebida favorita dos britânicos.

▪ Qual é a diferença entre **viagem** e **viajem**?

Viagem, com **g**, é o substantivo: amanhã farei uma **viagem**. Viajem, com **j**, é a terceira pessoa do plural do presente do subjuntivo do verbo **viajar**: É preciso que eles **viajem** amanhã.

Isto introduz a questão do uso de **g** ou **j**. Palavras de origem indígena e africana utilizam o **j**: pajé, beiju, Itajubá, jirau, canjica, jongo. Palavras terminadas em **gio** são escritas com **g**: adágio, relógio, contágio, elogio. Mas por que angélico (do grego *angelikós*) se escreve com **g** e anjo (do grego *ángelos*) com **j**? Na dúvida, consulte o dicionário. É o jeito — com **j**!

▪ Quando se usa **ç** e quando se usam **dois s**?

Usam-se **dois s** (**ss**) em palavras que em latim também se escreviam com **ss**: abadessa (do latim *abbatissa*), abscesso (do latim *abscessu*), acessível (do latim *accessibile*), dissonante (do latim *dissonante*), expresso (do latim *expressu*). Usa-se **ç** nas palavras que em latim se escreviam com **t**: abstenção (do latim *abstentione*), atenção (do latim *attentione*), detenção (do latim *detentione*), tração (do latim *tractione*).

Este é um exemplo típico de grafia etimológica. Mas como você provavelmente não sabe latim, na prática só terá uma saída: ir ao dicionário. E aqui entra um conselho meu: adquira o bom hábito de consultar o dicionário sempre que se deparar com uma palavra nova ou tiver uma dúvida de ortografia. Afinal, nos dicionários eletrônicos instaláveis em computadores ou consultáveis na internet,[2] pesquisar uma palavra é tão fácil quanto extrair uma raiz quadrada na máquina de calcular.

▪ Está certo escrever **P**residente da **R**epública com iniciais maiúsculas?

Segundo o Acordo Ortográfico, iniciais maiúsculas são opcionais "em palavras usadas reverencialmente, aulicamente ou hierarquicamente". Por isto, está certo escrever **P**residente da **R**epública. Mas a palavra **presidente** sozinha (o presidente recebeu críticas) ou antes de um qualificativo ou nome (o presidente do Brasil, o presidente Michel Temer) é escrita com minúscula.

---

2. Por exemplo, *Aulete Digital* (www.aulete.com.br) e *Michaelis* (michaelis.uol.com.br).

ORTOGRAFIA | 17

A tendência atual é escrever o *cargo com inicial minúscula e o nome do ocupante ou a instituição com maiúscula*: o papa João Paulo II, o duque de Caxias, o ministro da Previdência, o ministro Guido Mantega, a vice-diretora-gerente do FMI, o secretário do Tesouro Nacional, o deputado Chico Alencar, a senadora Marina Silva.

Nomes de *departamentos de empresas* também são escritos com minúsculas: o departamento de recursos humanos da Varig, a divisão de compras da Gol.

Já *nomes de instituições são escritos com iniciais maiúsculas*: a Assembleia Legislativa do Rio de Janeiro, o Governo Temer, o Ministério do Trabalho, a Confederação Nacional da Indústria (CNI), o Tribunal de Justiça.

▪ Está certo escrever *nomes de ciências ou disciplinas* (**M**atemática, **A**rquitetura) com iniciais maiúsculas?

Segundo o Acordo Ortográfico, nomes que designam domínios do saber, cursos e disciplinas podem ter iniciais minúsculas ou maiúsculas: português (ou Português), matemática (ou Matemática), línguas e literaturas modernas (ou Línguas e Literaturas Modernas).

Portanto, entre **vestibular para medicina**, **Vestibular para Medicina** e **vestibular para Medicina**, qual opção (ou quais opções) você escolhe?[3]

▪ Quando se escreve **Igreja**, com inicial maiúscula, e **igreja**, com inicial minúscula?

Escreve-se **Igreja**, com inicial maiúscula, no sentido da *instituição religiosa*: a Igreja Católica, a Igreja Anglicana, a posição da Igreja. Quando antecede o nome de uma igreja pode ter inicial minúscula ou maiúscula: igreja ou Igreja do Bonfim. No sentido de templo escreve-se com minúscula: hoje fui à igreja rezar.

▪ Quando se escreve **Estado**, com inicial maiúscula, e **estado**, com inicial minúscula?

Estado no sentido de nação ou do conjunto de suas instituições políticas se escreve com *inicial maiúscula*: o Estado brasileiro, a teoria do Estado, razões de Estado. Mas a revista *Veja* não segue mais esta "norma" em protesto ao peso desmesurado do Estado. Quando antecede o nome de um estado também costuma ter inicial maiúscula: o Estado de Minas Gerais. Nos demais casos, escreve-se normalmente, com *inicial minúscula*: estado civil, estado de coisas, estado de sítio, a Alemanha está dividida em 16 estados.

---

3. Estão certos: "vestibular para medicina" e "vestibular para Medicina". O nome da disciplina pode ser escrito com inicial maiúscula.

18 | PORTUGUÊS SEM MISTÉRIO

▪ Quando se escreve **seção, sessão** e **cessão?**

Seção (com cê-cedilhado) é uma variação de **secção**, e tem relação com *secionar, cortar, subdividir*: seção de roupas (a loja está subdividida em seções), seção eleitoral (a zona eleitoral está subdividida em seções), uma seção de um capítulo etc.

Sessão tem relação com *espaço de tempo*: uma sessão de cinema costuma durar duas horas, a sessão da Assembleia (o tempo em que a Assembleia esteve reunida), uma sessão de radioterapia.

Cessão é o *ato de ceder*: a cessão do funcionário à Assembleia (o funcionário ficou cedido à Assembleia), cessão de bens (bens são cedidos), cessão de direitos.

▪ Qual é a forma certa: **mini-série, minissérie** ou **minisérie?**

Após o prefixo **mini**, só se usa hífen quando o segundo elemento começa por **i** ou **h**: mini-hipotermia (veja "Qual é a forma certa: **mini-computador** ou **minicomputador?**", no Capítulo 5). Portanto, ficamos entre **minissérie** e **minisérie**. Qual delas você escolhe?

Observe que o **s** entre vogais tem som de **z**: ca**s**a (pronuncia-se ca**z**a), mesa, presunto, bondoso. Por este motivo, devemos escrever mini**ss**érie, mini**ss**aia, mini**ss**ubmarino (parece estranho, mas está certo).

O mesmo acontece com a letra **r**. Entre duas vogais, tem o som "fraco": me**r**o, ca**r**eca, li**r**a, a**r**o. Por isto, devemos escrever mini**rr**etrospectiva, mini**rr**eator.

▪ Por que **cantada** se escreve com **n** e **cambada**, com **m** (os sons não são quase iguais)?

Esta é uma pergunta meio bobinha, mas, às vezes, podem surgir dúvidas quanto ao emprego de **n** ou **m**. Não custa nada decorar esta regrinha prática que aprendi no Primário: antes de **p** e **b**, use **m** — campo, âmbar, ambulância, bombom —, e antes das outras consoantes, use **n**.

▪ Qual é a forma certa: **homens/hora** ou **homens-hora?**

Os dicionários modernos registram a palavra composta **homem-hora**, no sentido de *capacidade de trabalho de uma pessoa em uma hora*. Também **tonelada-quilômetro** consta dos dicionários. Por analogia, devemos escrever toneladas-mês, carros-dia etc. (e não toneladas/mês, carros/dia).

3

Pronúncia

Em um sistema ortográfico perfeito, em que a cada som correspondesse uma única letra (ou combinação de letra com acento), ninguém teria dúvidas de pronúncia: as palavras seriam pronunciadas da maneira como estivessem escritas. Mas os sistemas ortográficos, tal como os políticos, sociais, econômicos — em suma, os sistemas humanos —, são imperfeitos, e às vezes, mesmo sabendo como se escreve uma palavra, a gente tem dúvida sobre sua pronúncia.

Os bons dicionários, além de darem os significados das palavras, também informam sobre sua pronúncia. No *Aurélio Eletrônico*, por exemplo, informações sobre a pronúncia de alguns verbetes estão entre parênteses no alto, à esquerda da etimologia. Assim, no verbete "nobel", você encontrará: (bél). O *Houaiss* traz informações de pronúncia em baixo da datação, em ortoépia, e o *Aulete Digital*, em destaque antes das definições.

Abordamos aqui algumas dúvidas e erros de pronúncia mais comuns.

▪ Qual é o certo: **boemia** ou **boêmia**?

Este é um caso em que o povo "força" a mudança da pronúncia de uma palavra. A Boêmia foi um antigo reino que mais tarde se integrou ao Sacro Império Romano-Germânico, depois, ao Império Austro-Húngaro, e hoje é uma região da República Tcheca. Devido às antigas tribos de ciganos originárias da Boêmia, passou-se a chamar de **boêmio** (em Portugal, **boémio**) o cultor da vida noturna, das cantorias, das mulheres, em suma, da vida despreocupada e livre. E **boêmia** (em Portugal, **boémia**) passou a designar esta vida despreocupada. Mas como em português as palavras terminadas em **mia** tendem a ser paroxítonas — anatomia, academia, bigamia —, o povo acabou transformando **boêmia** em **boemia**. Que o diga *A volta do boêmio*, imortalizada na voz de Nelson Gonçalves:

> *Boemia*
> *Aqui me tens de regresso*
> *E suplicante te peço*
> *A minha nova inscrição*

20 | PORTUGUÊS SEM MISTÉRIO

Voltei
Pra rever os amigos que um dia
Eu deixei a chorar de alegria
Me acompanha o meu violão...

▪ Erro de pronúncia: **Pode vim**

Erro comum do português falado. Desde criança, no jogo de pique, cometemos este erro (e como ninguém nos corrige, crescemos repetindo-o):

— Um, dois, três, quatro... dez. Posso ir?

— **Pode vim**!

Este erro, embora típico da linguagem falada, acaba contaminando a língua escrita também. Na internet encontrei estas "pérolas": "Pode vim kente q eu to fervendo" (escrito exatamente assim!), "Tem festa no maraca pode vim pode chegar" (Maraca deveria ter inicial maiúscula, já que se trata do apelido do Maracanã), "Pode vim geral!".

O certo seria usar o infinitivo, **vir**: *Pode vir quente que eu estou fervendo*. **Vim** é a primeira pessoa do singular do pretérito perfeito: "Eu vim de lá, eu vim de lá pequenininho", diz a canção *Alguém me avisou*, da grande sambista Dona Ivone Lara. Outros exemplos: "Ontem eu vim da faculdade de ônibus", "Ontem eu vim ao serviço a pé".

▪ Erro de pronúncia: **Mendingo**

Erro comum na linguagem falada. Parece que o **n** do **men** acaba induzindo as pessoas a acrescentar um **n** à sílaba seguinte: me**n**-di**n**-go. Interessante é que o erro não se estende a **mendigar** e **mendicância**. O erro acaba contaminando a língua escrita também.

▪ Erro de pronúncia: **Mortandela**

Outro erro comum na linguagem falada que segue a lógica do "mendingo": "Me vê um sanduíche de **mortandela**." O certo é **mortadela**, do italiano *mortadella*.

▪ Erro de pronúncia: **Rúbrica**

Outro erro comum da linguagem falada é transformar a palavra **rubrica** em proparoxítona, pronunciando-a como **rúbrica**. **Rubrica** (com a sílaba forte em **bri**, e sem acento) vem do latim *rubrica*, que significa tinta vermelha, rubra.

▪ Qual é a pronúncia certa: **Nóbel ou Nobel**?

Nobel é um nome próprio: é o nome do químico e inventor sueco que instituiu o prêmio Nobel. Não tenho a menor ideia de como se pronuncia em sueco, mas se em

PRONÚNCIA | 21

português a palavra fosse paroxítona, aconteceria com ela o que aconteceu com Oscar, que ganhou acento agudo e virou substantivo comum: **óscar**. Mas Nobel continua sendo substantivo próprio, e sua sílaba forte é a última: Nobel.

▪ Qual é a pronúncia certa: **salmon** ou **salmão**?

Salmon existe em inglês e espanhol (*salmón*). Em italiano é *salmone*, em francês, *saumon* e em português é **salmão**! Portanto, no dia em que um italiano pedir um *salmon* em Roma e um francês, um *salmon* em Paris, você poderá pedir um *salmon* aqui no Brasil! (Neste dia, o mundo inteiro estará falando a mesma língua. Adivinhe qual!)

▪ Qual é a pronúncia certa: **bifê** ou **bufê**?

Em português a palavra é **bufê**, e deve ser assim pronunciada. Vem do francês *buffet*. O **u** francês tem um som idêntico ao **ü** alemão, inexistente no português (e em muitas outras línguas); não é nem um **u**, nem um **i**, mas uma espécie de "cruzamento" entre os dois. Portanto, mesmo em Paris, se você disser **bifê**, estará falando com um tremendo sotaque de brasileiro!

4

Palavras, expressões e abreviaturas

As palavras são como os seres humanos: crescem e se multiplicam. As palavras têm uma origem, e quanto maior a diversidade de origens, mais rica será a língua. As palavras são ambíguas. Uma mesma palavra pode ter significados diferentes. Por exemplo, **rádio** pode ser um *elemento químico*, um *osso do antebraço* e o *aparelho que capta sinais radiofônicos*. E diferentes palavras podem designar o mesmo objeto. Existem mil e uma maneiras de dizer que a gente ama alguém! As palavras evoluem no tempo. Algumas vão sendo abandonadas: já não falamos **cáspite!**, **Vossa Mercê**, **neste comenos**, nem vamos mais à **óptica** comprar um **pincenê**, e nem andamos mais de **zepelim**. Palavras novas vão surgindo: **xerocar**, **teleconferência**, **karaokê**, **mouse**. Palavras antigas ganham empregos inusitados. Os dois textos a seguir (o segundo, do rótulo de uma batata frita) mostram como as tradicionais palavras **radicalizar**, **arrasar**, **irado**, **onda** e **detonar** ganharam acepções inusitadas.

> Os terroristas **radicalizaram** outra vez. A explosão do carro-bomba **arrasou** a embaixada dos EUA. Nunca o presidente norte-americano se mostrou tão **irado** quanto no discurso de ontem. Espera-se uma **onda** de ataques em represália. Uma segunda bomba atirada a cem metros do local felizmente não **detonou**.

> Ruffles **radicalizou** mais uma vez e mudou todo o visual!
>
> Além disso, sua batata favorita está com outra novidade de **arrasar**: Ruffles Cheddar!
>
> Você vai pirar com este sabor que é a combinação **irada** de Ruffles com o queijo mais cremoso que existe!
>
> Entre nessa **onda** e curta a vida intensamente!
>
> **Detone** logo a sua Ruffles.

PORTUGUÊS SEM MISTÉRIO

▪ O que são substantivo, adjetivo, verbo, pronome, artigo, advérbio, preposição, conjunção e interjeição?

Esta pergunta pode parecer banal, mas quando o Google divulgou, no início de 2017, as perguntas mais frequentes do ano anterior, entre elas estavam "o que é um adjetivo?" e "o que é um substantivo?". Portanto, vamos tentar responder à pergunta de forma simples, intuitiva, sem complicar.

Substantivos são coisas, seres, entidades. Podem ser **concretos** — casa, tijolo, grama —, **abstratos** — felicidade, riqueza —, **imaginários** — centauro, duende — ou **próprios**, escritos com inicial maiúscula: Ivo, Argentina, Rio de Janeiro.

Adjetivos são as qualidades dos substantivos: casa **grande**, felicidade **clandestina**[1], centauro **veloz**.

Verbos denotam ações: eu **bebo**, tu **compras**, ele **dirige**, nós **lemos**, vós **cantais**, eles **estudam**. Serão abordados no Capítulo 8.

Pronomes são palavras que representam "nomes" (substantivos). **Pronomes pessoais** representam nomes próprios: **eu** (Ivo), **tu**, **ele**, **me**, **te** etc. **Pronomes possessivos** representam o possuidor: **meu** carro. **Pronomes demonstrativos** representam ("demonstram") a posição: **este** carro, **aquela** casa. **Pronomes relativos** representam ("estabelecem uma relação com") um substantivo antes mencionado: Comprei um carro + O carro é veloz = O carro **que** comprei é veloz. **Pronomes indefinidos** representam substantivos de forma vaga, indefinida: **Alguém** tocou a campainha. (Quem?) **Ninguém** respondeu ao meu anúncio. **Pronomes interrogativos** assemelham-se aos indefinidos, mas servem para fazer perguntas: **Quem** chegou? **Que** é isto? Serão vistos no Capítulo 9.

Artigos são as palavrinhas **o**, **a**, **os**, **as**, **um**, **uma**, **uns**, **umas**, que acompanham os substantivos: **o** copo, **uma** baleia.

Advérbios são palavras invariáveis (não têm singular e plural, nem masculino e feminino), que dão informações adicionais, geralmente sobre a ação, o verbo (quando, onde e como ocorreu): agora, ontem, amanhã (**advérbios de tempo**); aqui, ali, acima, abaixo, atrás, perto, longe (**advérbios de lugar**); bem, mal, rapidamente, carinhosamente, felizmente e outras palavras formadas por adjetivo + mente (**advérbios de modo**); mais, menos, muito, pouco (**advérbios de intensidade**); talvez (**advérbio de dúvida**); sim (**advérbio de afirmação**); não (**advérbio de negação**). O advérbio também pode estar ligado a um adjetivo (**muito** bonito) ou a outro advérbio (**muito** cedo).

Preposições são palavrinhas que ligam duas outras: café **com** leite. Chá **sem** açúcar. Brasil **contra** Alemanha. Chegou **de** ônibus.

Conjunções servem para concatenar orações: Matou a família **e** foi ao cinema. Serão vistas em detalhes no Capítulo 13.

Interjeições exprimem emoções. Costumam vir seguidas de ponto de exclamação: **Oh**! **Ai**!

---

1. "Felicidade Clandestina" é o título de um texto de Clarice Lispector.

PALAVRAS, EXPRESSÕES E ABREVIATURAS | 25

- **Existe diferença entre óptico e ótico?** (Ou trata-se apenas de grafias diferentes da mesma palavra, como no caso de **contacto** e **contato**?)

Óptico deriva do grego *optikós*, e diz respeito à visão. Daí o adjetivo **sinóptico**, cujo sentido etimológico é *que de um só golpe de vista abrange várias coisas* e que significa *resumido* (o substantivo correspondente é **sinopse**).

Ótico deriva do grego *otikós*, e diz respeito ao ouvido. Daí a palavra **otite** (*inflamação do ouvido*), **otoscópio** (instrumento com que se examina o canal auditivo) e a comprida **otorrinolaringologista** (dez sílabas!), que é o médico que trata de ouvido (**oto**), nariz (**rino**) e laringe (**laringo**) — o conhecido **otorrino**, que é a forma simplificada da palavra. Não confundir com **ornitorrinco**, que é um estranho mamífero australiano com bico de pato.

Quer dizer que as óticas que existem por aí estão assassinando o português? Negativo! A palavra **ótico/a**, além do sentido normal (relativo ao ouvido), também pode ser usada no sentido de **óptico/a**. Mas a recíproca não é verdadeira!

- **Ir de encontro a** é a mesma coisa que **ir ao encontro de**?

Não. **Ir de encontro a** tem uma conotação negativa: significa chocar-se com, opor-se a. O navio *foi de encontro* às pedras (chocou-se contra as pedras). A reforma *vai de encontro* à vontade do povo (contraria a vontade do povo).

Por outro lado, **ir ao encontro de** tem uma conotação positiva, de concordância ou de movimento espontâneo. Fui *ao encontro do* amigo. A reforma *vai ao encontro* da vontade do povo (está de acordo com a vontade do povo).

- **Em vez de** é a mesma coisa que **ao invés de**?

Ao invés de dá ideia de contrário, oposição: O preço, ao invés de baixar, subiu. Baixar e subir são coisas contrárias, opostas.

Em vez de pode significar o mesmo que **ao invés de** — O preço, em vez de baixar, subiu — ou ter o sentido de *em lugar de*, *em substituição a*: Em vez de carne, comprei frango. Na dúvida, use **em vez de**, que você não errará.

- **Quando se usa onde e aonde?**

Aonde é uma combinação da preposição **a** + **onde** e tem o sentido de *para onde*: Aonde você foi? = Para onde você foi?

Onde não dá esta ideia de movimento: Onde estão os documentos? (Você não diz: Para onde estão os documentos?)

26 | PORTUGUÊS SEM MISTÉRIO

▪ Qual é a forma certa: daqui **a** pouco ou daqui **há** pouco?

Decore e nunca mais esqueça: *tempo passado, verbo **haver** ou **fazer** (impessoal). Tempo futuro, preposição a.* Ela chegou de Minas **há** três meses. Ela chegou de Minas **faz** três meses. Irei para Minas daqui **a** três meses. Fácil, né?

▪ **Despercebido** é o mesmo que **desapercebido**?

Despercebido é *aquilo que não foi percebido*: O sintoma passou despercebido. **Desapercebido** significa *desprevenido, desprovido*: O golpe me pegou desapercebido (= desprevenido). O exército está desapercebido (= desprovido, desaparelhado) para a guerra.

O dicionário *Houaiss*, "ante o emprego desses dois vocábulos como sinônimos por autores de grande expressão", admite que se use **desapercebido** no sentido de **despercebido**: O sintoma passou desapercebido.

▪ Qual é a forma certa: **haja visto** ou **haja vista**?

Depende do contexto. **Haja visto** é *pretérito perfeito composto* do verbo **ver**: Convém que eu haja visto o texto antes de fazer o teste. Mas o mais comum é formar o pretérito perfeito composto com o verbo **ter**: Convém que eu tenha visto o texto antes de fazer o teste.

Haja vista, por outro lado, é uma dessas *expressões estereotipadas*, sempre iguais, sem feminino/masculino, nem singular/plural (tipo **isto é**, **a saber**, **por exemplo** — expressões "fossilizadas"). Significa *leve-se em conta, considere-se, haja em vista* (dicionário *Houaiss*). Exemplo: A invasão do Iraque não surtiu o resultado esperado, haja vista os atentados terroristas em Bagdá.

▪ Qual é a forma certa: **descriminação/discriminação/ descriminalização** da maconha?

Discriminar significa *diferenciar* e, por extensão, pode significar *segregar* (segregação racial) ou *tratar com preconceito*. É neste último sentido que se poderia falar na **discriminação** da maconha.

Descriminar ou **descriminalizar** significam *fazer com que algo deixe de ser crime*. É neste sentido que se discute a **descriminação** ou **descriminalização** da maconha.

▪ Qual é a forma certa: **brócolo, brócoli, brócolos ou brócolis**?

O certo é **brócolis** ou **brócolos**. Assim como **óculos**, trata-se de um substantivo usado apenas no plural: Coloquei os óculos para ver os brócolos. Em Portugal também se usa a forma **brocos**.

PALAVRAS, EXPRESSÕES E ABREVIATURAS | 27

- **Por falar em comida, qual é a forma certa: mussarela ou muçarela?**

Segundo o dicionário Aulete Digital, estão certos **mussarela**, **mozarela** e **muçarela**. Segundo o Aurélio Digital, estão certos **mussarela** e **mozarela**. Embora palavras italianas com duplo z quando aportuguesadas tendam a ser escritas com **ç** (*carrozza*/caroça, *razza*/raça), se temos a grande exceção da pi**zz**a, por que não termos a exceção da mu**ss**arela?

- **Câmera é a mesma coisa que câmara?**

Segundo os dicionários, **câmera** e **câmara** são sinônimos. Mas na prática costuma-se usar **câmera** para os aparelhos de fotografia e filmagem (câmera de vídeo) e **câmara** para as outras acepções: música de câmara, Câmara dos Deputados.

- **Qual é a forma certa: horário de pico ou horário de pique?**

Tanto faz. Segundo o dicionário *Aurélio*, **pique** (do inglês *peak*) tem três significados: 1) o *auge* (o pique da inflação); 2) *disposição e entusiasmo* (estou no maior pique); e 3) *agitação* (o horário de pique). **Pico** (que deriva do verbo *picar*) é o cume agudo de uma montanha, mas também é sinônimo de **pique** nas acepções 1 (o pico da inflação) e 3 (o horário de pico).

- **Qual é a diferença entre eminente e iminente?**

Eminente é *distinto, notável, ilustre*: um **eminente** cientista. Daí o pronome de tratamento **Vossa Eminência**, com que nos dirigimos aos cardeais. **Iminente** é o que está prestes a acontecer: perigo **iminente**.

- **Qual é a forma certa: mau cheiro ou mal cheiro?**

Lembra-se daquela brincadeira "bem me quer, mal me quer", em que despetalamos a margarida para saber se bem nos querem ou não?

Mau é *adjetivo* e tem o sentido de *malvado* ou *ruim*. Os adjetivos qualificam substantivos, concordando com eles em gênero (masculino/feminino) e número (singular/plural): homem **mau** (malvado), mulher **má**, homens **maus**, mulheres **más**. Opõe-se a **bom**. Os anjos podem ser **bons** ou **maus**, mas o lobo é sempre **mau**.

Mal pode ser *substantivo masculino* — ... e não nos deixeis cair em tentação, mas livrai-nos de todo o **mal**... — ou *advérbio*. Os advérbios modificam um verbo (foi **mal**, **mal**-estar), um adjetivo (**mal**-educado, **mal**-humorado, **mal**-intencionado) ou outro advérbio, e são invariáveis — não têm singular/plural, nem masculino/feminino. Foi **mal** no exame de motorista. Dormi **mal** esta noite. Ele nos tratou **mal**. Ela **mal** me quer. Opõe-se a **bem**: Foi **bem** no exame de motorista. Dormi **bem** esta noite. O país vai **bem.** Ele **bem** me quer.

Voltando à pergunta inicial: a forma certa é **mau** cheiro.

PORTUGUÊS SEM MISTÉRIO

▪ Está certo dizer **a nível de**?

O uso da locução **a nível de** se generalizou. Em pesquisa na internet, encontrei 9,6 milhões de ocorrências da expressão. No entanto, a expressão correta, registrada nos dicionários, é **ao nível de**. Interessante que, quando se trata do nível do mar, a gente acerta: O Rio fica ao nível do mar. (Ninguém diria que o Rio fica a nível do mar!)

Em certos contextos, pode-se usar **em nível de**: A universidade oferece três vagas em nível de mestrado.

▪ Qual é a forma certa: **entrega a domicílio** ou **entrega em domicílio**?

Você entrega algo **a** alguém, mas entrega **em** algum lugar. Entreguei a encomenda a Pedro em sua casa. O mais lógico, portanto, é entrega **em domicílio**. Na internet, encontrei 28% de ocorrências de **entrega a domicílio**. Mas o supermercado onde costumo fazer as compras é bom de português: eles fazem entregas em domicílio.

▪ Qual é a diferença entre **tampouco** e **tão pouco**

Tampouco significa "também não". Não gosto de manga, **tampouco** de abacaxi. Não gosto de manga, **também não** de abacaxi.

Tão pouco significa "muito pouco". Ela veio em **tão pouco** tempo. Serviram **tão pouca** comida.

▪ Qual é a diferença entre **K.O.** e **W.O.**?

K.O. é abreviatura de **nocaute** (do inglês *knock-out*). **W.O.** é abreviatura de *walk over*. Em um jogo ou partida, se um dos jogadores ou time não comparece na data e horário marcados, o outro jogador ou time vence por W.O.

DIFERENÇA ENTRE ABREVIATURA, SIGLA E ACRÔNIMO

A diferença entre *abreviatura*, *sigla* e *acrônimo* nem sempre é clara. *Abreviatura* ou *abreviação* é a representação escrita de uma palavra usando apenas algumas de suas sílabas ou letras. Os dicionários recorrem às abreviaturas para reduzir o tamanho dos verbetes. Por exemplo, no dicionário *Aurélio*, só no verbete "abreviar" encontrei as seguintes abreviaturas (confira!): **lat. tard.** (*latim tardio*), **p.** (página), **ger.** (*geralmente*), **Mat.** (*Matemática*), **V. t. d. e i.** (Verbo transitivo direto e indireto), **V. t. i.** (Verbo transitivo indireto) e **V. int.** (Verbo intransitivo). Normalmente usamos abreviaturas consagradas, que todos conhecem, como **S. Exa.** (Sua Excelência), **km/h** (quilômetros por hora), **p.** ou **pág.** (página), **R$** (reais), **A/C** (aos cuidados de). Algumas abreviaturas têm origem estrangeira: **GMT** (hora do meridiano de Greenwich),

PALAVRAS, EXPRESSÕES E ABREVIATURAS | 29

HP (cavalo-vapor), **SOS** (socorro), **R.S.V.P.** (*répondez s'il vous plaît* — favor confirmar sua presença). Existem ainda abreviaturas de origem latina: **et al.** (*et alia*, e outros), **etc.** (*et cetera*, e outros), **ibid.** (*ibidem*, no mesmo lugar), **id.** (*idem*, o mesmo), **i.e.** (*id est*, isto é), **op. cit.** (*opere citato*, obra citada). Às vezes temos de criar abreviaturas; por exemplo, para enquadrar um texto meio grande em uma caixa pequena de uma apresentação do PowerPoint.

A *sigla* é uma forma de abreviar nomes próprios compostos de várias palavras usando suas iniciais. **SP**, **MG** e **SC** são as siglas de São Paulo, Minas Gerais e Santa Catarina, mas **AM** (Amazonas), **PR** (Paraná) e **RN** (Rio Grande do Norte) não se enquadram na definição de sigla. Eis algumas siglas conhecidas:

CPF – **C**adastro de **P**essoas **F**ísicas
ABL – **A**cademia **B**rasileira de **L**etras
BNH – **B**anco **N**acional de **H**abitação
CNP – **C**onselho **N**acional de **P**etróleo
COPOM – **Co**mitê de **Po**lítica **M**onetária
DDD – **D**iscagem **D**ireta a **D**istância
OEA – **O**rganização dos **E**stados **A**mericanos
ONU – **O**rganização das **N**ações **U**nidas

Os partidos políticos costumam ter siglas: **PT**, **PDT**, **PMDB**, **PSDB**. Algumas siglas estrangeiras são mantidas no original: **NAFTA** (North American Free Trade Agreement — Acordo Norte-Americano de Livre Comércio), **AIDS** ou **Aids**[2] (*Acquired Immune Deficiency Syndrome* — Síndrome da Imunodeficiência Adquirida, daí a sigla **SIDA**, adotada em Portugal), **FAO** (Food and Agriculture Organization — Organização para a Agricultura e a Alimentação da ONU).

Acrograma ou *acrônimo* é uma forma de abreviar nomes de órgãos ou empresas utilizando sílabas ou partes iniciais de cada palavra. Não tem nada a ver com *acrografia*. Os acrônimos se escrevem apenas com a primeira letra maiúscula. Exemplos de acrônimos:

Mercosul – **Mer**cado **Co**mum do **Sul**
Embratur – **Em**presa **Bra**sileira de **Tur**ismo
Detran – **De**partamento de **Trân**sito
Varig – **Vi**ação **A**érea **Ri**o-**G**randense
Bradesco – **B**anco **Bra**sileiro de **Desco**ntos

O termo **sigla**, na acepção mais ampla, abrange também os *acrônimos*. Às vezes, o termo **acrônimo** é usado erradamente no sentido de *sigla* (talvez por influência do inglês).

---

2. Siglas pronunciáveis como se fossem uma palavra podem ser escritas com apenas a inicial maiúscula: Aids, Masp, Unicef.

30 | PORTUGUÊS SEM MISTÉRIO

▪ Alguma coisa pode custar **dez pênis**?

Sim, na Inglaterra alguma coisa pode custar **dez pênis**.

A moeda inglesa chama-se (em inglês) *pound*, e o centavo inglês — após a reforma monetária de 1971, que aboliu o *shilling*, xelim — é o *penny* (plural *pence*). *Pound* a gente traduz por **libra**; *pence* e *penny* costumamos deixar em inglês mesmo. Assim: uma libra e um *penny*.

Mas existe uma tradução portuguesa para *penny*, que é **pêni** (pode ver que está nos dicionários). Nada impede, portanto, que digamos: "Uma libra e um pêni." E adivinhe qual é o plural de **pêni**. (Acertou!)

▪ Quem nasce em Salvador, Bahia, é **salvadorense**, **salvadorenho** ou **soteropolitano**?

Salvadorenho vem do espanhol *salvadoreño* e indica quem nasceu ou mora na república centro-americana de El Salvador ou sua capital, San Salvador (um parêntese: **centro-a-mericano** refere-se à América Central, assim como **centro-europeu** diz respeito à Europa Central e **centro-africano**, à... — será que você acerta? — República Centro-Africana).

Já **salvadorense** designa o natural ou habitante de três cidades: Salvador, capital da Bahia, Salvador do Sul, no Rio Grande do Sul, ou Salvador das Missões, também no Rio Grande do Sul, tchê.

E **soteropolitano**, o que é? É uma palavra meio em desuso que significa *natural de Soterópolis*. Mas onde é que fica esta tal de Soterópolis? Assim como Petrópolis é a *cidade de Pedro* e Teresópolis é a *cidade de Teresa*, Soterópolis é a *cidade do Salvador* (a palavra grega *sotér* significa *salvador*). Em outras palavras, Soterópolis é o nome helenizado da cidade de Salvador.

Uma música chamada *Eu Sou Soteropolitano*, de Jorge Zaráth e Dito, diz:

> *Eu sou soteropolitano*
>
> *Eu sou baiano*
>
> *Eu sou de Salvador*
>
> *Eu sou soteropolitano*
>
> *Eu sou baiano*
>
> *Eu sou de paz e amor*

▪ Qual é o certo: música **flamenga** ou música **flamenca**?

Flamengo, que deriva do neerlandês *flaming*, é o mesmo que **flandrense** ou **flandrino**, ou seja, *pertencente ou relativo a Flandres* (para quem não sabe: **neerlandês** é o idioma da Holanda e parte da Bélgica). O aqui chamado **queijo-do-reino** em Portugal chama-se **queijo flamengo**.

Mas onde fica Flandres? Flandres foi um condado medieval localizado ao longo da costa do Mar do Norte, em uma área que hoje corresponde à parte da Bélgica (províncias de Flandres Ocidental e Flandres Oriental) e da Holanda (faixa estreita ao sul da baía de Escalda Ocidental).

Por que a praia e o bairro do Flamengo, no Rio de Janeiro, têm este nome? Conta-se que holandeses vindos do nordeste ou (segundo outra versão) marinheiros holandeses amotinados contra o comandante do navio teriam se fixado naquela praia, que passou a ser chamada de Praia dos Flamengos.

O Clube de Regatas do Flamengo foi fundado em 17 de novembro de 1895 (mas a data oficial foi antecipada para 15 de novembro a fim de que caísse sempre em um feriado) com o nome de Grupo de Regatas do Flamengo. O objetivo: participar das regatas que se realizavam na Praia do Flamengo. O futebol só surgiu em 1911, resultante de um desentendimento entre os jogadores de futebol do Fluminense e a comissão técnica do clube. O capitão da equipe, Alberto Borgeth, abandonou o clube junto com nove dos onze jogadores titulares. Os "dissidentes" do Fluminense criaram o primeiro time de futebol do Flamengo.

Vimos o que significa **flamengo**, mas o que é *flamenco*? Trata-se de uma palavra espanhola que pode corresponder à nossa **flamengo** (natural de Flandres), mas também designa a música e a dança ciganas da Andaluzia: *traje flamenco, bailaor de flamenco*.

Por isto, parece-me mais lógico dizer música *flamenca*, grifando a palavra por ser estrangeira.

▪ **Onívoro** é o animal que põe ovos?

O animal que põe ovos é **ovíparo**. **Onívoro** então o que é?

É fácil! Um animal que se alimenta de carne é... **carnívoro**. Que se alimenta de vegetais, **herbívoro**. **Onívoro** é o *animal que se alimenta de tudo*! Nós, seres humanos, somos animais tipicamente onívoros: comemos tudo que aparece pela frente!

O prefixo **oni** vem do latim *omnis*, que significa *tudo, todo*. **Oni**potente é quem tudo pode. **Oni**sciente é quem tudo sabe! **Oni**presente é quem está por toda parte. Ou seja, Deus, embora nenhuma destas três palavras apareça na *Bíblia*. Daí a palavra ônibus (o popular "busão"), que é um transporte coletivo, "para todos".

▪ Qual é a diferença entre **porcentagem**, **percentagem**, **percentual** e **porcentual**?

O substantivo **porcentagem** deriva da locução *por cento* + *agem*; o substantivo **percentagem** deriva da locução latina *per centum* (= por cento) + *agem*, por influência do inglês *percentage*. As duas palavras são sinônimas e correspondem a uma fração centesimal: 50% = 50/100, ou seja, metade.

32 | PORTUGUÊS SEM MISTÉRIO

Percentual como substantivo é o mesmo que **porcentagem** ou **percentagem**, e como adjetivo significa *referente a porcentagem*: cinco pontos percentuais.

Quanto a **porcentual**, não existe nos dicionários — é erro.

▪ Qual é a diferença entre **estória** e **história**?

A língua inglesa diferencia entre *story*, uma narrativa, e *history*, o registro dos acontecimentos. Em português houve uma tentativa de adotar esta mesma distinção, com **estória** correspondendo ao termo *story* e **história**, ao termo *history*. O livro de contos de Guimarães Rosa de 1962 chamou-se *Primeiras estórias*. Atualmente a palavra **estória** está praticamente em desuso, utilizando-se **história** nas duas acepções: história do Brasil e contar uma história.

▪ Qual é a diferença entre **hindu**, **hinduísta** e **indiano** (e o **índio**, como entra nesta história)?

Indiano é quem nasceu na Índia ou mora lá — assim como o **cubano** é quem nasceu em Cuba, o **tunisiano**, na Tunísia, o **alagoano**, em Alagoas etc.

Hinduísta é o seguidor do *hinduísmo*, a religião predominante na Índia, assim como o **budista** é o seguidor do budismo, o **confucionista**, do confucionismo, o **taoísta**, do taoísmo.

E **hindu**, o que é? Ganha um doce quem acertar! **Hindu** podem ser as duas coisas — ou seja, pode ser o indiano ou o hinduísta!

O **índio** entra na história porque, à época dos descobrimentos, esperava-se alcançar as Índias navegando para o ocidente — só que, no meio do caminho, havia um continente desconhecido!

▪ Qual é o certo: **randômico** ou **aleatório**?

A palavra inglesa *random* se traduz normalmente por *aleatório*. Nos dicionários mais antigos, inexistia a palavra *randômico* (por exemplo, no *Dicionário Brasileiro Contemporâneo*, de Francisco Fernandes). Mas no período "heroico", pré-micro do então denominado processamento de dados (atual informática), quando todos os *softwares* ainda eram em inglês, os profissionais da área tendiam, em suas conversas, a "decalcar" os termos técnicos ingleses.

Assim, diziam *atachar* em vez de *anexar* (em inglês, *attach*), *deletar* em vez de *excluir* (em inglês, *delete*), *assanhar* em vez de *atribuir* (em inglês, *assign* — juro que é verdade!) e *randômico* em vez de aleatório (em inglês, *random*). Alguns destes "decalques" acabaram "pegando", e hoje encontramos as palavras **randômico** e **deletar** nos dicionários.

Assim, tanto **randômico** como **aleatório** estão corretos. Mas por uma questão de amor à língua, prefiro o termo **aleatório**. Gosto não se discute.

5

Pontuação

Assim como a sinalização de trânsito as faixas as placas os sinais ordena o fluxo de veículos a pontuação ordena o fluxo de palavras A falta de pontuação torna o texto confuso pode até torná-lo ininteligível e em alguns casos extremos alterar o sentido da frase Dizer Quem canta seus males espanta é bem diferente de dizer Quem canta seus males espanta veja Vírgulas Fatais no site Novo Milênio Entendeu a importância da pontuação Observe quantos sinais de pontuação foram utilizados neste parágrafo travessão vírgula aspas barra ponto ponto e vírgula vírgula ponto de exclamação parênteses asterisco ponto de interrogação dois-pontos

O parágrafo acima passa tranquilamente pelo teste do corretor ortográfico. No entanto, falta-lhe algo fundamental "para pôr ordem no trânsito": vírgulas, pontos; em suma, os sinais de pontuação. Veja que diferença fazem estes sinais de pontuação:

Assim como a sinalização de trânsito — as faixas, as placas, os sinais — ordena o fluxo de veículos, a pontuação ordena o "fluxo de palavras". A falta de pontuação torna o texto confuso; pode até torná-lo ininteligível e, em alguns casos extremos, alterar o sentido da frase! Dizer "Quem canta, seus males espanta" é bem diferente de dizer "Quem canta seus males, espanta" (veja "Vírgulas Fatais" no *site* Novo Milênio[1]). Entendeu a importância da pontuação? Observe quantos sinais de pontuação foram utilizados neste parágrafo: travessão (—), vírgula (,), aspas ("), barra (/), ponto (.), ponto e vírgula (;), vírgula (,), ponto de exclamação (!), parênteses (), asterisco (*), ponto de interrogação (?), dois-pontos (:).

Cada sinal de pontuação cumpre determinados papéis (a vírgula indica as pausas, o ponto marca o final da frase, e assim por diante). Alguns sinais possuem funções bem óbvias (é o caso do ponto de interrogação e de exclamação), enquanto outros sinais exercem papéis mais sutis (ponto e vírgula, travessão, aspas). Uma boa pontuação dá clareza e elegância ao texto.

Conta-se que um rei, a quem perguntaram se determinado prisioneiro deveria ser solto, respondeu:

— Não, mate-o!

Só que o escriba, com pena do preso, omitiu a vírgula da frase, e a ordem que chegou na prisão foi: "Não mate-o!" O prisioneiro se salvou.

---

1. www.novomilenio.inf.br/idioma/20010302.htm

PORTUGUÊS SEM MISTÉRIO

▪ Qual é a origem da expressão **PT SAUDAÇÕES**?

Você já deve ter ouvido a expressão **PT SAUDAÇÕES**. Existe até um samba de Jorge Aragão e Paulinho Resende com este título, que termina assim:

As ingratidões

Eu entrego pra Deus.

Vá com seus botões,

Que eu fico com os meus.

PT saudações, adeus.

PT saudações, adeus.

Este PT nada tem a ver com o Partido dos Trabalhadores. Vem de uma época anterior ao correio eletrônico, ao *fax* e à discagem direta a distância (DDD), quando as duas únicas maneiras de enviar uma mensagem urgente eram a transmissão de pensamento e o telegrama. Nos telegramas, os sinais de pontuação eram indicados por siglas: PT para ponto, VG para vírgula, PTVG para ponto e vírgula, BIPT para dois-pontos, INT para interrogação, EXC para exclamação, ABRASPAS para abrir aspas e FECHASPAS para fechar aspas. Os telegramas costumavam terminar com um **PT SAUDAÇÕES**.

O **ponto** serve basicamente para *indicar o final da frase* — até aí morreu Neves! Ele também é usado nas *abreviaturas*: Dr. Peçanha, séc. XX, S. Exa., Av. Presidente Vargas, D. Pedro II —, mas algumas costumam ser usadas sem ponto, como TV Globo, SOS, MPB e as abreviaturas do sistema métrico: 20cm, 400km, 50L. Siglas não costumam ser seguidas de ponto: RJ, PIB, PMDB, PT, VG, ONU, CNBB, EUA, Sudene.

E PT SAUDAÇÕES.

▪ O uso de **travessões** é obrigatório em diálogos?

Vou transcrever aqui um pequeno diálogo da pág. 48 do *Manual de Estilo* da Editora Abril:

— Qual a melhor forma de reproduzir um diálogo? — perguntou.

— Com o uso de travessões — respondeu.

— E as aspas?

— As aspas reproduzem diálogos em língua inglesa — explicou. — Em português, são usadas para declarações, citações e transcrições.

No português, o uso de travessões para indicar os diálogos é uma técnica consagrada. Os grandes escritores do passado — José de Alencar, Eça de Queiroz, Machado de Assis, Jorge Amado — utilizaram esta técnica, e os escritores do presente (com poucas exceções) continuam a utilizando.

Alguns escritores utilizavam travessão apenas para indicar o início da fala, mas não para separá-la do resto do texto. É o caso de Machado de Assis (a fala está grifada):

— *Aconteceu lá alguma coisa?*

PONTUAÇÃO | 35

— *Absolutamente nada*, respondeu Camargo, dando-lhe um beijo na testa.

Mas a tendência moderna (já presente em Eça de Queiroz) é usar **travessão** não apenas para *introduzir a fala*, mas também para *separá-la do resto do texto* (caso haja texto adicional no parágrafo). O diálogo anterior, dentro desta tendência moderna, ficaria:

— *Aconteceu lá alguma coisa?*

— *Absolutamente nada* — respondeu Camargo, dando-lhe um beijo na testa.

Conquanto uma tendência consagrada e predominante, indicar diálogos com travessões não é regra obrigatória. Nas traduções portuguesas da Bíblia, por exemplo, é praxe colocar as falas entre aspas (à maneira inglesa e alemã):

Javé falou a Moisés dizendo:

"Vai pedir ao faraó que deixe partir da sua terra os filhos de Israel."

Moisés respondeu na presença de Javé: "Se os filhos de Israel não me ouvem, como me ouvirá o faraó, considerando a minha dificuldade no falar?"

O escritor português Saramago tem uma técnica esdrúxula de separar falas: por vírgulas, sem dois-pontos, sem ponto de interrogação, sem ponto de exclamação — vírgulas e inicial maiúscula tão somente, assim (as falas estão grifadas):

Que gritos são aqueles, tornou a perguntar Maria, invisível na escuridão, e José respondeu, depois de um silêncio, *Estão a matar gente*.

Respondendo à pergunta inicial: usar travessões não é obrigatório nos diálogos, embora seja a técnica mais tradicional e recomendável em nossa língua.

▪ Qual é a forma certa: **estrada Rio-Santos, estrada Rio Santos** ou **estrada Rio/Santos**?

Segundo o Acordo Ortográfico, "emprega-se o *hífen* para ligar duas ou mais palavras que ocasionalmente se combinam, formando *encadeamentos vocabulares*". Exemplos: a divisa Liberdade-Igualdade-Fraternidade, a ponte Rio-Niterói, o percurso Lisboa--Coimbra-Porto, a estrada Rio-Santos. Uma curiosidade: a Ortografia Oficial de 1971 mandava que se usasse aqui o travessão, caso típico de uma lei que não "pegou". O hífen também serve para formar palavras compostas: **guarda-chuva, banho-maria, franco-atirador, grão-duque**.

▪ Como se digita um travessão (—) no Word?

Algumas pessoas, embora saibam usar o Word, têm dificuldade com o travessão (—) e acabam usando o hífen (-) ou o caractere sublinhado (_) em seu lugar. As antigas máquinas de escrever não tinham travessão: você usava dois hifens (--) e o tipógrafo fazia a conversão. O computador pode ser uma máquina moderna, mas seu teclado é o mesmo de uma velha máquina de escrever de cem anos atrás: tem de tudo, até #, % e &, mas não tem o travessão.

36 | PORTUGUÊS SEM MISTÉRIO

Uma maneira de inserir o travessão no Word é apertar simultaneamente as teclas **Ctrl + Alt** e, logo depois, aquele **sinal de menos** (–) que fica lá na extrema direita do teclado (extrema direita mesmo, em cima da tecla +). Ou clique com o mouse em **Inserir**, selecione **Símbolo**, depois **Caracteres Especiais**, depois **Travessão** (ou **Traço** se preferir uma meia-risca), clique no botão **Inserir** e depois em **Fechar**.

▪ Quando se deve usar a **vírgula**?

O emprego da **vírgula** é mais sutil que o do ponto, mas segue uma certa lógica. Para entender esta lógica, é bom conhecer a *ordem normal dos termos da oração*. Em português, a ordem normal é: *sujeito* (quem realizou a ação) + *verbo* (a ação propriamente dita) + *complementos do verbo* (objetos direto e/ou indireto) + *adjuntos adverbiais* (informações adicionais como onde, como e quando).

Se uma oração está na ordem normal, os termos não devem ser separados por vírgulas. Portanto:

1. **Nunca coloque vírgula entre o sujeito e o verbo.** Nunca cometa isto: O Presidente da República, inaugurou a hidrelétrica.

2. **Nunca coloque vírgula entre o verbo e seu complemento.** Nunca faça isto: O Congresso propôs, uma lei de endurecimento das penas.[2]

Até aqui vimos quando não usar a vírgula. Agora vejamos os seis casos em que se deve usar a vírgula.

1. **Com termos intercalados (os chamados apostos) que quebrem a sequência natural da frase:**

   O Brasil, maior país da América Latina, está entre as dez maiores economias do mundo.

2. **Com palavras ou locuções como "por exemplo", "isto é", "a saber", "ou seja", "além disso", "aliás", "por um lado", "por outro lado":**

   O Direito falencial, **ou seja**, o conjunto de normas que regem falência e concordata, foi modernizado. (Aqui, além da locução **ou seja**, tivemos também um aposto intercalado: o conjunto... concordata.)

   As autoridades federais, **a saber**, o Presidente da República e o Ministro da Justiça, mostram-se preocupadas com a escalada da violência.

3. **Com adjuntos adverbiais (de tempo, lugar etc.) fora da posição normal (que seria no final):**

   Naquele dia, a cidade amanheceu cantando. (A ordem normal seria: A cidade amanheceu cantando naquele dia.)

   De noite na cama, eu fico pensando.

---

2. Claro que, se entre o sujeito e o verbo, ou entre o verbo e seu complemento, intercalo outros elementos, a lógica muda e a vírgula será bem-vinda: O Congresso propôs, ontem, uma lei de endurecimento das penas. O Presidente da República, na viagem ao Ceará, inaugurou a hidrelétrica.

Veio mesmo, *de repente*, uma vontade de se ver. (Ordem normal: Uma vontade de se ver veio mesmo de repente.)

Mas se o adjunto adverbial for uma única palavra, um simples advérbio, a vírgula é opcional:

Hoje contei pras paredes coisas do meu coração.

4. Entre palavras ou termos com a mesma função (normalmente, enumerações):

Água, ar, fogo, terra constituíam os quatro elementos da física antiga. Aqui tivemos uma enumeração dos quatro elementos — água, ar, fogo, terra —, e eles têm a mesma função, sujeito. A última vírgula poderia ser substituída por **e**: Água, ar, fogo **e** terra constituíam os quatro elementos da física antiga.

Você é minha droga, paixão e carnaval, meu zen, meu bem, meu mal.

Eduardo e Mônica fizeram natação, fotografia, teatro e artesanato.

Muito gado, muita gente, pela vida seguirei. Muito gado, muita gente têm a mesma função: objeto direto de **seguirei**. O objeto no início da frase inverte a ordem normal; aliás, a inversão é um importante recurso da linguagem poética.

5. Com o vocativo (ou seja, a pessoa a quem nos dirigimos):

Por isso cuidado, *meu bem,* há perigo na esquina!

Ei! *Você aí,* me dá um dinheiro aí!

Deus! ó, Deus, onde estás que não respondes!? (aqui Castro Alves se dirige a Deus).

6. Para separar orações:

Uma *oração* é uma declaração que afirma ou nega algo (**predicado**) sobre um *sujeito*: Você é linda. Um *período simples* compõe-se de uma única oração. Um *período composto* constitui-se de várias orações, normalmente ligadas por conjunções: Matou a família e foi ao cinema. Tirando os três casos que veremos adiante, as diferentes orações de um período costumam vir separadas por vírgulas:

Penso, logo existo.

Quando o mar briga com a praia, quem apanha é o caranguejo.

Quanto mais alto é o pau, mais bonita é a queda.

Um dia é da caça, o outro é do caçador.

Vejamos agora os *três casos em que não usamos vírgulas entre orações*:

Primeiro caso: orações unidas por **e** normalmente não se separam por vírgula, a não ser que tenham sujeitos diferentes (e mesmo neste caso a vírgula não é obrigatória):

Eu venho lá do sertão **e** posso não lhe agradar (mesmo sujeito, **eu**).

Os cães ladram, **e** a caravana passa (sujeitos diferentes: **os cães** e **a caravana**).

Segundo caso: orações adjetivas nem sempre são separadas por vírgulas. Mas primeiro você tem que saber o que são orações adjetivas.

38 | PORTUGUÊS SEM MISTÉRIO

Orações adjetivas são aquelas que começam por pronome relativo (**que**, **o qual**, **a qual**, **cujo** etc.) e desempenham papel semelhante ao de um adjetivo. Por exemplo, na frase "Os alunos que estudam passam de ano", **que estudam** é oração adjetiva. Ela começa pelo pronome relativo **que** e poderia até ser substituída por um adjetivo: **estudiosos**. (Um macete prático para descobrir se uma oração é adjetiva é tentar substituí-la por um adjetivo qualquer.)

Agora preste atenção nestas duas frases: "O ônibus **que pegamos** enguiçou na viagem" e "O ônibus, **que é um transporte barato**, tem a desvantagem de poluir a atmosfera".

Na primeira, a oração adjetiva não está entre vírgulas. Na segunda frase, a oração está entre vírgulas. Por quê? Porque na primeira frase estou especificando determinado ônibus (aquele que pegamos), enquanto na segunda frase refiro-me aos ônibus em geral. *Quando a oração adjetiva especifica determinada coisa, não usamos vírgulas*: Os alunos **que estudam** passam de ano. (Dentre todos os alunos, estou especificando apenas aqueles que estudam.) As pessoas **que bebem em excesso** acabam tendo cirrose.

Terceiro caso: *orações substantivas* também não são separadas por vírgulas. Um macete prático para descobrir se uma oração é substantiva é tentar substituí-la por ISSO. Espero **que ela venha logo**. Espero ISSO.

A esta altura do jogo, vejo o leitor reclamando: para colocar uma simples virgulinha tenho que aprender uma porção de regras! Não são tantas regras assim: as regras básicas são seis. Além disso, no fundo, a vírgula indica pausas na frase, e na maior parte das vezes você sabe intuitivamente onde caem essas pausas, sem precisar saber nenhuma regra. As regras servem apenas para você consultar quando tiver dúvida.

▪ Qual é a diferença entre **dois pontos** e **dois-pontos**?

Dois pontos são um ponto seguido de outro ponto (..), enquanto **dois-pontos** são o sinal de pontuação (:).

Você sabe para que servem os **dois-pontos**: para introduzir uma fala, pensamento, citação, exemplo, aviso, indicação, enumeração ou explicação. Vamos ver alguns exemplos.

E ela disse: — Lá em casa tem um poço, mas a água é muito limpa. (dois-pontos introduzindo uma fala)

LEIA ATENTAMENTE AS INSTRUÇÕES SEGUINTES: ... (dois-pontos introduzindo a enumeração das instruções)

ATENÇÃO: as questões de 91 a 95 são relativas à língua estrangeira. (dois-pontos introduzindo um aviso)

Existe algo que diz: "A vida continua e se entregar é uma bobagem." (dois-pontos introduzindo uma citação)

Ei, olha só o que achei: cavalos-marinhos. (dois-pontos introduzindo uma indicação)

E eu me pergunto: se eu não estivesse nisso onde eu estaria? (dois-pontos introduzindo um pensamento)

PONTUAÇÃO | 39

Mas eu não fujo do meu eu, não fujo do meu nome: Gabriel, o Pensador. (dois-pontos introduzindo a indicação do nome do narrador)

A canção *Diariamente*, de Nando Reis, usa e abusa dos dois-pontos, de forma interessante:

> Para calar a boca: rícino
> Para lavar a roupa: Omo
> Para viagem longa: jato
> Para difíceis contas: calculadora
> Para o pneu na lona: jacaré
> Para a pantalona: nesga
> Para pular a onda: litoral
> Para lápis ter ponta: apontador
> Para o Pará e o Amazonas: látex
> etc.

A Questão 113[3] da prova de Linguagens, Códigos e Suas Tecnologias (LCST) do ENEM de 2016 aborda o emprego dos dois-pontos:

QUESTÃO 113/ENEM de 2016

> Quem procura a essência de um conto no espaço que fica entre a obra e seu autor comete um erro: é muito melhor procurar não no terreno que fica entre o escritor e sua obra, mas justamente no terreno que fica entre o texto e seu leitor.
>
> OZ, A. **De amor e trevas**. São Paulo: Cia. das Letras, 2005 (fragmento).

A progressão temática de um texto pode ser estruturada por meio de diferentes recursos coesivos, entre os quais se destaca a pontuação. Nesse texto, o emprego dos dois pontos[4] caracteriza uma operação textual realizada com a finalidade de

A. comparar elementos opostos.

B. relacionar informações gradativas.

C. intensificar um problema conceitual.

D. introduzir um argumento esclarecedor.

E. assinalar uma consequência hipotética.

Resposta no rodapé.[5]

---

3. Os números de questões citados neste livro são sempre da prova amarela.

4. A palavra "dois-pontos" foi grafada errada, sem o hífen.

5. O emprego dos dois-pontos tem a finalidade de introduzir um argumento que esclarece o erro cometido por quem procura a essência do conto entre a obra e seu autor. A resposta certa, portanto, é a quarta.

40 | PORTUGUÊS SEM MISTÉRIO

▪ Depois de dois-pontos, devemos usar **minúscula** ou **maiúscula**?

A frase depois de dois-pontos começa com letra minúscula (assim como a frase após o ponto e vírgula — ver próximo tópico), a não ser que se trate de citação ou fala. Vejamos dois exemplos extraídos da prova do ENEM de 2010:

Lembre-se: palavra preciosa é palavra dita na hora certa. (Não se trata de citação — QUESTÃO 98)

Dia desses resolvi fazer um teste proposto por um *site* da internet. O nome do teste era tentador: "O que Freud diria de você." (Citação entre aspas do nome do teste — QUESTÃO 101)

▪ Para que serve o **ponto e vírgula**?

O **ponto e vírgula** é um meio-termo entre o ponto e a vírgula, mas é muito menos usado do que o ponto e a vírgula. Uma dica: *se tiver dúvida sobre o uso do ponto e vírgula, simplesmente não o use.* Use o ponto comum. Ou use a vírgula, se for mais indicada. O ponto e vírgula não fará nenhuma falta e você não errará!

Uma aplicação típica do ponto e vírgula é em listas de itens. Por exemplo, Em *A nova ortografia oficial*, encontramos:

O Vocabulário conterá:
   a) o formulário ortográfico, que são estas instruções;
   b) o vocabulário comum;
   c) registro de abreviaturas.

Tivemos aqui uma lista de itens (o conteúdo do Vocabulário) introduzida por **dois-pontos**; o item **a** está separado do **b**, e este, do **c**, por **ponto e vírgula**. A lista se encerra com o **ponto-final**.

Frases curtas, principalmente quando se opõem entre si, também podem ser separadas por ponto e vírgula. Vamos ver exemplos em provérbios retirados do *Adagiário brasileiro*, de Leonardo Mota:

Quem acha um bom genro, ganha um filho; quem acha um ruim, perde uma filha.

Se peço, sou pidão; se não peço, não me dão.

Remenda teu pano, durará mais um ano; remenda outra vez, durará mais um mês; torna a remendar, pra então se acabar.

Quem sabe, está sabendo; quem não sabe, está se vendo.

Quem quer, vai; quem não quer, manda.

Quando o doente escapa, foi Deus que o salvou; e quando morre, foi o médico que o matou.

PONTUAÇÃO | 41

Nunca vi vento do Sul, que aos três dias não chovesse; nunca vi homem casado, que não se arrependesse.

Bem no comecinho da Bíblia vemos um bom exemplo do uso de ponto e vírgula:

No começo criou Deus o céu e a terra. A terra, porém, era solidão e caos, informe e vazia; as trevas cobriam o abismo, mas o espírito de Deus pairava sobre as águas.

Outra aplicação típica do ponto e vírgula é separando itens de um artigo da lei. Por exemplo, na Constituição brasileira lemos:

Art. 4º A República Federativa do Brasil rege-se nas suas relações internacionais pelos seguintes princípios:

I — independência nacional;
II — prevalência dos direitos humanos;
III — autodeterminação dos povos;
(...)
X — concessão de asilo político.

▪ Qual é a diferença entre **parêntese, parêntesis** e **parênteses**?

Um **parêntese** é uma informação adicional intercalada na frase *(interrompendo seu fluxo normal)*. Na frase anterior, o parêntese está grifado — realçado com *itálico*, as letras inclinadas para a direita criadas pelo italiano Francesco Griffo.

O sinal de pontuação que delimita o parêntese (a informação intercalada) também se chama **parêntese**. Você *abre parêntese*, escreve o texto intercalado (que também se chama **parêntese**) e *fecha parêntese*. A informação intercalada fica entre **parênteses** (que é o plural de **parêntese**).

Parêntese também pode ser usado no sentido figurado: "Agora vamos abrir um parêntese e falar sobre..." Simples, não é?

E **parêntesis**, o que são? É a forma alatinada de **parêntese/parênteses** — *abre parêntesis*, *fecha parêntesis*, pronto, a frase agora está entre *parêntesis*. Na prática, você pode esquecer o **parêntesis** e usar apenas **parêntese** (singular)/**parênteses** (plural).

Vejamos exemplos do emprego de parênteses retirados do conto "Vestida de Preto", de Mário de Andrade:

Fui afundando o rosto naquela cabeleira e veio a noite, senão os cabelos (mas juro que eram cabelos macios) me machucavam os olhos.

E todos os anos era aquela já esperada fatalidade: uma, duas bombas (principalmente em matemática) que eu tomava apenas o cuidado de apagar nos exames de segunda época.

42 | PORTUGUÊS SEM MISTÉRIO

▪ Posso usar **colchetes** [ ] em vez de **parênteses** ( )?

Basicamente, os **colchetes** são usados para indicar uma *intervenção ou explicação dentro de uma citação*. Vamos pegar como exemplo o trecho de uma matéria de um jornal sobre a morte da escritora Rachel de Queiroz. Observe que as citações das declarações da irmã de Rachel estão entre aspas.

> "Estive com Rachel ontem até 20h e ela estava bem", contou a irmã caçula da escritora, Maria Luiza, durante o velório, ontem, na Sala dos Poetas Românticos da ABL. Maria Luiza disse que na madrugada de ontem a irmã sentiu-se mal e foi atendida pela enfermeira. "Ela chamou pelos nossos pais e pelo marido **[o médico Oyama de Macedo, morto em 1982]** e dizia que queria ir para o Ceará, que estava cansada e que ia dormir."

O autor da matéria inseriu, dentro do depoimento de Maria Luiza, uma explicação de quem foi o marido de Rachel de Queiroz. Se essa explicação fosse da própria Maria Luiza, estaria entre parênteses; mas como é do jornalista que redigiu a matéria, deve estar entre colchetes, para evitar confusão. (Eu disse **deve**; no jornal de onde retirei o exemplo, estava entre parênteses mesmo.)

Vejamos outra situação em que se usam colchetes. Digamos que eu queira inserir neste ponto do livro esta nota entre parênteses: **(**Veja "Para que servem as **reticências (**os três pontinhos**)?**", adiante**)**. Mas usar parênteses em uma frase que já está entre parênteses pode causar confusão. Por isto, os parênteses internos são substituídos por colchetes: **(**Veja "Para que servem as **reticências [**os três pontinhos**]?**", adiante**)**.

Respondendo à pergunta inicial: os colchetes têm usos bem específicos; por isto, não podem ser usados indiscriminadamente no lugar dos parênteses.

▪ Para que servem as **reticências** (os três pontinhos)?

As **reticências** indicam uma *interrupção do pensamento* (deixando algo subentendido), uma *quebra da sequência lógica da frase* (normalmente em diálogos, pois a linguagem falada não é tão "lógica" como a escrita), ou mesmo uma *omissão* (por exemplo, em um provérbio muito conhecido posso omitir o final, deixando-o apenas sugerido: Água mole em pedra dura...).

No conto "O empréstimo", de Machado de Assis, encontrei ótimos exemplos de reticências:

> — Diga-me, não está empregado?

> — Não, senhor.

> — Olhe; dou-lhe coisa melhor do que quinhentos mil-réis; falarei ao ministro da justiça, tenho relações com ele, e...

> Custódio interrompeu-o.

PONTUAÇÃO | 43

Aqui as reticências indicam uma literal interrupção da fala (por Custódio).

— Nem cem, repito. Tenho tido muitas dificuldades nestes últimos tempos. Sociedades, subscrições, maçonaria... Custa-lhe crer, não é?

Neste exemplo, as reticências exercem o papel de um etc. — são tantas as dificuldades que nem dá para enumerá-las. Mas aí, você, que é um leitor atento, perguntará: "Esta não é uma fala? Como é possível 'falar' reticências?" A única resposta que me ocorre é: pelo tom de voz!

Dizendo isto, despiu o paletó de alpaca, e vestiu o de casimira, mudou de um para outro a boceta de rapé, o lenço, a carteira... Oh! a carteira!

Aqui as reticências indicam uma mudança do ponto de vista da narrativa, que passa do narrador (Dizendo isto, despiu o paletó...) para o pensamento do personagem (Oh! a carteira!). É como se houvesse uma quebra da sequência lógica.

A Questão 132 do ENEM de 2016 aborda o emprego das reticências:

L.J.C.
— 5 tiros?
— É.
— Brincando de pegador?
— É. O PM pensou que...
— Hoje?
— Cedinho.

COELHO, M. In: FREIRE, M. (Org.). Os cem menores contos brasileiros do século. São Paulo: Ateliê Editorial, 2004.

Os sinais de pontuação são elementos com importantes funções para a progressão temática. Nesse miniconto, as reticências foram utilizadas para indicar

A. uma fala hesitante.

B. uma informação implícita.

C. uma situação incoerente.

D. a eliminação de uma ideia.

E. a interrupção de uma ação.

Resposta no rodapé.[6]

---

6. As reticências foram utilizadas para indicar uma informação implícita, de que o PM pensou que fosse um ladrão. Se você optou pela última resposta, observe que houve interrupção da frase, não de uma ação.

44 | PORTUGUÊS SEM MISTÉRIO

▪ Diálogo de loucos

— Ai!

— Que foi?

— Nada! Só queria usar um ponto de exclamação!

— Quer saber? Eu só queria usar um ponto de interrogação!

Os **pontos de exclamação** e **interrogação** não têm mistério. Estes todo mundo sabe usar. Apenas um conselho: não abuse do ponto de exclamação (como abusei no diálogo de loucos).

▪ Quando se usam "aspas"?

Um dos principais empregos das **aspas** é em *citações, depoimentos ou declarações* (mas em diálogos envolvendo mais de uma pessoa, use o travessão). Vejamos um exemplo retirado de uma matéria de jornal sobre os Titãs:

Os Titãs estão bem. Eles avisam em *Como Vão Vocês?*, o novo disco. O recado está logo na primeira faixa, em que Paulo Miklos canta: "nós estamos bem, queremos estar bem, agora estamos muito bem." A explicação? "A gente propõe um questionamento. É um pouco sobre como está o Brasil, o mundo", diz o guitarrista Tony Bellotto. Mas a interpretação pode perfeitamente ir além disso. "É o primeiro disco sem o Marcelo Fromer e o Nando Reis. Pode haver as duas leituras", reconhece Tony. (*O Dia*, 5/11/03)

O primeiro par de aspas encerra a citação de um trecho de uma das músicas do disco. O segundo trecho entre aspas é um depoimento do guitarrista. O terceiro trecho é a continuação do depoimento.

A Questão 123 da prova de LCST do ENEM de 2010 traz uma citação de Salvador Dalí entre aspas: "Todas as manhãs quando acordo, experimento um prazer supremo: o de ser Salvador Dalí."

Nos livros ou artigos, citações mais longas podem aparecer em bloco destacado, às vezes com corpo de letra menor, sem aspas.

Também podem estar entre aspas *gírias e expressões populares que não fazem parte da chamada* "língua culta", *termos usados fora de seu sentido habitual* (por exemplo, em sentido irônico) ou *termos que queremos destacar*. Vamos ver alguns exemplos de notícias na imprensa e questões do ENEM:

O prefeito de Barra Mansa acabou "jogando confetes" no polêmico convite feito pelo bloco Juventude Unida da Vila Coringa...

Neto reafirmou que desfilará mesmo em Barra Mansa, levando, inclusive, a "turma do funil".

Os covardes que impuseram maus-tratos a velhinhos de mais de 90 anos nem sequer podem ser chamados de **"filhos da mãe"**. Não devem ter uma.

O chamado "fumante passivo" é aquele indivíduo que não fuma, mas acaba respirando a fumaça dos cigarros fumados ao seu redor. (QUESTÃO 122/ ENEM de 2010)

Além das *citações* e do *destaque de certas palavras*, também se usam aspas para:

1. *Capítulos de livros* (mas o título do livro deve vir grifado): O Capítulo 3 de *O pêndulo*, "Experimentos Fracassados com Corpos em Queda", descreve uma série de tentativas fracassadas de demonstrar que a Terra gira.

2. *Seções de revistas ou jornais* (mas o nome do jornal ou revista deve vir grifado): caderno "Prosa & Verso" de *O Globo*, coluna "Panorama Político", seção "Blogosfera", da *Veja*.

3. *Artigos de revistas ou manchetes de jornais:* "Delegado: militares confessaram ataque contra jovem após Parada Gay", "Homem-aranha que agia no Méier é preso".

4. *Títulos de contos, poemas e ensaios*: poema "Círculo Vicioso", de Machado de Assis, conto "Os Laços de Família", do livro *Laços de família*, de Clarice Lispector.

▪ Se uma frase está entre aspas, uma palavra dentro desta frase *também pode estar entre aspas*?

Se você tiver *dois níveis de aspas, no primeiro nível utilize aspas duplas ("...") e no segundo, aspas simples ('...')*. A Questão 96 do ENEM de 2016, sobre o "Museu das Invenções Cariocas", traz bons exemplos do uso de aspas duplas e simples:

"Falar 'caraca!' a cada surpresa ou acontecimento que vemos, bons ou ruins, é invenção do carioca, como também o 'vacilão'."

"Cariocas inventam um vocabulário próprio." "Dizer 'merrmão' e 'é merrmo' para um amigo pode até doer um pouco no ouvido, mas é tipicamente carioca."

"Pedir um 'choro' ao garçom é invenção carioca."

"Chamar um quase desconhecido de 'querido' é um carinho inventado pelo carioca para tratar bem quem ainda não se conhece direito."

"O 'ele é um querido' é uma forma mais feminina de elogiar quem já é conhecido."

SANTOS, J. F. Disponível em: www.oglobo.globo.com.
Acesso em: 6 mar. 2013 (adaptado).

46 | PORTUGUÊS SEM MISTÉRIO

▪ **Palavras estrangeiras** devem vir entre aspas?

Não. Palavras ou expressões estrangeiras devem vir grifadas (em itálico): *ipsis litteris*, os *hooligans*, *big-bang*, uma *big* festa, *copyright*, *Canis lupus* (nome científico do lobo). Mas termos estrangeiros de uso corrente às vezes são escritos sem grifo (embora nos dicionários estejam grifados): jazz, jeans, best-seller, rock.

Citações em língua estrangeira entre aspas também devem vir grifadas: "*To be or not to be...*"

▪ Por que **estrela da manhã** (ou **meio ambiente**) não tem hífen e **estrela-do-mar** (ou **meio-campo**) tem?

É chegada a hora de abordarmos o **hífen**, e uma das funções do hífen é *formar palavras compostas*: couve-flor, água-de-colônia, arco-íris. Mas aí surge a pergunta: como saber se uma expressão é mesmo uma palavra composta? Por exemplo, **estrela do mar** é uma palavra composta (**estrela-do-mar**) ou uma mera locução, como **estrela da manhã** (que, assim como a "estrela da tarde", é o planeta Vênus)?

A lógica, em princípio, é a seguinte: *palavras compostas são mais do que a soma de seus elementos*. Um exemplo bem claro: **dois pontos** são... um ponto (.) + um ponto (.) Agora a palavra composta **dois-pontos** é mais do que a soma de dois pontos: é um sinal de pontuação diferente (:).

Outro exemplo claro: **água de Colônia** é simplesmente... a água que sai das torneiras da cidade de Colônia. Agora, **água-de-colônia** é algo diferente, é um tipo de perfume que foi desenvolvido em Colônia. **Água marinha** (sem hífen) é simplesmente água do mar, mas **água-marinha** é algo distinto, é o nome de uma pedra semipreciosa. **Estrela do mar** (sem hífen) seria uma estrela dentro do mar (ou seja, algo que só existe na fantasia de algum louco), enquanto **estrela-do-mar** (palavra composta) é um animal marinho em forma de estrela. **Meio campo** seria a metade de um campo, enquanto **meio-campo** é a região central do campo de futebol.

Isto tudo é muito bonito, mas será que na prática esta lógica funciona mesmo? Não, nem sempre. O novo Acordo Ortográfico, ao eliminar os hifens de expressões como "pé de cabra" (tipo de alavanca de ferro) e "leão de chácara" (pessoa que cuida da segurança em boates), rompe com essa lógica tradicional. Assim, para tirar uma dúvida envolvendo palavras compostas, convém consultar o Vocabulário Ortográfico da Língua Portuguesa (VOLP), da Academia Brasileira de Letras, disponível na internet (www.academia.org.br/nossa-lingua/busca-no-vocabulario).

Agora você vai fazer um exercício. Na lista a seguir, tente descobrir quais são as palavras compostas (respostas no rodapé)[7].

amor bandido	estrela do mar	montanha russa
amor perfeito	guarda chuva	pão duro (= avarento)
arco bizantino	jovem guarda	pé chato
arco íris	leão de chácara	pé de chinelo
caixa de fósforos	lua de mel	pé de meia
caixa preta	meia idade	ponto de vista
dente de leão (a flor)	meio ambiente	ponto de venda
dia a dia	meio campo	

▪ Os *adjetivos compostos* seguem a mesma lógica dos *substantivos compostos*?

No caso dos adjetivos compostos, você não precisa se preocupar com a lógica. Normalmente eles têm hífen: anglo-americano, luso-brasileiro, greco-romano, austro--húngaro, econômico-financeiro, bem-sucedido, mal-ajambrado.

▪ Qual é a forma certa: **mini-computador** ou **minicomputador**?

Vamos abordar agora o hífen após os prefixos. **Prefixos** são elementos, geralmente gregos ou latinos, que se antepõem às palavras, mudando-lhes o sentido. Exemplos de prefixos: **extra** (extraconjugal) e **sub** (subumano).

O uso do hífen após os prefixos segue certas regras:

1. Sempre se usa hífen com os prefixos **além** (além-túmulo), **aquém** (aquém--mar), **ex** (ex-prefeito), **para** (para-brisa, para-choque, para-raios; exceções: paraquedas, paraquedista, paraquedismo), **pós** (pós-operatório; exceção: posfácio), **pré** (pré-operatório, pré-natal; exceções: precondição, predeterminar [predeterminação, predeterminado etc.], predizer, preestabelecer, preexistir [preexistente etc.], prejulgar, prenome, pressupor), **pró** (pró-americano), **recém** (recém-casado), **sem** (sem-teto), **vice** (vice-presidente, vice-reitor).

2. Sempre se usa hífen quando o segundo elemento começa com **h**: mal-**h**umorado, super-**h**omem.

---

7. Respostas: amor bandido, amor-perfeito, arco bizantino, arco-íris, caixa de fósforos, caixa-preta, dente-de-leão, dia a dia, estrela-do-mar, guarda-chuva, jovem guarda, leão de chácara, meia-idade, meio ambiente, meio-campo, montanha-russa, pão-duro, pé chato, pé de chinelo, pé-de-meia, ponto de vista, ponto de venda.

48 | PORTUGUÊS SEM MISTÉRIO

3. Sempre se usa hífen se o prefixo termina com a mesma vogal com que começa o segundo elemento: arqu**i-i**nimigo, supr**a-a**xilar, ne**o-o**rtodoxo. A única exceção é o prefixo **co**: **coo**cupante. Se as vogais forem diferentes, não se usa hífen: aut**oe**scola.

4. Se o prefixo termina em vogal e o segundo elemento começa por **r** ou **s**, além de não se usar o hífen, estas consoantes se duplicam: anti**ss**éptico, contra**rr**egra.

5. Usa-se hífen se o prefixo termina com a mesma consoante com que começa o segundo elemento: hipe**r-r**ealismo, inte**r-r**acial, su**b-b**loco.

Com essas cinco regras você resolve a questão do hífen. Você pode também consultar a seguinte tabela dos prefixos, em ordem alfabética, mostrando quando exigem hífen. (Outra alternativa é consultar a palavra no dicionário.)

O PREFIXO...	... EXIGE HÍFEN ANTES DE	EXEMPLO
Além	Todas as letras	Além-túmulo
Ante	e, h	Ante-hipófise, antessala
Anti	h, i	Antiaéreo, anti-horário, antissemita
Aquém	Todas as letras	Aquém-mar
Arqui	h, i	Arqui-inimigo, arquirrival
Auto	h, o	Autoanálise, autoescola, auto-hipnose
Circum	Vogal, h, m, n	Circum-adjacente, circum-navegação
Co	Nunca	Coautor, coocupante, coerdeiro (o h da segunda palavra [herdeiro] desaparece), cossignatário
Contra	a, h	Contra-almirante, contradança, contrarregra
Ex	Todas as letras	Ex-prefeito
Extra	a, h	Extra-abdominal, extraconjugal, extraoficial
Hiper	h, r	Hiperacidez, hiper-realismo
Infra	a, h	Infra-axilar, infraestrutura, infrassom
Inter	h, r	Interamericano, inter-racial
Intra	a, h	Intra-abdominal, intrapulmonar

Mal	Vogal, h	Mal-acostumado, malcriado, mal-humorado
Micro	h, o	Micro-habitat, micro-ondas
Mini	h, i	Minijardim, mini-homem
Neo	h, o	Neoliberalismo, neo-hegelianismo, neo-ortodoxo
Pan	Vogal, h, m, n	Pan-americano, pan-helênico, pan-negritude
Para	Todas as letras — exceções: paraquedas, paraquedista	Para-brisa, para-choque, para-raios
Pós	Todas as letras — exceção: posfácio	Pós-operatório
Pré	Todas as letras — exceções: precondição, predeterminar (predeterminação, predeterminado etc.), predizer, preestabelecer, preexistir (preexistente etc.), prejulgar, prenome, pressupor	Pré-operatório, pré-natal
Pró	Todas as letras	Pró-americano
Proto	h, o	Proto-história, protoindo-europeu
Pseudo	h, o	Pseudoarte, pseudo-ortorrômbico
Recém	Todas as letras	Recém-casado
Sem	Todas as letras	Sem-teto
Semi	h, i	Seminovo, semi-internato, semirreta
Sobre	e, h	Sobre-humano, sobremesa
Sub	b, h, r	Sub-bloco, sub-raça
Super	h, r	Super-homem
Supra	a, h	Supra-axilar, supranacional
Ultra	a, h	Ultrajovem, ultra-hiperbólico
Vice	Todas as letras	Vice-presidente, vice-reitor

E para encerrar a questão do hífen, uma observação: ele também é usado para *separar sílabas* (re-bor-do-sa) e para *ligar pronomes oblíquos ao verbo* (traga-me).

▪ Podemos usar **barras** para separar os versos de um poema?

Normalmente, cada verso de um poema fica em uma linha separada:

> Da sombria face
>
> não quero o triste olhar
>
> nem natimorto o sorriso
>
> de pálidos lábios
>
> mudos.
>
> A tez corada quero
>
> quero muito
>
> a força do olhar na fina areia
>
> ao encontro do grão
>
> que do meu olho foi cisco.[8]

Se você quiser citar um poema ou trecho dele em um texto ou em nota de roda-pé, poderá fazê-lo de forma corrida, separando os versos por barras, desta maneira: Entre meus poemas prediletos, está "Amanhecer" (Da sombria face / não quero o triste olhar / nem natimorto o sorriso...), de minha ex-colega de Oficina, Conceição Albuquerque.

Outros usos da barra são:

1. Nas *frações ordinárias*: 3/4.

2. Em *abreviaturas*: s/d (sem data), km/h.

3. Na alternativa **e/ou**: Financiamento de imóveis na planta e/ou em construção.

---

8. Trecho do poema "Amanhecer", de Conceição Albuquerque. *Poesia em três tempos*, Editora Bom Texto, pág. 72.

6

Acentuação

Algumas pessoas acham que a acentuação das palavras é uma complicação inútil, que deveria ser abolida, mas graças a ela conseguimos distinguir o "**coco** da Bahia" do "**cocô** do bebê", o "**sabiá** cantador" de "você **sabia**? (verbo saber)" e da "mulher **sábia**". Se você ainda não se convenceu da importância do acento, tente escrever **cágado** sem o acento e veja o que acontece com o pobre animalzinho!

A acentuação não é nenhum bicho de sete cabeças, e segue regras bem lógicas, até lógicas demais para uma língua logicamente imperfeita como é o português — e como são todas as línguas vivas. Se você tiver a paciência de memorizar umas poucas regras, depois de algum tempo perceberá que elas se acomodaram no seu subconsciente, e a acentuação será algo tão automático quanto trocar as marchas do carro ou escovar os dentes. Além do mais, você pode contar com a ajuda valiosa (mas não infalível) do corretor ortográfico. Só que na hora da redação do ENEM você não vai poder contar com este valioso amigo!

▪ Por que **júri** tem acento e **jura** não tem?

Para entender as regras de acentuação, você precisa saber o que são palavras *oxítona*, *paroxítona* e *proparoxítona*. Mas isto é fácil. É só ver onde está a *sílaba tônica*, a sílaba mais forte. Se a sílaba tônica é a *última* sílaba, a palavra é *oxítona*: ca**fé**, a**li**, Piau**í**, maracu**já**, fute**bol**. Se a sílaba tônica é a *penúltima*, a palavra é *paroxítona*: i**da**de, a**lu**no, prepara**tó**rio, can**to**ria, cas**te**lo. Se a sílaba tônica é a *antepenúltima*, a palavra é *proparoxítona*.

Vamos começar pela regra mais fácil: *todas as palavras proparoxítonas* — todas, sem exceção — *são acentuadas*. Existe um montão de palavras proparoxítonas: **sí**laba, **á**libi, **sú**bito, **prín**cipe, espe**tá**culo, **sé**culo, ro**mân**tico... Pelo menos esta primeira regra você não erra nunca mais — o que já é alguma coisa.

Agora vamos ver as palavras terminadas em vogais (um grande número de palavras termina em vogal). Observe o quadro seguinte (o X indica que a palavra é acentuada):

TERMINAÇÃO	PROPAROXÍTONO	PAROXÍTONO	OXÍTONO
a	X		X
e	X		X
i	X	X	
o	X		X
u	X	X	

Os proparoxítonos nós já vimos, são sempre acentuados, qualquer que seja a terminação. Restam os paroxítonos e oxítonos. Vamos dividir as vogais em dois grupos: **a**, **e**, **o**, de som mais aberto — Ah! É? Oh! — e **i**, **u**, de som mais fechado. Do quadro acima, depreende-se nossa segunda regra: *acentuamos os oxítonos terminados em a, e, o*, mas não os oxítonos terminados em **i** e **u**: maracujá, mané, siri, socó, urubu. (Acrescentar um **s** para pôr a palavra no plural não invalida a regra: maracujás, manés, socós.)

Aí você perguntará: **Itaú**, **Grajaú**, **baú** não terminam em **u** e levam acento? Mas esta é outra história, ligada aos hiatos, que você verá em "Por que Itaú (ou Grajaú) tem acento e Icatu (ou Caju) não tem?"

Chegamos agora à terceira regra: *acentuamos os paroxítonos terminados em i e u (mesmo seguidos de s)*, mas não os paroxítonos terminados e **a**, **e**, **o**: sala, pele, dândi, lápis, puro, vírus.

Agora você sabe a resposta à pergunta inicial: **júri** tem acento porque é paroxítono terminado em **i**; **jura** não tem porque é paroxítono terminado em **a**. E aprendeu três regras de acentuação fundamentais.

Um pequeno exercício para você introjetar estas regras. Pegue caneta e papel e escreva as palavras seguintes, acentuando-as quando preciso. Primeiro, examine se a palavra é **proparoxítona**, **paroxítona** ou **oxítona**, e lembre-se das regras: proparoxítona, sempre acentuada, paroxítona, acentuada se terminada em **i(s)** ou **u(s)** e oxítona, se terminada em **a(s)**, **e(s)** ou **o(s)**.

alambique	canguru	pele
alho-poro	Catete	Pele (o jogador)
ali	Tripoli (capital da Líbia)	principe
cabeça	esmola	sopapo
Cali (cidade colombiana)	figado	tragico[1]
candomble	Parana	

---

1. Respostas: alambique, alho-poró, ali, cabeça, Cáli (dificilmente se encontra esta palavra corretamente acentuada), candomblé, canguru, Catete, Trípoli, esmola, fígado, Paraná, pele, Pelé (o jogador), príncipe, sopapo, trágico.

ACENTUAÇÃO | 53

▪ Por que **também** tem acento?

Vimos que palavras oxítonas terminadas em **a**, **e**, **o** (mesmo quando seguidas de **s**) são acentuadas: maná, bebê, bocó. Uma segunda regra ligada às palavras oxítonas diz: acentuam-se as *palavras oxítonas terminadas em em ou ens* (normalmente com acento agudo, a não ser no plural de certos verbos): além, vintém, parabéns, armazém, ele mantém, eles mantêm. E com isto encerramos as regras das palavras oxítonas.

Três das palavras seguintes são acentuadas; diga quais são: abordagem, agiotagem, alguem, aprendizagem, nenem, selvagem, vintens.[2]

▪ Por que **clímax** tem acento?

Vimos que palavras paroxítonas terminadas em **i** e **u** são acentuadas (mesmo quando seguidas de **s**): júri, bônus. Mas esta não é a única regra de acentuação aplicável às **palavras paroxítonas**. Também se acentuam os paroxítonos terminados em **l**, **n, ns** (exceto com terminação **ens**), **r**, **x**, **um/uns**, **ditongo** (mesmo quando seguido de s), **ão(s)/ã(s)** ou **ps**.

Vamos ver exemplos de cada caso:

l – fácil, afável, amável

n – hífen, nêutron, próton

ns (exceto com terminação **ens**) – prótons, elétrons, hifens, dolmens

r – açúcar, revólver, âmbar

x – látex, tórax, córtex

um – álbum, fórum, médium

uns – álbuns, fóruns, médiuns

ditongo (duas vogais na mesma sílaba) – jóqu**ei**, pátr**ia**, Ás**ia**, Wikipéd**ia**

ditongo seguido de s - imóv**ei**s, fért**ei**s, tún**ei**s

ão(s) – órgão, órfão, sótãos

ã(s) – órfã, imã, imãs

ps – bíceps, fórceps, tríceps

A exceção de não acentuar os paroxítonos terminados em **ens** parece uma complicação inútil, mas na verdade é imposta pela lógica. Vimos na página anterior que devemos acentuar as palavras oxítonas terminadas em **em** e **ens**: Belém, parabéns. A acentuação segue uma lógica rigorosa: se você acentua *oxítonos* com certa terminação, não acentuará os *paroxítonos* com aquela terminação — e vice-versa. Se você acentua os *oxítonos* terminados em **ens**, *não* acentuará os *paroxítonos* com esta terminação. É isso aí!

---

2. Alguém, neném, vinténs.

PORTUGUÊS SEM MISTÉRIO

▪ Por que em "Tenha dó do menino" **dó** é acentuado e **do** não o é?

Vimos que uma das funções dos acentos é indicar a **sílaba tônica**, a sílaba forte de uma palavra. Se não houvesse acentos, uma série de dúvidas emergiriam. Por exemplo, **republica** poderia ser **república** ou **ele republica**, do verbo republicar. **Rotulo** poderia ser **rótulo** ou **eu rotulo** (verbo rotular). O acento, além de mostrar se o som é aberto ou fechado (**có**cegas, **cô**mico), também deixa claro se a palavra é oxítona, paroxítona ou proparoxítona.

Mas quando a palavra é um **monossílabo** (*mónos* em grego significa "único": monogâmico, monoteísmo), não há problema de sílaba tônica — só existe uma sílaba. Neste caso, o acento indica apenas se o monossílabo é **átono** ou **tônico**, se ele tem **som fraco** ou **forte**. Em "Tenha dó do menino", **dó** é um monossílabo tônico (som forte), e **do** é um monossílabo átono (som fraco). Em "Eles se conheceram na Sé", **se** é monossílabo átono, e **Sé**, tônico.

Eis a regra de acentuação dos monossílabos: *Acentuam-se os monossílabos tônicos terminados em a, e, o ainda que seguidos de s.* Dó, ré, mi, fá, sol, lá, si.

▪ Por que **Itaú** (ou **Grajaú**) tem acento e **Icatu** (ou **Caju**) não tem?

Aqui entra em cena uma *regra especial* relacionada aos *hiatos*. Duas vogais juntas podem formar *ditongo* ou *hiato*. Se ficarem na mesma sílaba, formarão um *ditongo*: Rom**eu**, f**ei**ra, f**oi**ce, p**õe**. Se ficarem em sílabas separadas, formarão um *hiato*: sa-**ú**de, perd**o-e**, Sa-**a**ra.

Observe estas duas palavras: **ai** e **aí**. A primeira é um lamento: **Ai**, que dor! A segunda é um advérbio: Não estou nem **aí**. Na primeira palavra, as vogais **a** e **i** formam um ditongo, como em m**ai**s, c**ai**s, v**ai**. Na segunda, formam um hiato, como em aç**a-í**, Para-**í**ba, Jundia-**í**. É o acento que mostra se as vogais estão na mesma sílaba ou em sílabas separadas. Ele s**ai** toda noite! Ontem sa-**í** com ela.

A regra de acentuação relacionada aos hiatos diz que *devemos acentuar as vogais i e u quando formam hiato com a vogal anterior,* a não ser que formem sílaba com a consoante seguinte, exceto **s**, ou que a sílaba seguinte comece por **nh**.

Além disto, o Acordo Ortográfico introduz uma mudança sutil. Nas palavras paroxítonas, se as vogais **i** ou **u** forem precedidas por ditongo, o acento desaparece: as palavras b**aiu**ca e **feiura**, portanto, perdem o acento. Este preceito não se aplica aos oxítonos: P**iauí**.

Vejamos exemplos com a letra **i**:

p**ai**s (plural de pai, ditongo)

p**aí**s (hiato — forma sílaba com **s**)

ACENTUAÇÃO | 55

uísque (*idem*)

caf**eí**na (hiato)

benz**oil** (hiato — forma sílaba com a consoante seguinte)

r**uim** (*idem*)

contrib**uinte** (*idem*)

retrib**uir** (*idem*)

j**uiz** (*idem*)

r**ai**nha (sílaba seguinte começa por **nh**)

Agora veremos exemplos com a letra **u** — descubra quais destas palavras são acentuadas:

bau	demiurgo	sauva
Cafarnaum	Raul	transeunte[3]
caule		

Respondendo à pergunta inicial: os nomes **Itaú** e **Grajaú** são acentuados devido à regra dos hiatos. Já **Icatu** e **Caju** não são acentuados porque (com exceção da regra dos hiatos) não se acentuam oxítonos terminados em **u**.

▪ Qual é a grafia certa: **chapeu** ou **chapéu**?

Se os *hiatos* têm uma regra de acentuação própria, por que os *ditongos* não haveriam de ter também? A regra de acentuação dos ditongos é simples: acentuam-se os ditongos **ei**, **eu**, **oi** quando abertos *em palavras oxítonas*. O Acordo Ortográfico eliminou este acento nos *paroxítonos*. Observe a diferença entre os ditongos fechados e abertos. Compr**ei** (fechado) uns an**éi**s (aberto). **Eu** (fechado) pus o chap**éu** (aberto). Dei um bisc**oi**to (fechado) ao paran**oi**co (aberto, mas a palavra é paroxítona).

▪ Por que **bife à milanesa** leva crase e **bife a cavalo** não leva?

Esta pergunta introduz a questão da crase — a famigerada crase, tão mal compreendida e que gera tanta dúvida e tantos erros. Vou tentar explicar o uso da crase com o máximo de clareza possível.

Primeiro vamos ver a lógica da crase, para que serve a crase. Comecemos com uma frase simples: Dei o bombom **para o** menino. No feminino: Dei o bombom **para a** menina. Posso substituir a preposição **para** pela preposição **a**: Dei o bombom **ao** menino. Observe que aqui a preposição **a** e o artigo **o** se combinaram em uma só palavra: **ao**.

---

3. **Respostas: baú, saúva.**

56 | PORTUGUÊS SEM MISTÉRIO

Outros exemplos de combinação de palavras: **numa (em + uma)**, **no (em + o)**, **neste (em + este)**. Agora coloque "Dei o bombom **ao** menino" no feminino (substituindo menino por menina).

Dei o bombom **aa** menina? Neste caso, a preposição **a** e o artigo **a** se fundem. A fusão de duas vogais **a** chama-se *crase*, e é indicada pelo acento grave: dei o bombom **à** menina. Esta é a lógica da crase!

Daí tiramos nossa primeira conclusão a respeito da crase: *não se usa crase antes de palavra masculina* (a não ser que esteja subentendida a palavra "moda": calçado **à** Luís XV — veremos isto adiante). Palavra masculina tem artigo **o**, e a crase pressupõe o artigo **a**. Nunca cometa este tipo de erro: navio **à** vapor, venda **à** prazo, refiro-me **à** ele.

Podemos tirar uma segunda conclusão: *não se usa crase antes de palavra que não admita artigo.* Por exemplo, verbos e alguns pronomes não admitem artigo; você não diz "**o** declamar", "**a** Vossa Excelência", "**o** ninguém". Por conseguinte, não deve usar crase em: Pôs-se **a** declamar o poema. Apelo **a** Vossa Excelência. Isso não interessa **a** ninguém.

Em caso de dúvida, um macete prático para saber se há crase é *substituir a palavra feminina por outra, masculina.* Se você obtiver **ao**, provavelmente haverá crase.

Fui a (crase?) feira. Fui **ao** mercado. Logo, há crase: Fui **à** feira.

Dei um presente a (crase?) professora. Dei um presente **ao** professor. Logo, há crase: Dei um presente **à** professora.

Aplique este macete às frases seguintes:

Cheguei as (crase?) quatro horas (substitua **quatro horas** por **meio-dia**).

Isso não interessa a (crase?) ela (substitua **ela** por **ele**).

Alguns trabalhadores dormiam a (crase?) sombra (substitua **sombra** por **sol**).

Ficamos frente a (crase?) frente (substitua **frente** por **lado**).

Gosto de escrever a (crase?) máquina (substitua **máquina** por **lápis**).

Reunião a (crase?) portas fechadas (substitua **portas** por **portões**).

Dei o recado a (crase?) Mônica (substitua **Mônica** por **Pedro**).[4]

Voltando à pergunta inicial. Na expressão **bife à milanesa**, subentende-se *bife à moda milanesa* (bife à moda de Milão). O mesmo ocorre com **calçado à Luís XV** (à moda de Luís XV) e **estilo à Rui Barbosa** (à moda de Rui Barbosa). Esta é a **única exceção** à regra de *não usar crase antes de palavra masculina.*

---

4. Respostas: Cheguei às quatro horas/ao meio-dia. Isso não interessa a ela/a ele. Alguns trabalhadores dormiam à sombra/ao sol. Ficamos frente a frente/lado a lado. Gosto de escrever a máquina/a lápis. Reunião a portas fechadas/a portões fechados. Na última frase, a crase é opcional: Dei o recado a Mônica/a Pedro ou Dei o recado à Mônica/ao Pedro.

Bife a cavalo é diferente: trata-se de abreviatura de **bife com ovo a cavalo** (o ovo montado sobre o bife). Portanto, não tem crase. E agora releia este tópico, que você nunca mais errará uma crase!

▪ Qual é a forma certa: Viajei **a** Roma ou **à** Roma?

Se você substituir **Roma** por **Rio de Janeiro**, obterá: Viajei **ao** Rio de Janeiro, e concluirá que deve usar a crase. Mas com nomes de cidades este macete nem sempre funciona. Algumas cidades não admitem artigo: você pode dizer **o** Rio de Janeiro ou **a** Basileia, mas não diz **o** Frankfurt ou **a** Roma (embora diga **a** Roma dos Césares). Vimos que não se usa crase antes de palavra que não admita artigo. Portanto, não usamos crase em "Viajei **a** Roma", embora usemos em "Já imaginou poder viajar **à** Roma dos Césares?".

▪ Qual é a forma certa: compra **a** vista ou compra **à** vista?

Se você substituir **vista** por **prazo**, obterá: compra **a** prazo, e concluirá que não há crase. A rigor, não há, mas mesmo assim usamos o acento grave (`) para maior clareza. Leia com atenção estas duas frases: Se eu escolher a cobertura, além do valor normal do imóvel, terei de pagar também **a vista** (a paisagem). Quero comprar a cobertura **à vista**. Entendeu agora por que usamos acento grave em **à vista**? Para não confundir com **a vista** (a paisagem).

▪ O Acordo Ortográfico aboliu o trema de todas as palavras portuguesas, *sem exceção*?

Uma das divergências ortográficas entre Brasil e Portugal era o *trema*, inexistente neste último país. Com o Acordo Ortográfico da Língua Portuguesa de 1990, que passou a vigorar no Brasil em 2009 e visa unificar a maneira de escrever as palavras nos países lusófonos, o trema foi abolido de nossa língua. Com uma sutil exceção. (A exceção confirma a regra!)

Diz o Acordo Ortográfico: "O trema é inteiramente suprimido em palavras portuguesas ou aportuguesadas. Nem sequer se emprega na poesia, mesmo que haja separação de duas vogais que normalmente formam ditongo."

Na poesia clássica, se, por questões de métrica, o ditongo (**sau**dade) devesse ser pronunciado como hiato (**sa-u**dade), este fato se indicava pelo trema: saüdade. Pois tanto o trema "poético" quanto o trema ortográfico deixaram de existir no idioma de Camões.

Só há um caso em que o trema é mantido: *nas palavras derivadas de nomes próprios estrangeiros que contêm trema* — **hübneriano**, de Hübner, **mülleriano**, de Müller, etc. Por exemplo, no Google, descobri que existem: tumor mülleriano, papiloma mülleriano, hormônio antimülleriano. Graças, então, ao vocabulário médico, o trema ganhará uma sobrevida no nosso idioma. Milagres da medicina moderna!

PORTUGUÊS SEM MISTÉRIO

■ Como ficou o acento diferencial com a entrada em vigor do Acordo Ortográfico?

Observe as duas frases: Não sei onde **pôr** o dinheiro (ponho na caderneta ou no fundo de investimentos?). Acho que vou **por** este caminho. Na primeira, temos o verbo **pôr**. Na segunda, a preposição **por**. Temos aqui um *acento diferencial*. O acento diferencial serve para diferenciar palavras distintas, mas que se escrevem da mesma maneira. Por exemplo, ele **tem** vinte anos e eles **têm** muito dinheiro.

A reforma ortográfica de 1971 aboliu uma série de acentos diferenciais, mas não to-dos. O Acordo Ortográfico dos países de língua portuguesa, que vigora no Brasil desde 2009, foi ainda mais longe na abolição destes acentos. Assim, não existe mais acento:

⇒ na forma verbal **para** (ele **para** sempre aqui) para distinguir da preposição **para** (darei um presente **para** ela);

⇒ no substantivo **pelo** (o **pelo** do gato) para distinguir da contração **pelo** (vou sem-pre **pelo** mesmo caminho);

⇒ no substantivo **polo** (**polo** sul) para distinguir da contração arcaica **polo** (por + lo).

⇒ no substantivo **pera** (comi uma **pera**) para distinguir da preposição arcaica **pera**.

Mas uns poucos acentos diferenciais sobrevivem à reforma de 1971 e ao acordo atual. É importante conhecê-los, porque o corretor ortográfico, embora consiga detectar quase todos os erros de acentuação, não detecta a falta do acento diferencial (ele não sabe se você está se referindo a **pôr** ou **por**, digamos). São três apenas:

1. Na *terceira pessoa do pretérito perfeito do verbo poder* para distinguir do *presente*: Hoje ele não **pode** vir. Ontem ele não **pôde** vir.

2. No verbo **pôr** para distinguir da preposição **por**: Está na hora de **pôr** a mesa. Vou andar **por** aí.

3. No presente dos verbos **ter**, **vir** e seus derivados (manter, deter, reter, conter, convir, intervir, advir etc.) para distinguir entre a 3ª pessoa do *singular* e a do *plural*: Ele **tem** muito dinheiro. Eles **têm** muito dinheiro. Ele **vem** muito aqui. Eles **vêm** muito aqui. Este livro **contém** conhecimentos. Livros **contêm** conhecimentos. Ele **provém** do interior. Eles **provêm** do interior.

O Acordo Ortográfico permite o uso, opcional, do acento diferencial para distinguir **fôrma** (som fechado: fôrma de bolo) de **forma** (som aberto: forma de pensar).

RESUMO DAS REGRAS DE ACENTUAÇÃO

Vimos que a acentuação, no fundo, não tem mistério, e que segue certas regras bem lógicas (até lógicas demais em se tratando de algo tão ilógico quanto a língua). Eis um quadro-resumo das regras:

CASO	QUANDO SE ACENTUA	EXEMPLO(S)
Palavra proparoxítona	sempre	Lábaro
Palavra paroxítona	– Quando terminada em **i(s)** ou **u(s)** – Quando terminada em **l**, **n**, **ns** (exceto terminação **ens**), **r**, **x** – Quando terminada em **um/uns** – Quando terminada em ditongo (ainda que seguido de s) – Quando terminada em **ão(s)/ã(s)** – Quando terminada em **ps**	Júri, lápis, vírus, fácil, próton, prótons, hifens, âmbar, ônix, pátria, pátrias, órfão, órfã, órfãs, fórceps
Palavra oxítona	– Quando terminada em **a(s)**, **e(s)**, **o(s)** – Quando terminada em **em** ou **ens**	Pará, Pelé, bocó, bocós, armazém, armazéns
Monossílabo	– Quando tônico e terminado em **a(s)**, **e(s)**, **o(s)**	Fá, ré, dó
Hiato	– Quando as vogais **i** ou **u** formam hiato com a vogal anterior, a não ser que formem sílaba com a consoante seguinte, exceto **s**, que a sílaba seguinte comece por **nh** ou que as vogais **i** ou **u** em paroxítonos sejam precedidas de ditongo	Cafeína, miúdo, país, ruim, rainha, feiura
Ditongo	– Quando o ditongo for **ei**, **eu** ou **oi**, tiver som aberto e a palavra for oxítona	Anéis, chapéu, anzóis
Crase (fusão de vogais)	– Macete: substitua a palavra feminina por outra, masculina. Se você obtiver **ao**, provavelmente haverá crase	Dei o bombom **ao** menino – Dei o bombom **à** menina
Acento diferencial	É obrigatório: — Na *terceira pessoa do pretérito perfeito do verbo poder* para distinguir do *presente*. — No verbo **pôr** para distinguir da preposição **por**. — Na 3ª pessoa do plural do presente dos verbos **ter**, **vir** e seus derivados (manter, deter etc.) para distinguir da 3ª pessoa do *singular*.	— Hoje ele não **pode** vir. Ontem ele não **pôde** vir. — **Pôr** a mesa. Você vai **por** esse caminho? — Ele **tem** muito dinheiro. Eles **têm** muito dinheiro. Ele **vem** muito aqui. Eles **vêm** muito aqui.

60 | PORTUGUÊS SEM MISTÉRIO

7

Concordância

Vinícius dizia que "a vida é a arte do encontro, embora haja tanto desencontro pela vida" (*Samba da Bênção*). Pois a concordância também é uma espécie de arte do encontro — o encontro harmonioso do verbo com o sujeito, do adjetivo, artigo, numeral e pronome com o substantivo a que estão ligados. E, também na área gramatical, há muito desencontro: os erros de concordância.

O saudoso Sérgio Porto forjou a "sigla" Febeapá — Festival de Besteira Que Assola o País. Foi no tempo da ditadura militar, em que se proibia tudo que "cheirasse" a comunismo — o Balé Bolshoi, por exemplo — ou que atentasse contra a "moral e os bons costumes da família brasileira".

Agora já não somos mais agredidos pela truculência dos censores, e a moral e os bons costumes da família brasileira há muito foram pro beleléu. Os tempos são outros, e assistimos de camarote ao **Festival de Erros de Concordância Que Assolam o País**: em dois dias, já surgiu muitas ideias — coisas deste gênero. Tivemos até um Presidente da República exímio em erros de concordância.

▪ Por que a cerveja Skol desce **redondo**, e não **redonda**?

Algumas palavras, conforme o contexto, podem desempenhar o papel de *adjetivo* ou *advérbio*. Adjetivos qualificam o substantivo (lobo mau, anjo bom) e têm masculino, feminino, singular, plural. Advérbios normalmente estão ligados a um verbo (foi mal, bem-estar) e são invariáveis (não vão para o feminino, nem para o plural).

Na propaganda da Skol, **redondo** funciona como *advérbio* — está ligado ao verbo **descer**. Por isto, não vai para o feminino: A cerveja Skol desce **redondo** (ou seja, **redondamente**, de maneira redonda).

Quando funciona como adjetivo, qualificando um substantivo, aí, sim, **redondo** varia: bola **redonda**, globos **redondos**.

Outro exemplo: Em "Esta palavra foi escrita **errado**", **errado** é advérbio ligado ao verbo **escrever**. A palavra foi escrita de maneira errada, erradamente. Em "Esta palavra está errada", **errada** é adjetivo ligado ao substantivo **palavra**.

Outros exemplos de palavras funcionando *ora como adjetivo, ora como advérbio*: trem rápido/chegou rápido, homem baixo/fale baixo, atleta alto/ele gritou bem alto.

• Qual é a forma certa: **0,6 metros** ou **0,6 metro**?

Quando o valor é inferior a 2, a unidade de medida fica no singular: dizemos **5 quilômetros**, mas **1,9 quilômetro**; **3 litros**, mas **0,3 litro**; **30 metros**, mas **1,1 metro**.

A abreviatura da unidade de medida (ao contrário de muitas outras abreviaturas) não é seguida de ponto e pode vir colada ao número ou separada por espaço: 5km, 1,9 km, 1,1m. (Este último ponto é o ponto-final da frase!) Uma observação: **m** é abreviatura de *metro*, não de *minuto*.

• Qual é a forma certa: **1,5 milhões** ou **1,5 milhão**?

A lógica aqui é análoga à das unidades de medida — *abaixo de 2, singular, a partir de 2, plural*: **dois milhões**, **1,9 milhão**, **1 milhão**, **0,9 milhão** etc. Mas o verbo vai para o plural: 1,5 milhão de eleitores anularam o voto.

• Qual é a concordância certa: A maioria dos torcedores **ficou** em silêncio ou A maioria dos torcedores **ficaram** em silêncio?

A rigor, o verbo deveria ficar no singular, já que o sujeito (a maioria dos torcedores) está no singular, gramaticalmente falando: A maioria dos torcedores **ficou** em silêncio. A maior parte dos haitianos **vive** na miséria. Metade dos presos **conseguiu** fugir. Um grande número de estudantes **faz** curso de inglês.

Mas o sujeito, conquanto *gramaticalmente no singular, logicamente exprime uma pluralidade*. Portanto, não está errada a *concordância ideológica*: A maioria dos torcedores **ficaram** em silêncio. A maior parte dos haitianos **vivem** na miséria. Metade dos presos **conseguiram** fugir. Um grande número de estudantes **fazem** curso de inglês.

Modernamente, observa-se uma tendência, em editoras, revistas e jornais, a preferir a forma singular. Portanto, se não quiser ver sua frase corrigida pelo copidesque, **use o singular**.

• Qual é a concordância certa: 1% dos eleitores **anularam** o voto ou 1% dos eleitores **anulou** o voto?

No caso das porcentagens, o verbo concorda não com o número em si (um, dez, cem), mas com o objeto da porcentagem (no caso, os eleitores): um/dez/cem por cento *dos eleitores* **anularam** o voto. Mas: um/dez/cem por cento *do eleitorado* **anulou** o voto. A não ser que a porcentagem esteja precedida por um termo com sentido plural: *Todos* os dez por cento do eleitorado **anularam** o voto. *Os restantes* vinte por cento da dívida **serão pagos** mês que vem.

CONCORDÂNCIA | 63

- **Qual é a concordância certa: O pelotão de soldados chegou atirando ou O pelotão de soldados chegaram atirando?**

Substantivos coletivos, embora exprimam ideia de plural, costumam ficar no singular; portanto, o verbo fica no singular. Exemplos: O cardume **subiu** o rio. A matilha **precipitou**-se contra a caça. O pelotão **chegou** atirando. A multidão **aplaudiu** a jogada. Mas se o substantivo coletivo estiver no plural, o verbo irá para o plural: Os cardumes **subiram** o rio.

O *substantivo coletivo pode ser seguido de um qualificativo*: O pelotão de fuzileiros navais, o cardume de peixes japoneses, a multidão de torcedores flamenguistas. Neste caso, o princípio da *concordância gramatical* manda o verbo continuar no singular. O pelotão de fuzileiros navais **chegou** atirando. O cardume de peixes japoneses **subiu** o rio. Mas admite-se também a *concordância ideológica*: A multidão de torcedores flamenguistas **aplaudiram** a jogada.

Votando à pergunta inicial: segundo a *concordância gramatical*, o pelotão de soldados **chegou** atirando. Segundo a *concordância ideológica*, o pelotão de soldados **chegaram** atirando (já que a ação de *chegar* pode ser atribuída individualmente a cada soldado). Mas o pelotão de soldados **enchia** o recinto (a ação de *encher* só pode ser atribuída ao pelotão como um todo). E o pelotão (sem qualificativo) **chegou** atirando!

- **Qual é a concordância certa: Os Estados Unidos são uma grande nação ou Os Estados Unidos é uma grande nação?**

Existem substantivos próprios que só se usam no plural: os Estados Unidos, os Andes, as Nações Unidas, Os Lusíadas. *Quando precedidos de artigo, o verbo concorda com o artigo*: Os Estados Unidos **invadiram** o Iraque. Os Andes **atingem** mais de 7 mil metros de altura. As Nações Unidas **aprovaram** a resolução. Os Lusíadas **compõem-se** de 10 cantos e 1.102 estrofes. Mas: O Amazonas **corta** a Floresta Amazônica. Minas Gerais **produz** muito leite.

Uma exceção: o verbo **ser**, em vez de concordar com o *sujeito*, pode concordar com o *predicativo*. Os Lusíadas **é/são** a obra-prima de Camões.

Voltando à pergunta inicial: embora "Os Estados Unidos **são** uma grande nação" soe melhor, "Os Estados Unidos **é** uma grande nação" é admissível, já que o verbo **ser** pode concordar com o predicativo.

- **Qual é a concordância certa: Vossa Excelência assinou o contrato ou Vossa Excelência assinaste o contrato?**

O pronome de tratamento (Sua Alteza, Vossa Excelência etc.) *leva o verbo para a terceira pessoa, do singular ou plural*. Portanto, a concordância certa é: Vossa Excelência **assinou** o contrato. No plural: Vossas Excelências **assinaram** o contrato.

64 | PORTUGUÊS SEM MISTÉRIO

- **Está certo dizer: Fui eu quem pegou o dinheiro?**

Está rigorosamente certo. Quando se diz "Fui eu **quem pegou** o dinheiro", subentende-se: "Fui eu **aquele que pegou** o dinheiro." Daí o verbo ficar no singular, concordando com **aquele**.

Outros exemplos: Somos nós **quem paga** a conta. Fui eu **quem falou**. (Deste jeito
pode até soar estranho, mas se você inverter a frase, fica mais natural: **Quem paga** a
conta somos nós. **Quem falou** fui eu.)

Para fins de norma culta, vale a regra acima. Mas no português coloquial há uma
tendência a fazer a concordância com o antecedente do pronome relativo **quem**: Somos
nós **quem pagamos** a conta. Fui eu **quem falei**.

Se em vez de **quem** usarmos **que**, aí não há dúvida: *a concordância se dá com o antecedente*. Fui eu **que peguei** o dinheiro. Somos nós **que pagamos** a conta. Fui eu **que falei**.

- **Qual é a concordância certa: Mais de um preso obteve a liberdade ou Mais de um preso obtiveram a liberdade?**

Quando o sujeito é formado por **mais de um**, o verbo costuma ficar no singular,
concordando com o numeral *um*: Mais de um preso **obteve** a liberdade. Mas *se houver
reciprocidade na ação, o verbo vai para o plural*: Mais de um preso **se esbofetearam** na
briga (os presos se esbofetearam uns aos outros).

Com **mais de dois**, **três** etc., não há dúvida: *verbo sempre no plural concordando com o
numeral*. Mais de vinte presos fugiram.

- **Qual é a concordância certa: É duas horas da manhã ou São duas horas da manhã?**

Verbos que indicam *que horas são* concordam com as horas. **São** duas horas da manhã.
Já **deram** oito horas no meu relógio. Já **é** uma hora e vinte. **Soaram** onze horas no relógio
da igreja. **Soou** meio-dia no relógio da igreja. **Bateram** dez horas no sino da igreja.

Verbos que indicam *horas faltantes* também concordam com o número de horas: **Falta**
uma hora/**faltam** duas horas para o dia raiar. **Restam** apenas duas horas do prazo.

Verbos que indicam *horas decorridas* (haver, fazer) são impessoais, não variam: **Faz
dez** horas que ela partiu. Estou esperando meu filho **há** duas horas.

Atenção para uma sutileza: em "Soaram onze horas no relógio da igreja" o sujeito
é *onze horas*: onze horas soaram. Mas se o sujeito fosse *o relógio da igreja*, o verbo teria
que concordar com ele: O relógio da igreja **soou** onze horas. *Idem* com **bater**: O sino da
igreja **bateu** dez horas.

CONCORDÂNCIA | 65

- ■ Por que está errado dizer **Vende-se** casas, mas está certo dizer **Precisa-se** de secretárias?

Se cada mente humana (a minha, a sua etc.) já é cheia de sutilezas, imagine uma língua, produto das interações de milhões de mentes durante longos períodos de tempo. Se tudo fosse certinho (como suponho que seja nas línguas artificiais, como o esperanto), não teria graça. Seríamos qual formiguinhas, que há milhares de anos repetem diariamente o mesmo ritual (eu já disse isso em um capítulo anterior). Mas chega de digressão e vamos ao que interessa.

Qual é o sujeito de **Vendem-se casas**? São as casas. A frase está na *voz passiva* (a chamada *voz passiva sintética*, uma espécie de voz passiva disfarçada): Casas são vendidas. O verbo concorda com **casas**.

E qual é o sujeito de **Precisa-se de secretárias**? O *sujeito está indeterminado*, não se especificou exatamente quem é. A empresa em geral precisa de secretárias — não há sujeito explícito nem implícito. (Mas atenção: Em "Precisamos de secretárias", o sujeito, embora não esteja explícito, é determinado pelo verbo: **Nós** precisamos de secretárias.)

Mas aí você vai perguntar: por que aqui a frase não está na tal voz passiva "enrustida", disfarçada? Porque **de secretárias** começa com preposição. Esquisito um sujeito começar com preposição!

Outros exemplos de *sujeito indeterminado*: No interior, acredita-se em lobisomem. (Quem acredita? O povo em geral. A frase não explicita exatamente quem.) Trabalha-se muito no Rio de Janeiro (embora as praias vivam cheias). Roubaram minha carteira (não sei quem roubou).

Agora uma última pergunta para ver se você entendeu direitinho. "Consertam-se aparelhos eletrodomésticos" é um caso de *voz passiva sintética* ou de *sujeito indeterminado*? Uma dica: **aparelhos eletrodomésticos** não começa com preposição.[1]

- ■ Qual é a forma certa: **Trata-se/Tratam-se** das pessoas mais ricas deste país?

Aqui temos um *sujeito indeterminado*. Há duas formas de indeterminar o sujeito: com o *verbo na terceira pessoa do singular* + **se** (Precisa-se de secretárias) ou com o *verbo na terceira pessoa do plural* (Roubaram minha carteira).

Trata-se aqui da primeira forma, por isto **tratar** fica no singular: **Trata-se** das pessoas mais ricas deste país.

- ■ Está certo dizer: **Chegou** a carne e os cereais?

Aqui temos um *sujeito composto*: a carne e os cereais. Normalmente, o sujeito composto leva o verbo para o plural: A carne e os cereais **chegaram**. João e Maria **conseguiram** matar a bruxa.

---

1. Aparelhos eletrodomésticos são consertados. Voz passiva sintética.

66 | PORTUGUÊS SEM MISTÉRIO

Mas se invertermos a ordem "natural" da frase e trouxermos o verbo para antes do sujeito, ele poderá concordar com o elemento mais próximo (neste caso, **a carne**). **Chegou** a carne e os cereais. Mas também está certo dizer: **Chegaram** a carne e os cereais.

▪ Está certo dizer: Um suspiro, um gemido, um grito **saiu** de sua garganta?

Outro caso de *sujeito composto*. Pela lógica, o verbo deveria ir para o plural. Mas língua não é lógica matemática, é sutileza. Como aqui existe uma gradação (o suspiro evolui para um gemido que evolui para um grito... e o resto fica por conta de sua imaginação!), *admite-se o verbo no singular*. (Mas ele pode ir para o plural também.)

▪ Está certo dizer: A violência e a barbárie **deixa**-o perplexo?

De novo o *sujeito composto*. Em princípio, o verbo vai para o plural: A violência e a barbárie **deixam-no** perplexo. Mas como aqui violência e barbárie são quase sinônimos, admite-se o verbo no singular. A frase está certa!

▪ Qual é a concordância certa: O Rio ou São Paulo **sediará/sediarão** o Congresso de Pediatria?

A conjunção **ou** normalmente tem valor excludente: uma coisa exclui a outra. Ou o congresso será no Rio, ou será em Sampa. Neste caso, o verbo fica no singular: O Rio ou São Paulo **sediará** o Congresso de Pediatria. Uma das duas cidades sediará o congresso.

Mas se a conjunção **ou** não tiver valor excludente? Por exemplo: O Rio ou São Paulo **é candidato** ou **são candidatos** a sediar o próximo Congresso de Pediatria? Aqui não há exclusão: o Rio ou São Paulo **são candidatos** a sediar o próximo Congresso de Pediatria. Mas a frase ficaria mais clara se, em vez de **ou**, usássemos **e, tanto... como** ou **tanto... quanto**: O Rio **e** São Paulo são candidatos a sediar o próximo Congresso de Pediatria. Tanto o Rio quanto São Paulo são candidatos...

No caso da expressão **um ou outro**, o verbo fica no singular: Um ou outro amigo ainda o **visitava** no asilo.

▪ Qual é a concordância certa: Nem um nem outro amigo **apareceu/apareceram**?

Com **nem um nem outro**, o verbo *pode ficar no singular ou ir para o plural*,[2] de modo que as duas concordâncias estão certas: Nem um nem outro amigo apareceu. Nem um

---

2. Não há consenso a respeito. A *Minigramática* de Ernani Terra diz que "nem um nem outro" exige verbo no singular. Já segundo o *Manual de redação e estilo do Estado de São Paulo* devemos preferir o verbo no plural. A *Gramática Metódica de Língua Portuguesa* de Napoleão Mendes de Almeida afirma que o verbo fica indiferentemente no singular ou vai para o plural.

CONCORDÂNCIA | 67

nem outro amigo apareceram. Nem uma nem outra coisa aconteceu. Nem uma nem outra coisa aconteceram.

▪ Qual é a concordância certa: Quem manda aqui **é/sou** eu?

Em gramática a gente aprende primeiro a regra geral para depois ver as exceções. No caso da concordância verbal, a regra geral é que *o verbo concorda em número e pessoa com o sujeito*: Eu **sou** o professor. Nós **somos** os responsáveis.

Mas se a gente fizer uma inversão e colocar o pronome pessoal *após* o verbo **ser** (transformando-o em *predicativo do sujeito*), o verbo continuará concordando com ele — dane-se o sujeito! O professor **sou** eu. Quem manda aqui **sou** eu. Os responsáveis **somos** nós.

RESUMO DA CONCORDÂNCIA VERBAL

CASO	REGRA	EXEMPLO
A maioria, a maior parte, um grande número	Verbo no singular (concordância gramatical) ou no plural (concordância ideológica)	A maioria dos torcedores **ficou/ficaram** em silêncio
Mais de dois, três etc.	Verbo no plural	Mais de vinte presos **fugiram**
Mais de um	Verbo no singular, a não ser que haja reciprocidade	Mais de um preso **obteve** a liberdade. Mais de um preso **se esbofetearam** na briga
Nem um nem outro	Verbo no singular ou plural	Nem um nem outro amigo **apareceu/apareceram**
Nomes próprios plurais	Verbo no plural; o verbo **ser** pode concordar também com o predicativo	Os Estados Unidos **invadiram** o Iraque. Os Estados Unidos **é/são** uma grande nação
Porcentagem	Verbo concorda com o objeto da porcentagem	1% dos eleitores **anularam** o voto. Um por cento do eleitorado **anulou** o voto
Pronome pessoal após o verbo **ser**	Verbo **ser** concorda com o pronome	Quem manda aqui **sou** eu
Pronome relativo **que**	Verbo concorda com o antecedente de **que**	Fui eu que **peguei** o dinheiro
Pronome relativo **quem**	Verbo na terceira pessoa do singular, concordando com **quem**	Fui eu quem **pegou** (= aquele que pegou) o dinheiro
Pronomes de tratamento	Verbo na terceira pessoa do singular ou plural	Vossa Excelência **assinou** o contrato. Vossas Excelências **assinaram** o contrato

(continua...)

68 | PORTUGUÊS SEM MISTÉRIO

(continuação...)

Substantivos coletivos	Verbo no singular, a não ser que o coletivo esteja no plural	O pelotão **chegou** atirando. Os pelotões **chegaram** atirando
Substantivos coletivos com qualificativo	Verbo no singular (concordância gramatical) ou no plural (concordância ideológica) se a ação puder ser atribuída individualmente	O pelotão de fuzileiros navais **chegou/chegaram** atirando
Sujeito com conjunção **ou**	**Ou** excludente, verbo no singular	O Rio ou São Paulo **sediará** o Congresso de Pediatria
Sujeito composto antes do verbo	Verbo vai para o plural	A carne e os cereais **chegaram**
Sujeito composto após o verbo (inversão da ordem normal)	Verbo pode ir para o plural ou concordar com o elemento mais próximo	**Chegaram/chegou** a carne e os cereais
Sujeito composto com gradação	Verbo no singular ou plural	Um suspiro, um gemido, um grito **saiu/saíram** de sua garganta
Sujeito composto cujos elementos são quase sinônimos	Verbo no singular ou plural	A violência e a barbárie **deixa**-o/ **deixam**-no perplexo
Sujeito indeterminado	Verbo na terceira pessoa do singular com **se** ou na terceira pessoa do plural	**Precisa-se** de secretárias. **Roubaram** minha carteira
Um ou outro	Verbo no singular	Um ou outro amigo ainda o **visitava** no asilo
Verbos que indicam horas decorridas (haver, fazer)	Verbo impessoal; fica na terceira pessoa do singular	Estou esperando meu filho **há** duas horas
Verbos que indicam horas faltantes	Verbo concorda com as horas	**Restam** apenas duas horas do prazo
Verbos que indicam que horas são	Verbo concorda com as horas	**São** duas horas da manhã
Voz passiva sintética	Verbo concorda com o sujeito	**Vendem**-se casas

▪ Qual é a concordância certa: Bolsa e chapéu **bonitos** ou Bolsa e chapéu **bonito**?

Chega de concordância do verbo com o sujeito (*concordância verbal*) e voltemos à concordância do adjetivo com o substantivo (*concordância nominal* — a concordância do pronome, artigo ou numeral com o substantivo também se chama concordância nominal).

CONCORDÂNCIA | 69

Em princípio, *o adjetivo concorda em gênero e número com o substantivo a que se refere*: homem **bom**, mulher **boa** (sem duplo sentido), homens **bons**, mulheres **boas**. Até aí tudo bem.

Mas e se houver mais de um substantivo (supondo-se, por enquanto, que todos estejam no singular)? Várias são as possibilidades: os substantivos podem ser do mesmo gênero (ambos masculinos ou ambos femininos) ou de gêneros diferentes (um masculino e outro feminino), e o adjetivo pode vir antes ou depois dos substantivos. Vamos fazer uma tabela para organizar o pensamento.

	ADJETIVO ANTES DO SUBSTANTIVO	ADJETIVO DEPOIS DO SUBSTANTIVO
SUBSTANTIVOS MASCULINOS	Bonito casaco e chapéu	Casaco e chapéu bonitos OU casaco e chapéu bonito
SUBSTANTIVOS FEMININOS	Bonita bolsa e blusa	Bolsa e blusa bonitas OU bolsa e blusa bonita
MASCULINO E FEMININO	Bonito casaco e blusa	Casaco e blusa bonitos OU casaco e blusa bonita
FEMININO E MASCULINO	Bonita bolsa e chapéu	Bolsa e chapéu bonitos OU bolsa e chapéu bonito

Quando o *adjetivo vem anteposto aos substantivos*, o mais natural é ele concordar com o substantivo mais próximo: **bonito** casaco e chapéu, **bonita** bolsa e blusa etc.

Se o *adjetivo vem depois dos substantivos*, duas são as opções: ele pode ir para o plural (casaco e chapéu **bonitos**, bolsa e blusa **bonitas** etc.) ou concordar com o substantivo mais próximo (como no caso do adjetivo anteposto) — olhe para a tabela que você vai entender direitinho.

Você deve ter observado que, quando os substantivos são de gêneros diferentes (masculino e feminino), na formação do plural prevalece o masculino: bolsa e chapéu **bonitos**. A língua é machista.

Respondendo à pergunta inicial: as duas opções estão corretas.

▪ Qual é a concordância certa: Homens e mulheres **bons** ou Homens e mulheres **boas**?

Quando um ou mais substantivos estão no plural, continuam valendo as regras citadas anteriormente. *Adjetivo anteposto*, concordância com o substantivo mais próximo: **bons** homens e mulheres, **boas** mulheres e homens. *Adjetivo posposto*, concordância com o substantivo mais próximo ou adjetivo no plural prevalecendo o masculino.

70 | PORTUGUÊS SEM MISTÉRIO

Portanto, as duas alternativas estão corretas: homens e mulheres **bons** (adjetivo no plural, prevalecendo o masculino) ou homens e mulheres **boas** (concordância com o substantivo mais próximo).

Uma última observação: se o primeiro substantivo estiver no plural e o segundo no singular, o adjetivo terá que ir para o plural (não poderá haver concordância com o elemento mais próximo): as colônias e a civilização **romanas**.

▪ Qual é a concordância certa: A primeira e segunda **série** ou A primeira e segunda **séries**?

Enquanto no caso anterior tivemos vários substantivos com um só adjetivo, aqui temos o inverso: *vários adjetivos para um só substantivo*. Com o adjetivo anteposto, há quatro possibilidades: **a primeira e a segunda série**, a primeira e segunda série, a primeira e a segunda séries, **a primeira e segunda séries**. Segundo o *Manual de redação e estilo* do *Estadão*, as duas formas em negrito são preferíveis.

Com os adjetivos pospostos, estas são as formas preferíveis: os **governos** brasileiro e alemão ou o **governo** brasileiro e o alemão. Se eu disser "o governo brasileiro e alemão", fica parecendo que os dois países têm o mesmo governo!

▪ Qual é a concordância certa: Manga **é bom** para a saúde ou Manga **é boa** para a saúde?

Se o substantivo estivesse precedido de um artigo ou pronome, não haveria dúvida: A manga é **boa** para a saúde. Esta torrada é **gostosa**. A bebida alcoólica é **proibida** para menores.

Mas se o substantivo não vier precedido de nada, o adjetivo fica no masculino: Manga é **bom** para a saúde (isto nem soa estranho; a gente fala assim naturalmente). Torrada é **gostoso**. Bebida alcoólica é **proibido** para menores. É **necessário** paciência.

Qual é o motivo desta estranha concordância? Segundo certa gramática que consultei, este seria um resquício, no português, do antigo gênero neutro latino. Mas eu tenho uma hipótese mais prosaica: parece que nestes casos *existe um verbo subentendido*. **Comer** manga é bom para a saúde. **Comer** torrada é gostoso. **Beber** bebida alcoólica é proibido para menores. É necessário **ter** paciência. Com a palavra os gramáticos!

▪ Qual é a forma certa: Estou com a cabeça **meia** quente ou Estou com a cabeça **meio** quente?

Meio pode ser *substantivo* (estamos no **meio** da viagem), *adjetivo* (o adjetivo qualifica um substantivo: quero só **meio** copo) ou *advérbio* (um advérbio modifica um verbo, adjetivo ou outro advérbio: ando **meio** doente).

CONCORDÂNCIA | 71

No enunciado, **meio** é *advérbio*, modificando o adjetivo *quente* (não é a cabeça que está rachada ao meio!). *Advérbios são invariáveis*, não vão para o plural nem para o feminino. Portanto, a alternativa certa é... (vamos ver se você acerta) ... Estou com a cabeça meio quente. (Acertou?)

▪ Qual é a concordância certa: Seguem **anexo** as fotos ou Seguem **anexas** as fotos?

Você que gosta de mandar fotos anexas a *e-mails*, preste atenção: **anexo** é *adjetivo*, devendo, portanto, concordar com o substantivo a que se refere. Seguem **anexas** as fotos (a ordem normal seria: As fotos seguem anexas). Segue **anexa** a foto. Segue **anexo** o livro. Seguem **anexos** os livros.

Mas a *locução adverbial* **em anexo** (locução adverbial é um conjunto de duas ou mais palavras com sentido de advérbio; **em anexo** tem sentido de *anexadamente*) é invariável, fica sempre da mesma maneira — advérbios são invariáveis, lembra? Seguem **em anexo** as fotos. Segue **em anexo** a foto. Seguem **em anexo** os livros.

▪ Qual é a concordância certa: Ela **mesmo** fez o dever ou Ela **mesma** fez o dever?

Se você substituir **mesmo/mesma** por **próprio/própria** desaparecerá a dúvida: Ela **própria** fez o dever. Portanto, ela **mesma** fez o dever. Eles **próprios** fizeram o dever. Eles **mesmos** fizeram o dever.

Mas você não pode substituir "Ela veio **mesmo**" por "Ela veio **própria**". Aqui, **mesmo** é advérbio e fica invariável.

▪ Qual é a concordância certa: Já temos **bastante** problemas ou Já temos **bastantes** problemas?

Se você substituir **bastante** por **suficiente**, a dúvida desaparece: Já temos problemas **suficientes**. Logo, já temos **bastantes** problemas. **Bastante** aqui é *adjetivo*, concordando, portanto, com o substantivo: **Bastantes** pessoas compareceram à cerimônia. As compras foram **bastantes** para a semana.

Só que este **bastantes**, no plural, embora gramaticalmente correto, soa estranho. Qual é a solução? Substituir por um sinônimo. **Numerosas** pessoas compareceram à cerimônia. As compras foram **suficientes** para a semana.

Bastante também pode ser *advérbio*, modificando um verbo ou adjetivo: Eles estão **bastante** satisfeitos (bastante modifica o adjetivo satisfeitos). Nós estamos **bastante** preocupados. Ela fala **bastante**. Neste caso, fica invariável, não vai para o plural.

72 | PORTUGUÊS SEM MISTÉRIO

- Qual é a forma preferível: Os resultados foram **o mais promissores possível** ou Os resultados foram **os mais promissores possíveis**?

As duas formas estão certas: **o mais**... **possível** ou **os mais**... **possíveis**. Possível concorda com o artigo que antecede **mais**. Estão, portanto, erradas estas formas: **o mais**... **possíveis** ou **os mais**... **possível**.

Isto também vale para **o menos, o melhor, o pior**. Este é **o melhor** dos mundos **possível** (pelo menos, para os leibnizianos). Estes foram **os melhores** resultados **possíveis**.

RESUMO DA CONCORDÂNCIA NOMINAL

CASO	REGRA	EXEMPLO
Anexo	Concorda com o substantivo	Seguem anexas as fotos
Bastante, suficiente	Concorda com o substantivo	Já temos **bastantes/ suficientes** problemas
Em anexo	Invariável	Seguem em anexo as fotos
Mais de um adjetivo antepostos	Substantivo no singular ou plural	A primeira e a segunda **série**, a primeira e segunda **séries**
Mais de um adjetivo pospostos	Substantivo no singular ou plural	Os **governos** brasileiro e alemão ou o **governo** brasileiro e o alemão
Mais de um substantivo – adjetivo anteposto	Adjetivo concorda com o substantivo mais próximo	**Bonito** casaco e bolsa, **bonita** bolsa e casaco, **bonitos** casacos e chapéu
Mais de um substantivo – adjetivo posposto	Adjetivo vai para o plural ou concorda com o substantivo mais próximo	Casaco e blusa **bonitos**, casaco e blusa **bonita**
Mesmo, próprio	Concorda com o substantivo ou pronome	Ela **mesma/própria** fez o dever
Milhão, bilhão etc.	Abaixo de 2, singular	2 **bilhões**; 1,9 **milhão**
Possível	Concorda com o artigo de mais/menos/melhor/pior	**O** mais... **possível** ou **os** mais... **possíveis**
Unidade de medida	Abaixo de 2, singular	2 **quilômetros**; 1,9 **litro**
Verbo **ser** + adjetivo	Adjetivo só varia se o substantivo vier precedido de artigo ou pronome	A manga é **boa** para a saúde. Manga é **bom** para a saúde

8

Verbos

Em um mundo perfeito, onde tudo já estivesse pronto e acabado (um desses mundos imaginados pelos filósofos ou vislumbrados pelos místicos) não haveria verbos — ou melhor, haveria um só verbo, **ser**. Tudo seria, pura e simplesmente. "Eu sou o que sou", disse Deus para Moisés.

Mas no mundo imperfeito do vir-a-ser tudo gira em torno dos verbos: o universo *surge* em grande explosão (Disse Deus: "*haja* luz"), *expande*-se, *diversifica*-se. Os seres vivos *crescem* e se *multiplicam*. Verbo é vida: *amar*, *sentir*, *sofrer*. Aos verbos, portanto!

▪ Eu computo, tu computas, ele **computa**?

Segundo o *Aurélio*, o verbo **computar** é *defectivo*, defeituoso. No *presente do indicativo*, só se conjuga no plural: nós computamos, vós computais, eles computam. Mas segundo o *Houaiss*, **computar** é um verbo regular, e eu computo, tu computas, ele computa, sim.

Uma curiosidade: existe uma peça de teatro de Millôr Fernandes chamada *Computa, Computador, Computa* (você pode obter o texto integral da peça no *site* do Millôr[1]).

▪ A primeira pessoa do singular do presente do indicativo do verbo **parir** é **eu paro**?

Segundo o *Aurélio*, **parir** é *verbo defectivo*, defeituoso — faltam-lhe algumas formas. No *presente do indicativo*, só é conjugado na *primeira e segunda pessoas do plural*: nós parimos, vós paris.

Mas segundo o *Houaiss* e o *Aulete Digital*, **parir** é apenas *irregular*. Segundo estes dicionários, o presente do indicativo de **parir** é: eu pairo, tu pares, ele pare, nós parimos, vós paris, eles parem. Observe que a primeira pessoa do singular do presente do verbo **pairar** também é *pairo. Paro* é o presente do verbo **parar**.

---

1. http://www2.uol.com.br/millor/teatro/.

Faz cinco anos que me casei ou **Fazem** cinco anos que me casei?

Fazer, quando exprime tempo decorrido, é *impessoal*: **Faz** cinco anos que me casei.

E o que é um *verbo impessoal*? É o verbo que não tem sujeito, não há autor da ação. Os verbos que exprimem fenômenos naturais são tipicamente impessoais: **Choveu** muito hoje. Quem choveu? Qual é o sujeito da oração? Ninguém choveu, não há sujeito. Simplesmente **choveu**. Ou ventou. Ou fez frio. Ou nevou, se você mora em São Joaquim. Trata-se de *oração sem sujeito*.

> *Chove lá fora e aqui*
>
> *Faz tanto frio,*
>
> *Me dá vontade de saber*
>
> *Onde está você,*
>
> *Me telefona,*
>
> *Me chama, me chama, me chama!*
>
> (*Me Chama*, de Lobão)

Os verbos impessoais são invariáveis, permanecem sempre na terceira pessoa do singular. **Faz** cinco anos que me casei. Amanhã **fará** trinta anos que me formei. **Está fazendo** dois anos que não vejo meu padrinho.

Houve muitos acidentes ou **Houveram** muitos acidentes?

Haver no sentido de *existir* também é impessoal, não tem sujeito. Portanto, é invariável, fica sempre no singular: **Houve** muitos acidentes no feriadão. **Havia** muitas pessoas na festa. **Deve haver** muita corrupção naquele órgão (não direi qual é o órgão para não sofrer represálias!).

Existe muitas esperanças ou **Existem** muitas esperanças?

Se **haver**, no sentido de *existir*, é impessoal, invariável, então — pela lógica — o próprio verbo **existir** também deveria ser impessoal. Mas a língua não é tão lógica assim.

"Há muitas esperanças" não tem sujeito, e o verbo é impessoal. "Existem muitas esperanças" tem sujeito: muitas esperanças. O verbo vai para o plural, concordando com o sujeito.

Durma com um barulho desses!

VERBOS | 75

- ## Se eu pudesse, **compraria** um micro-ondas ou **comprava** um micro-ondas?

Existem três formas de *pretérito* (tempo verbal que exprime ação passada): *pretérito perfeito, pretérito imperfeito* e *pretérito mais-que-perfeito*.

Pretérito perfeito é o pretérito "normal", aquilo que aconteceu, digamos, *ontem*: ontem *acordei* cedo, *meditei, tomei* café, *trabalhei* até meio-dia, *saí* à rua, *almocei* etc.

Pretérito imperfeito refere-se a um passado mais remoto, a algo que acontecia *antigamente*: antigamente a vida *era* muito mais simples, não *havia* tanta corrupção, a gente *ouvia* novela no rádio etc. Exprime também uma ação passada simultânea a uma outra: Ele *saía* quando eu entrei.

Pretérito mais-que-perfeito indica uma ação no passado anterior a outra ação também no passado. Quando você chegou, eu já *saíra*. Quando a polícia chegou, o assaltante já *fugira*. Atualmente, usa-se mais a *forma composta*: quando você chegou, eu já *havia saído*. Quando a polícia chegou, o assaltante já *havia fugido*.

Em "Se eu pudesse, comprava um micro-ondas", **comprava** está no *pretérito imperfeito* (antigamente eu comprava muitas coisas, mas agora o dinheiro não dá mais). Como a frase exprime uma *ação hipotética*, a rigor deveríamos usar o *futuro do pretérito*: Se eu pudesse, **compraria** um micro-ondas (mas por enquanto não posso!).

Só que, na prática, as pessoas tendem a usar o *pretérito imperfeito* no lugar do *futuro do pretérito*: Se eu ganhasse na Loto, *viajava* para a Europa (em vez de *viajaria*). Por enquanto, as gramáticas ignoram solenemente este fato. Mas como quem cria a língua é o povo, os gramáticos acabarão se dobrando à realidade. (Se a língua fosse algo estanque, pronta e acabada, até hoje falaríamos o latim, em vez de português, espanhol, italiano, francês etc.)

- ## Amanhã **viajo** para Londres, Amanhã **vou viajar** para Londres ou Amanhã **viajarei** para Londres?

Como se trata de ação futura, a rigor dever-se-ia usar o *futuro do presente*: Amanhã **viajarei** para Londres. Mas como se trata de um futuro próximo e certo (as passagens já foram compradas), admite-se o uso do *presente*: Amanhã **viajo** para Londres. Uma terceira forma de exprimir um fato futuro é com o verbo **ir** seguido do outro verbo no infinitivo: Amanhã **vou viajar** para Londres.

Ou seja, todas as três formas estão corretas. É a riqueza da língua!

76 | PORTUGUÊS SEM MISTÉRIO

▪ Qual é a diferença entre **vem**, **vêm** e **veem**?

Vem é a terceira pessoa do singular e **vêm**, a terceira pessoa do plural do presente do indicativo do verbo **vir**: eu venho, tu vens, ele/ela **vem**, nós vimos, vós vindes, eles/elas **vêm**. Exemplos: Ele **vem** aqui todos os dias. Eles **vêm** aqui todos os dias. Aliás, com **ter** ocorre a mesma coisa: Ele **tem** muito dinheiro. Eles **têm** muito dinheiro.

Veem é a terceira pessoa do plural do presente do indicativo do verbo **ver**: eu vejo, tu vês, ele/ela vê, nós vemos, vós vedes, eles/elas **veem**. Ele vê televisão todos os dias. Plural: Eles **veem** televisão todos os dias.

▪ Qual é a forma preferível: **Experimente** esta cerveja ou **Experimenta** esta cerveja? Quanto aos menores de 18 anos, está certo dizer: Não **experimentes** esta cerveja?

Todas estas formas estão certas.

O *imperativo afirmativo* tem uma regra de formação precisa (só há uma exceção: o verbo **ser**). Ele imita o *presente do subjuntivo*, exceto no **tu** e **vós**, que seguem o *presente do indicativo*, mas sem a terminação **s**.

Parece complicado? Pois vamos ver um exemplo prático. Tomemos o verbo **experimentar** (já que estamos falando de experimentar cerveja).

PRESENTE DO INDICATIVO	PRESENTE DO SUBJUNTIVO	IMPERATIVO AFIRMATIVO
Eu experimento	(É preciso que)[2] eu experimente	
Tu **experimenta**s	tu experimentes	**experimenta** (tu)
Ele/ela experimenta	ele/ela **experimente**	**experimente** (você)
Nós experimentamos	nós **experimentemos**	**experimentemos** (nós)
Vós **experimentai**s	vós experimenteis	**experimentai** (vós)
Eles/elas experimentam	eles/elas **experimentem**	**experimentem** (vocês)

Observe como o *imperativo afirmativo* deriva do *presente do subjuntivo*, exceto no **tu** e **vós** — aí ele deriva do *presente do indicativo*, mas perdendo o **s** final.

O *imperativo negativo* é ainda mais fácil. Ele imita totalmente o presente do subjuntivo — não há nem a exceção do **tu** e **vós**:

---

2. Quando precisar conjugar um verbo no presente do subjuntivo, use o "macete" do "é preciso" — assim você sempre acertará.

PRESENTE DO SUBJUNTIVO	IMPERATIVO NEGATIVO
(É preciso que) eu experimente	
Tu experimentes	não experimentes (tu)
Ele/ela experimente	não experimente (você)
Nós experimentemos	não experimentemos (nós)
Vós experimenteis	não experimenteis (vós)
Eles/elas experimentem	não experimentem (vocês)

■ Se a linguagem popular consagrou o uso de **ter** no sentido de *haver, existir,* por que os dicionários não registram este uso e as gramáticas continuam insistindo que está errado?

Alguns puristas consideram errado usar o verbo **ter** no sentido de *haver, existir.* Por exemplo, o *Manual de redação e estilo* do jornal *O Estado de São Paulo* diz: "**Haver** é que significa existir, e não **ter**." Esses puristas condenam empregos como: Não **tem** problema. Não **teve** jeito. Hoje **tem** Fla x Flu. Segundo eles, o correto seria: Não **existe** problema. Não **houve** jeito. Hoje **há** Fla x Flu.

Vamos e venhamos, *vox populi vox dei.* **Ter** no sentido de *haver, existir* soa tão natural que ocorre até na tradicional chamada do circo:

> Hoje **tem** marmelada?
>
> Tem, sim, senhor!
>
> E o palhaço o que é?
>
> É ladrão de mulher!

Da próxima vez que seu professor de português corrigir você por ter usado **ter** no sentido de *haver,* diga-lhe que Cândido Jucá (filho) (ninguém vai pôr em dúvida a competência de Cândido Jucá), no *Dicionário escolar das dificuldades da língua portuguesa,* admite este uso: "No Brasil, tem-se admitido francamente o uso de 'ter' impessoal, onde os portugueses preferem 'haver'. É uso perfeitamente legítimo." E "tem" mais: o dicionário *Aurélio,* entre as 60 acepções de **ter,** consigna (e aqui vou citar *ipsis litteris* o verbete):

> Pop. Haver, existir: "**Tem** certos dias em que eu penso em minha gente / E sinto assim todo o meu peito se apertar." (Garoto, Chico Buarque de Holanda e Vinícius de Morais, da canção *Gente Humilde*); "**tinha** uma pedra no meio

PORTUGUÊS SEM MISTÉRIO

do caminho" (Carlos Drummond de Andrade, Poemas, p. 15); "Onde só **tem** o breu / Vem me trazer o sol" (Ronaldo Bastos e Flávio Venturini, na canção *Noites com Sol*); "**Tem** gente fazendo das tripas coração — e vendendo." (Luís Fernando Veríssimo, em *O Globo*, 13.7.1999).

Vejamos o que diz o *Houaiss* a respeito:

No Brasil e em África, o verbo *ter* é frequentemente usado, no registro informal, em substituição do verbo *haver* nas acepções impessoais de 'estar presente, encontrar-se', 'existir', 'acontecer, realizar-se' <*tem muita gente ainda aí fora*; *tem muito tempo que ele não aparece*; *hoje vai ter teatro de graça no clube*>; tal emprego é considerado impróprio, mas ocorre também no português de Portugal.

Já o *Aulete* é mais sucinto:

b) Us. como v. impess., equivale a 'haver': Tinha gente demais na sala.

A questão 130 da prova de LCST do ENEM de 2013 abordou este fenômeno da substituição de **haver** por **ter**:

QUESTÃO 130/ENEM DE 2013

A substituição do haver por ter em construções existenciais, no português do Brasil, corresponde a um dos processos mais característicos da história da língua portuguesa, paralelo ao que já ocorrera em relação à ampliação do domínio de ter na área semântica de "posse", no final da fase arcaica. Mattos e Silva (2001:136) analisam as vitórias de ter sobre haver e discute a emergência de ter existencial, tomando por base a obra pedagógica de João de Barros. Em textos escritos nos anos quarenta e cinquenta do século XVI, encontram-se evidências, embora raras, tanto de ter "existencial", não mencionado pelos clássicos estudos de sintaxe histórica, quanto de haver como verbo existencial com concordância, lembrado por Ivo Castro, e anotado como "novidade" no século XVIII por Said Ali.

Como se vê, nada é categórico e um purismo estreito só revela um conhecimento deficiente da língua. Há mais perguntas que respostas. Pode-se conceber uma norma única e prescritiva? É válido confundir o bom uso e a norma com a própria língua e dessa forma fazer uma avaliação crítica e hierarquizante de outros usos e, através deles, dos usuários? Substitui-se uma norma por outra?

CALLOU, D. A propósito de norma, correção e preconceito linguístico: do presente para o passado. In: **Cadernos de Letras da UFF**, n. 36, 2008. Disponível em: www.uff.br. Acesso em: 26 fev. 2012 (adaptado).

Para a autora, a substituição de "haver" por "ter" em diferentes contextos evidencia que

A. o estabelecimento de uma norma prescinde de uma pesquisa histórica.

B. os estudos clássicos de sintaxe histórica enfatizam a variação e a mudança na língua.

C. a avaliação crítica e hierarquizante dos usos da língua fundamenta a definição da norma.

D. a adoção de uma única norma revela uma atitude adequada para os estudos linguísticos.

E. os comportamentos puristas são prejudiciais à compreensão da constituição linguística.[3]

Uma última observação: **ter** no sentido de *haver* também é impessoal, não tem sujeito. Portanto, é invariável, fica sempre no singular: **Teve** muitos acidentes no feriadão. **Tinha** muitas pessoas na festa.

▪ Está certo dizer: O secretário **interviu** no sindicato?

Interviu é *pretérito perfeito* do verbo **interver**, verbo pouco usual que significa o mesmo que **entrever** (ver de forma imperfeita). **Interver** (assim como **entrever**, **prever** e **rever**) conjugam-se como o verbo **ver**:

PRETÉRITO PERFEITO DOS VERBOS QUE SE CONJUGAM COMO *VER*				
Ver	**Interver**	**Entrever**	**Prever**	**Rever**
Eu vi	intervi	entrevi	previ	revi
Tu viste	interviste	entreviste	previste	reviste
Ele/ela viu	interviu	entreviu	previu	reviu
Nós vimos	intervimos	entrevimos	previmos	revimos
Vós vistes	intervistes	entrevistes	previstes	revistes
Eles/elas viram	interviram	entreviram	previram	reviram

---

3. O texto diz: "um purismo estreito só revela um conhecimento deficiente da língua." Logo, a resposta certa é a última.

O verbo **intervir** (assim como **sobrevir**, **advir** e **convir**) conjuga-se como o verbo **vir**:

PRETÉRITO PERFEITO DOS VERBOS QUE SE CONJUGAM COMO *VIR*				
Vir	**Intervir**	**Sobrevir**	**Advir**	**Convir**
Eu vim	intervim	sobrevim	advim	convim
Tu vieste	intervieste	sobrevieste	advieste	convieste
Ele/ela veio	interveio	sobreveio	adveio	conveio
Nós viemos	interviemos	sobreviemos	adviemos	conviemos
Vós viestes	interviestes	sobreviestes	adviestes	conviestes
Eles/elas vieram	intervieram	sobrevieram	advieram	convieram

Portanto, o certo é: O secretário **interveio** no sindicato.

▪ Está certo dizer: Eles **reaveram** os objetos perdidos?

O verbo **reaver** é conjugado como o verbo **haver,** mas *somente nas pessoas em que houver letra* **v**:

VERBOS QUE SE CONJUGAM COMO HAVER			
PRESENTE		**PRETÉRITO PERFEITO**	
Haver	**Reaver**	**Haver**	**Reaver**
Eu hei		Eu houve	Eu reouve
Tu hás		Tu houveste	Tu reouveste
Ele/ela há		Ele/ela houve	Ele/ela reouve
Nós havemos	Nós reavemos	Nós houvemos	Nós reouvemos
Vós haveis	Vós reaveis	Vós houvestes	Vós reouvestes
Eles/elas hão		Eles/elas houveram	Eles/elas reouveram

O certo, portanto, é: Eles **reouveram** os objetos perdidos.

VERBOS | 81

▪ Está certo dizer: Ele **proviu** os pais de dinheiro?

O verbo **prover** é regular no *pretérito perfeito*, *pretérito mais que perfeito*, *imperfeito do subjuntivo* e *particípio*. Nos demais tempos, segue o verbo **ver**:

PRETÉRITO PERFEITO		PRESENTE	
Comer (verbo regular)	**Prover**	**Ver**	**Prover**
Eu comi	Eu provi	Eu vejo	Eu provejo
Tu comeste	Tu proveste	Tu vês	Tu provês
Ele comeu	Ele proveu	Ele vê	Ele provê
Nós comemos	Nós provemos	Nós vemos	Nós provemos
Vós comestes	Vós provestes	Vós vedes	Vós provedes
Eles comeram	Eles proveram	Eles veem	Eles proveem

O certo é: Ele **proveu** os pais de dinheiro.

▪ Está certo dizer: Eles não se viam **há** vários anos?

Como a frase está no passado, o lógico seria dizer: Eles não se viam **havia** vários anos. Mas é comum se deparar com o verbo **haver**, impessoal, no tempo presente, embora se referindo ao passado. Até em Machado de Assis:

> "Quis passar ao quintal, mas as pernas, há pouco tão andarilhas, pareciam agora presas ao chão." (*Dom Casmurro*, cap. XIII)

> "Há quanto tempo estavam ali!" (*Quincas Borba*, cap. XLI)

Por mim, o verbo deveria ir para o passado — mas quem sou eu para discordar de Machado de Assis?!

▪ Está certo dizer: Chegamos cedo **no** colégio?

É mais apropriado dizer: Chegamos cedo **ao** colégio. O verbo **chegar**, no sentido de *atingir um lugar*, pede preposição **a**: Enfim o avião chegou **a** Manaus. Mas você pode usar a preposição **em** para indicar tempo: Chegamos **em** uma hora.

▪ Está certo dizer: Fomos **no** cinema?

Ir pede preposição **a** ou **para**: Fomos **ao** cinema. Vou **para** o Rio de Janeiro. Eu vou **pra** Maracangalha, eu vou (**pra** é uma contração da preposição **para**).

82 | PORTUGUÊS SEM MISTÉRIO

▪ Qual é o certo: Seu gesto **implicou em** sua demissão ou Seu gesto **implicou** sua demissão?

Sua demissão é objeto direto de **implicar**. Seu gesto implicou *o quê?* Sua demissão. Sem preposição.

▪ Está certo dizer: Estou namorando **com** Lídia?

Segundo algumas gramáticas, está errado, mas o *Aurélio* desmente. Diz o *Aurélio* que, se você pode **noivar** com alguém ou **casar** com alguém, também pode **namorar** com alguém. Mas você também pode namorar Lídia (sem **com**). Escolha a forma do namoro!

▪ Qual é a forma certa: Ele não obedece **os** pais ou Ele não obedece **aos** pais?

O verbo **obedecer** é *transitivo indireto*, pede *objeto indireto*. Quem obedece, obedece **a** alguém. O certo é: Ele não obedece **aos** pais. Ele não **lhes** obedece. (Objeto direto, pronomes **o**, **a**, **os**, **as**; objeto indireto, pronomes **lhe**, **lhes** — Você verá isto em "João foi lhe salvar", no próximo capítulo.)

▪ Está certo dizer: As leis não são obedecidas neste país?

Acabamos de ver que **obedecer** é *transitivo indireto*, e pela lógica somente verbos transitivos diretos poderiam ir para a voz passiva (o objeto direto da voz ativa vira sujeito na voz passiva):

Voz ativa: A empresa contratou *cem funcionários* (objeto direto).

Voz passiva: *Cem funcionários* (sujeito) foram contratados pela empresa.

Mas na prática e atropelando a lógica, admite-se o verbo **obedecer** na voz passiva: As leis não são obedecidas neste país.

▪ Está certo dizer: Prefiro estudar **do que** trabalhar.

O certo é preferir uma coisa **a** outra. Tiradentes preferiu morrer **a** trair os companheiros. Prefiro *rock* ao *jazz*. Mas você também pode **preferir** algo pura e simplesmente:

*Eu **prefiro** as curvas da estrada de Santos*
Onde eu tento esquecer um amor que eu tive
E vi pelo espelho
Na distância se perder.

VERBOS | 83

- Está certo dizer: O funcionário **aspirava o** cargo de chefia?

Você pode **aspirar** o ar fresco da manhã, o perfume das flores ou um incenso, mas **aspirar** um cargo seria inspirar ou cheirar o cargo, e cargo não é gasoso nem tem cheiro! O funcionário **aspirava ao** cargo de chefia.

- A gente assiste **um** filme ou assiste **a um** filme?

Um médico assiste um doente, dá assistência a um doente. Mas quando o médico vai ao cinema, ele assiste **a um** filme.

- Qual é a forma certa: **Esqueci a passagem** ou **Esqueci-me da passagem**?

Você pode esquecer *alguma coisa* ou *esquecer-se de alguma coisa*. No primeiro caso, **esquecer** é transitivo direto. Esquecer o quê? Alguma coisa. No segundo caso, **esquecer** é pronominal (verbo pronominal vem acompanhado do pronome se: arrepender-se, aborrecer-se, queixar-se) e seu complemento vem precedido da preposição **de**. Você só não pode misturar os canais e dizer: Esqueci da passagem.

Lembrar segue a mesma lógica. Você pode lembrar *um acontecimento* ou *lembrar-se de um acontecimento*.

- Você responde **uma** pergunta ou responde **a uma** pergunta?

Se eu lhe faço uma pergunta (Onde você vai passar o *réveillon*?), você pode responder que vai passar o réveillon na praia. Mas não pode responder **a** pergunta/**uma** pergunta. O certo é responder **à** pergunta/**a** uma pergunta.

- Qual é a forma certa: Os pais **visam o** bem dos filhos ou Os pais **visam ao** bem dos filhos?

As duas formas estão certas (veja nos dicionários). **Visar** no sentido de *ter como objetivo* pode ser transitivo direto (pode ser usado com objeto direto) ou transitivo indireto (usado com objeto indireto iniciado pela preposição **a**).

84 | PORTUGUÊS SEM MISTÉRIO

■ Qual é o particípio correto de **escrever**: **escrevido** ou **escrito**?

Existem verbos com dois particípios, um regular, outro irregular. É o caso de **aceitar** (**aceitado/aceito**), **entregar** (**entregado/entregue**), **expulsar** (**expulsado/expulso**), **pegar** (**pegado/pego**), **morrer** (**morrido/morto**), **exprimir** (**exprimido/expresso**) e outros. Na voz passiva, usa-se a forma irregular: A proposta foi aceita, o ladrão foi pego em flagrante. E na voz ativa, a forma regular: Eles tinham aceitado a proposta. Mas **escrever** só tem um particípio: **escrito**.

■ Qual é o certo: Deixai **vir** as criancinhas ou Deixai **virem** as criancinhas?

Você sabe o que é o *infinitivo* de um verbo: é o próprio "nome" do verbo. O infinitivo de **andar** é... **andar**, de **comer** é **comer**, de **partir** é **partir**. Este é o *infinitivo não flexionado* (não tem primeira, segunda, terceira pessoas do singular e plural — também chamado de *impessoal*).

Mas existe igualmente um *infinitivo flexionado* ou *pessoal*, que se conjuga: **andar, andares, andar, andarmos, andardes, andarem** (quando o verbo é regular, o infinitivo flexionado coincide com o futuro do subjuntivo). **Ter, teres, ter, termos, terdes, terem**. A questão é: quando se usa o infinitivo não flexionado e quando se usa o flexionado?

Vejamos dois exemplos de frases com infinitivo:

Preciso que eles venham amanhã para **ajudar** na faxina.

Ao se **aproximarem** os fiscais, os camelôs fugiram.

Uma regra prática que funciona quase sempre é usar o infinitivo não flexionado quando seu sujeito for o mesmo do verbo principal. É o caso da primeira frase, em que o sujeito do infinitivo **ajudar** é o mesmo de **venham** (eles). Mas esta regra não é rígida, e se você disser "Preciso que eles venham amanhã para **ajudarem** na faxina", não estará errado.

Na segunda frase, o sujeito do infinitivo **aproximarem** (os fiscais) é diferente do sujeito de **fugiram** (os camelôs); neste caso, o infinitivo flexionado é obrigatório.

Nas *locuções verbais* (formas verbais com mais de uma palavra) o infinitivo deve ser sempre não flexionado: **Precisamos comprar** os livros (seria absurdo dizer: Precisamos comprarmos os livros). Os vereadores **costumavam reunir**-se no grêmio.

Uma última observação sobre o infinitivo: com os verbos **deixar, fazer, mandar, ver, ouvir** e **sentir** é estilisticamente elegante usar o *infinitivo não flexionado* ainda que os sujeitos do infinitivo e do verbo principal sejam diferentes: **Deixai vir** as criancinhas.

Respondendo à pergunta inicial: "Deixai vir as criancinhas" é mais elegante, mas ambas as opções estão corretas.

9

Pronomes

Para entender a importância dos pronomes, é só ver um filme de faroeste e prestar atenção no linguajar dos índios: "Índio aborrecido com homem branco. Homem branco invadir reserva de índio." Em linguagem de "homem branco" (pronomes grifados): "*Nós*, os índios, estamos aborrecidos com *vocês*, homens brancos. *Vocês* invadiram as *nossas* reservas."

O pronome pessoal é uma espécie de variável. Assim como na matemática usamos as variáveis *x*, *n* para designar números, no português usamos pronomes para representar nomes comuns ou próprios. **Pronome** significa "que está no lugar do nome".

Nesta seção, abordaremos a clássica questão da colocação dos pronomes (antes, no meio ou depois do verbo) e outras dúvidas em torno dos pronomes.

▪ Fi-lo porque qui-lo é o nome de algum restaurante a quilo?

O folclore político atribui esta frase ao ex-presidente Jânio Quadros, que, apenas sete meses após sua posse, renunciou misteriosamente, dizendo-se pressionado por "forças terríveis". Tempos depois, saiu-se com esta:

— Fi-lo porque qui-lo.

Mais adiante, negou que tivesse dito essa frase, já que ela continha um erro português:

— Eu certamente diria: "Fi-lo porque o quis."

Esta historinha introduz duas questões: a *colocação dos pronomes oblíquos* e a *transformação dos pronomes oblíquos* o(s), a(s) em **lo(s)**, **la(s)**, **no(s)**, **na(s)** após certas terminações. Comecemos por esta segunda.

Por uma questão de eufonia, se o verbo termina em **m**, **ão** ou **õe** (ou seja, em som nasal), o pronome oblíquo **o**, **a**, **os** ou **as** recebe um **n** na frente: Eles d**ão** o caso por encerrado. O caso, eles **o** dão por encerrado. O caso, d**ão-no** por encerrado.

Mas se o verbo termina em **r**, **s** ou **z**, perde esta terminação e o pronome oblíquo **o**, **a**, **os** ou **as** recebe um **l** na frente. Eu **o** fiz porque o quis. Fi-**lo** porque o quis. Qui-**lo**, por isto o fiz. Vou ama**r** você até morrer. Vou amá-**la** até morrer.

86 | PORTUGUÊS SEM MISTÉRIO

▪ Qual é a forma certa: **Fi-lo porque qui-lo** ou **Fi-lo porque o quis?**

Em português, o pronome oblíquo pode ser colocado antes, no meio ou depois do verbo.

Na linguagem coloquial, do dia a dia, os brasileiros costumam colocar o pronome *antes do verbo*:

> — Adão foi feito de barro,
>
> Amigo, **me** dê um cigarro.
>
> — De barro foi feito Adão,
>
> Cigarro não tenho, não.
>
> **Me** fiz em mil pedaços...
>
> **Me** disseram que você estava chorando...

A colocação do pronome antes do verbo (*próclise*) geralmente soa bem, e a sonoridade é um critério importante na escolha da posição do pronome. Por isso, antes de consultar qualquer regra, consulte seu ouvido. Mas se faz questão de uma regra, eis aqui uma: palavras negativas (**não, nunca**), advérbios (**aqui, ali, sempre, talvez**), a palavra **que**, conjunções (**porque, conforme, embora**) e pronomes (**algum, isto, quem**) costumam atrair o pronome para antes do verbo. Vejamos uns exemplos extraídos da MPB (exceto a frase do Jânio):

> **Nunca** me faça mal.
>
> Meu pai **sempre** me dizia...
>
> Não há vento ou tempestade **que** te impeçam de voar.
>
> Fi-lo **porque** o quis.
>
> Para **quem** se afoga: Isopor.

A colocação do pronome no meio do verbo (*mesóclise*) é própria do *futuro do presente* ou *futuro do pretérito*, e é uma forma erudita, estranha ao português coloquial. Exemplo: **Dir-lhe-ei** toda a verdade. A não ser que esteja escrevendo um texto altamente sofisticado, coloque um pronome pessoal para escapar da mesóclise: **Eu lhe direi** toda a verdade. Soa mais natural, não soa?

A colocação do pronome depois do verbo (*ênclise*) não é comum na linguagem falada, mas deve ser adotada na linguagem escrita quando nenhum motivo (atração por alguma palavra ou eufonia) justificar a próclise. Vejamos exemplos de ênclise retirados de um livro de negócios:

Os gurus não criam necessariamente do zero as ideias empresariais e gerenciais, mas sem dúvida ajudam a embalá-**las** e divulgá-**las**.

Alguns gurus — poderíamos chamá-**los** de supergurus — tornam-**se** essencialmente seu próprio movimento.

O que os gurus fazem é pegar os componentes de uma ideia, reembaralhá-**los** um pouco, acrescentar algumas descrições e exemplos, embalá-**los** como um conceito atraente, publicá-**los** e apresentá-**los**.[1]

▪ Para **mim** fazer ou para **eu** fazer?

Quando você estava no colégio, aprendeu a diferença entre *sujeito* e *predicado* de uma oração: o sujeito é a pessoa ou coisa sobre a qual informamos algo (normalmente, o autor da ação). A informação propriamente dita é o predicado. Em "O técnico da seleção está desesperado", o sujeito é **o técnico da seleção** e o predicado, **está desesperado**.

Outra coisa que você aprendeu no colégio é o conceito de *objeto* (*direto* e *indireto*). Vamos recordar? Alguns verbos não têm sentido completo, falta-lhes um complemento. Imagine esta conversa de louco:

> — Oi, Fábio!
>
> — Oi!
>
> — Sabe da maior? Ontem eu vi.
>
> — Você viu?
>
> — Vi.
>
> — Que bom!

Falta algo essencial neste diálogo: quem vê, vê alguém ou alguma coisa. Ontem vi o Pelé em plena Atlântica. Ontem vi o filme dos Simpsons. Pois bem, aquilo que completa o sentido do verbo é o *objeto* (que pode ser *direto* ou *indireto*).

Agora vamos falar dos *pronomes pessoais*. **Eu**, **tu**, **ele/ela**, **nós**, **vós**, **eles/elas** são *pronomes pessoais retos* — eles desempenham a função de sujeito. **Eu** falo, **tu** ouves, **ele** anota a conversa, depois **nós** nos cansamos, **vós** ides embora e os leitores do jornal (**eles**) leem a entrevista.

Me, **mim**, **te**, **ti**, **se**, **si**, **nos**, **vos** etc. são *pronomes pessoais oblíquos* — eles desempenham a função de objeto (completam o sentido do verbo).

Voltando à pergunta inicial. O certo é **para eu fazer**, porque **eu** é *sujeito* do verbo **fazer**, e o sujeito tem que ser *pronome reto*. Ele deu essa tarefa para **eu** fazer. Mas se você retirar o verbo **fazer**, a coisa muda: Ele deu esse livro para **mim**. **Para mim** aqui é *objeto* do verbo dar, e o objeto tem que ser pronome oblíquo.

Outros exemplos: A encomenda é para eu levar (**eu** é sujeito de **levar**). Entregaram a encomenda para mim (**para mim** é objeto de **entregaram**).

---

1. Thomas H. Davenport e Laurence Prusak, *Vencendo com as melhores ideias*, Capítulo 4.

88 | PORTUGUÊS SEM MISTÉRIO

▪ Está certo dizer: Entre **eu** e **tu** não existem segredos?

Depois de preposição, só se usam **eu** e **tu** se forem *sujeitos de um verbo seguinte*: Deram o livro para eu ler (**eu** é sujeito de **ler**). Do contrário, usam-se **mim** e **ti**. Deram o livro para **mim**. Entre **mim** e **ti** não existem segredos.

▪ Está certo dizer: João foi **lhe** salvar?

O uso do pronome **lhe** com *verbo transitivo direto* (verbo que pede objeto direto) constitui um erro comum: Amo-**lhe** tanto. Você olha tudo e nada **lhe** faz ficar contente.

Quem salva, salva alguém (o verbo **salvar** é transitivo direto): o salva-vida salvou **o menino**. Ele **o** salvou. Corrigindo a frase do enunciado: João foi salvá-**lo**.

Quem ama, ama alguém ou algo (**amar** pede objeto direto). Eu amo **você**. Eu amo **isto**. Eu **o** amo. Amo-**o** tanto.

Alguma coisa faz **alguém** ficar contente. Você olha tudo e nada **a** faz ficar contente.

Portanto, não diga "Eu **lhe** vi", "Eu **lhe** encontrei", mas "Eu **o** vi", "Eu **a** encontrei" (ou, alternativamente, "Eu vi **você**", "Eu encontrei **você**"). O pronome **lhe** só se usa como objeto indireto.

Vejamos, pois, exemplos (de letras da MPB) do uso correto do pronome **lhe**: Eu venho lá do sertão e posso não **lhe** agradar. A arma que seu primo Pablo **lhe** deu. Não me peça que eu **lhe** faça uma canção como se deve. Não se preocupe, meu amigo, com os horrores que eu **lhe** digo. Quero **lhe** contar como eu vivi.

Uma pessoa ou uma coisa agrada **a alguém**: posso não agradar **a você**, posso não **lhe** agradar (o objeto indireto sempre começa por preposição, neste caso, a preposição **a**). Você dá **algo a alguém** (dar pede os dois objetos, direto e indireto): Pablo deu a arma **para você**. Pablo **lhe** deu a arma. E assim por diante.

▪ **Este** e **esse** são sinônimos ou há uma diferença?

Você já deve ter ouvido dizer que **este** (e suas variações **esta, estes, estas**) e **isto** se referem a *algo próximo de quem fala* e **esse** (e variações) e **isso** se referem a *algo próximo da pessoa com quem se fala*. Isto fica claro neste diálogo:

> — Por favor, me passa o saleiro...

> — Que saleiro?

> — **Esse** aí, pertinho de você...

> — Ah! **Este** aqui? Toma.

Usamos também **este** (e variações) em referência ao lugar onde estamos (que pode ser desde um pequeno quarto até o próprio país ou algo ainda mais amplo): **Este** apartamento é muito pequeno. **Este** país é o melhor do mundo. **Este** planeta tem sofrido muitas agressões.

PRONOMES | 89

Outro uso de **este** (e variações), agora em um contexto temporal, é quando nos referimos ao *período atual* (no qual estamos) ou ao *período mais próximo* (no passado ou futuro): **Esta** semana irei ao dentista (semana atual). **Este** mês vou ganhar um aumento (mês atual). **Este** ano passou voando (ano atual). **Esta** noite não consegui dormir direito (noite mais próxima no passado). **Esta** noite irei para a balada (noite mais próxima no futuro).

Também se usa o pronome demonstrativo para fazer referência a algo que acabou de ser dito ou que se vai dizer em seguida. Alguns manuais de estilo recomendam que, no primeiro caso (referência a algo que acabou de ser dito), se usem os pronomes **esse** (e variações) e **isso** e, no segundo caso (referência ao que vai ser dito), se usem os pronomes **este** (e variações) e **isto**, mas não há consenso a respeito (ver *Aurélio*), e me parece mais lógico usar sempre a forma **este/isto**, já que estamos nos referindo a algo próximo. Vejamos exemplos extraídos do *Dom Casmurro*, de Machado de Assis:

O preto que a tinha ido buscar à cocheira segurava o freio, enquanto ele erguia o pé e pousava no estribo — a **isto** [referência ao que acabou de ser dito] seguia-se um minuto de descanso ou reflexão.

Isto [referência ao que se vai dizer] que digo é a verdade pura e última. Um dia, quando todos os livros forem queimados por inúteis, há de haver alguém, pode ser que tenor, e talvez italiano, que ensine **esta** [referência ao que se vai dizer] verdade aos homens. Tudo é música, meu amigo.

▪ Quando se usa **Sua Majestade** e **Vossa Majestade**?

Sua ou **Vossa Majestade** é a forma de tratamento referente aos reis. As formas de tratamento são:

FORMA DE TRATAMENTO	ABREVIATURA	REFERÊNCIA
Sua ou Vossa Alteza	S. A. ou V. A.	Príncipes
Sua ou Vossa Eminência	S. Ema. ou V. Ema.	Cardeais
Sua ou Vossa Excelência	S. Exa. ou V. Exa.	Presidente da República, senadores, ministros, governadores, deputados federais e estaduais, prefeitos, embaixadores, vereadores, cônsules, chefes das casas civis e militares, desembargadores, curadores, promotores e generais
Sua ou Vossa Magnificência	S. M. ou V. M.	Reitores de universidades
Sua ou Vossa Eminência Reverendíssima	S. Ema. Revma. ou V. Ema. Revma	Cardeais

(continua...)

90 | PORTUGUÊS SEM MISTÉRIO

(continuação...)

Sua ou Vossa Reverendíssima	S. Revma. ou V. Revma.	Abades, superiores de conventos, outras autoridades eclesiásticas e sacerdotes em geral
Sua ou Vossa Santidade	S. S. ou V. S.	Papas
Sua ou Vossa Senhoria	S. Sa. ou V. Sa.	Diretores de autarquias federais, estaduais e municipais, patentes militares (exceto generais)

Quando você se dirige à pessoa (fala com o rei, o papa, o presidente etc.), usa a palavra **Vossa**: É com grande honra e satisfação que o Brasil recebe **Vossa Majestade**. **Vossa Alteza** participará da reunião de ministros? Gostaria que **Vossa Reverendíssima** celebrasse essa missa. Desculpe a franqueza, mas **Vossa Excelência** agiu mal nessa questão. **Vossas Senhorias** estão reclamando de quê? Observe que o verbo vai para a *terceira pessoa, do singular ou plural*. Está errado dizer: Vossa Excelência *agiste* mal nessa questão, ou Vossas Senhorias *estais* insatisfeitos por quê?

Quando você se refere à pessoa (fala sobre o rei, o papa, o presidente etc.), usa a palavra **Sua**: O Brasil está recebendo a visita de **Sua Majestade**, o rei da Espanha. **Sua Alteza**, o príncipe regente, não quis participar da reunião de ministros. Na minha opinião, **Sua Excelência**, o Presidente da República, agiu mal nesta questão.

No caso de juízes, o tratamento adequado é **Meritíssimo Juiz** (sem **Vossa** nem **Sua**).

10

Femininos e plurais

Por que um alemão, quando aprende a falar português, fala, digamos, "o" casa, "o" criança, "a" relógio (ou um brasileiro, quando aprende alemão, custa a memorizar quando um substantivo pede *der, die* ou *das*)? Certamente porque os gêneros dos substantivos não seguem uma lógica comum e variam de uma língua para outra: o que é *masculino* em uma língua pode ser *feminino* em outra, ou vice-versa. Nisto o inglês sai ganhando: tudo é *the* — *the house, the child, the clock*.

A rigor, o gênero indicaria o sexo das coisas. Quando se trata de seres humanos e animais, é fácil saber o sexo e dizer se a palavra é *masculina* ou *feminina*: **o** homem, **a** mulher, **o** cavalo, **a** égua. Mas por que **árvore** é palavra feminina em português? (Em alemão é masculina.) E **rio, guerra, cabeça, mar**, por que têm o gênero que têm (**o** rio, **a** guerra, **a** cabeça, **o** mar). Em latim, estas palavras eram neutras — "ficavam em cima do muro". Mas na passagem do latim para as línguas neolatinas, o gênero neutro foi para o espaço.

Esta seção aborda questões referentes ao gênero (masculino/feminino) e também ao número (singular/plural) das palavras.

• O livro *Os Maias* é sobre a cultura maia?

Claro que isto foi uma brincadeira: você sabe muito bem que o romance de Eça de Queiroz, *Os Maias* (que aliás já foi minissérie na Globo), conta a história da família **Maia**. Mas aqui surge a questão do *plural dos sobrenomes*: os **Matarazzo** ou os **Matarazzos**, os **Silva** ou os **Silvas**, os **Korytowski** ou os **Korytowskis**?

Ao designarem um conjunto de pessoas (da mesma família ou não), os sobrenomes perdem o caráter de nomes próprios, podendo ir para o plural: os **Andradas** (José Bonifácio e seus irmãos), os **Andrades** (Mário e Oswald), os **Prados**, os **Silvas**, os **Sousas**, os **Maias**, os **Almeidas,** os **Almeidas Prados**, os **Moreiras da Silva**. Apenas sobrenomes nitidamente estrangeiros não se flexionam: os **Wilson**, os **Clemenceau**, os **Goncourt**, os **Matarazzo**, os **Portinari**, os **Kennedy**, os **Korytowski**.

No entanto, existe uma tendência moderna, talvez por influência do francês, de manter todos os sobrenomes — estrangeiros ou não — no singular: os **Veríssimo** (Érico e seu filho Luís Fernando), os **Mendonça**, os **Barreto**, os **Almeida Prado**.

92 | PORTUGUÊS SEM MISTÉRIO

- **Comprei duzentas gramas de presunto ou**
  Comprei duzentos gramas de presunto?

  Grama, quando se refere a peso, é *substantivo masculino*: **o grama**. Por isto, a rigor, deveríamos dizer: Comprei duzentos gramas de presunto. Porém, dado que os substantivos terminados em **a** tendem a ser femininos (a cama, a lama, a gota, a própria grama do jardim), a tendência é *feminizar "a" grama*: **duzentas gramas** de presunto, **uma grama** de ouro.

  O *Manual de Estilo* da Editora Abril, por exemplo, recomenda que se use *grama* no feminino, "o que corresponde à realidade da língua falada no Brasil". Já o *Manual de redação e estilo* do jornal *O Estado de São Paulo* diz que *grama* significando peso é palavra masculina. Tirando uma média, eu diria que ambas as formas são admissíveis.

- **Moral é palavra masculina ou feminina?**

  Moral é substantivo masculino quando indica *estado de ânimo* — **o moral** da tropa estava baixo — e substantivo feminino quando denota *moralidade ou lição moral*: **a moral** cristã, a **moral** da história.

- **Diabetes é palavra masculina ou feminina?**
  E qual é a forma preferível: diabetes ou diabete?

  Em pesquisa na internet, encontrei 498 mil ocorrências de **o diabetes** (46% dos casos), 475 mil ocorrências de **a diabetes** (44% dos casos), 43,6 mil ocorrências de **o diabete** (4% dos casos) e 72 mil ocorrências de **a diabete** (6% dos casos). Ou seja, existe uma clara preferência pela forma plural (mais de acordo com a etimologia grega *diabétes* e latina *diabetes*), e um empate entre os gêneros masculino e feminino. Segundo os dicionários, **diabetes** é substantivo de dois gêneros. No livro *Linguagem Médica*, Joffre M. de Rezende lança uma luz sobre esta questão:

  O termo é masculino em grego e latim, tendo conservado o mesmo gênero em francês e italiano. Em espanhol é do gênero feminino. Em português, alguns lexicógrafos registram tão somente o gênero masculino, enquanto outros admitem os dois gêneros.

  Autoridades em terminologia médica *advogam o gênero masculino*, que parece vitorioso na literatura médica brasileira, como atestam muitas publicações especializadas.

  No Brasil, tanto se usa **diabetes** como **diabete**; porém, com a forte influência exercida pela literatura médica de língua inglesa na medicina brasileira, observa-se ultimamente uma clara opção pela forma **diabetes**.

  A sociedade brasileira da especialidade, fundada em São Paulo em 1979, denomina-se Sociedade Brasileira de Diabetes, e, em seus estatutos, **diabetes** é do gênero masculino. *Fiquemos, pois, com o gênero masculino e com a letra s final.*[1]

---

1. Citação gentilmente autorizada pelo autor, e extraída da página http://usuarios.cultura.com.br/jmrezende/diabetes.htm.

FEMININOS E PLURAIS | 93

▪ Estou com **muito** tesão ou Estou com **muita** tesão?

Antigamente existia um uísque nacional chamado **Big T**. Traduzido para o português: **T grande** ou (para os que tinham a mente poluída — a maioria de nós, admitamos) **tesão**.

Originalmente, **tesão** era substantivo masculino e tinha o sentido de *rijeza* (o tesão de um arame) ou *força, intensidade* (o tesão do ataque). Na forma coloquial, no sentido de *rijeza peniana* ou de *intensa excitação sexual*, a palavra vem sendo usada também no feminino (ainda que quem esteja sentindo tesão seja do sexo masculino). O dicionário *Aurélio* registra a palavra, na acepção chula, como de dois gêneros, masculino e feminino. Portanto, você pode optar entre sentir **muito** tesão ou **muita** tesão.

Uma curiosidade: Bernardo Guimarães, o insuspeito autor de clássicos do romantismo brasileiro do século XIX como *O seminarista* e *A escrava Isaura*, escreveu também na surdina poemas obscenos, de publicação proibida na época, que circularam clandestinamente em círculos fechados de apreciadores (à semelhança das "revistinhas de sacanagem" do lendário Zéfiro uns cem anos depois). Nesses poemas fesceninos encontramos o que devem ter sido os primeiros registros literários de **tesão** no "mau" sentido. Menores de 18 anos, mudem de página:

> Um pajé sem **tesão**, um nigromante
>
> Das matas de Goiás,
>
> Sentindo-se incapaz
>
> De bem cumprir a lei do matrimônio,
>
> Foi ter com o demônio,
>
> A lhe pedir conselho
>
> Para dar-lhe vigor ao aparelho,
>
> Que já de encarquilhado,
>
> De velho e de cansado,
>
> Quase lhe sumia entre o pentelho.

(Bernardo Guimarães, *Elixir do Pajé*)

PALAVRAS MASCULINAS QUE VOCÊ PENSA QUE SÃO FEMININAS E PALAVRAS FEMININAS QUE VOCÊ PENSA QUE SÃO MASCULINAS

"Ser um homem feminino
Não fere o meu lado masculino
Se Deus é menina e menino
Sou masculino e feminino."

(da canção *Masculino e Feminino*, de Baby Consuelo, Didi Gomes e Pepeu Gomes)

94 | PORTUGUÊS SEM MISTÉRIO

Algumas palavras têm *gênero fixo* — o gênero não varia. Estas palavras são *masculinas* ou *femininas* com base na terminação ou por analogia com outras palavras. Assim, costumam ser masculinas palavras terminadas em **o** (o litro, o batismo, o pó) e femininas palavras terminadas por **a** (a cama, a mesa, a orelha).

Alguns substantivos são *flexíveis* (flexionam-se): passam do masculino para o feminino normalmente pela mudança da terminação (embora em alguns casos a diferença seja mais radical): **o** juiz, **a** juíza; **o** herói, **a** heroína; **o** príncipe, **a** princesa; **o** carneiro, **a** ovelha; **o** cavalo, **a** égua.

Outros substantivos (nomes de animais) diferenciam masculino/feminino pelas palavras **macho/fêmea**: a onça **macho**, a onça **fêmea**; o jacaré **macho**, o jacaré **fêmea**. São os substantivos *epicenos*.

No caso de alguns substantivos, o gênero masculino/feminino é indicado pelo artigo e/ou outras palavras (o substantivo em si permanece invariável): **o** artista, **a** artista; **este** dentista, **esta** dentista; **um magnífico** pianista, **uma magnífica** pianista; **o** gerente eficiente, **a** gerente gentil. São os substantivos *de dois gêneros* (comuns de dois gêneros).

Ainda outros substantivos, embora tenham um gênero fixo (masculino ou feminino), aplicam-se tanto a homens como a mulheres: criança, animal, cônjuge, vítima, pessoa. João/Maria ainda é muito criança. O antílope/a corça é um animal mamífero. São os substantivos *sobrecomuns*.

E existem substantivos que mudam de sentido quando passam de um gênero para outro: **o** capital, **a** capital; **o** rádio, **a** rádio; **o** cura, **a** cura.

Claro que você não precisa decorar tudo isto. Normalmente, você sabe empregar direitinho o masculino e feminino. De tanto ouvir, desde criança, essas palavras, a coisa passou a fazer parte de seu subconsciente. Quero apenas ilustrar a riqueza, a maleabilidade, a sutileza, a flexibilidade de nosso idioma — e dos outros idiomas também. Mas existem uns poucos casos em que as pessoas se confundem e trocam o masculino pelo feminino, ou vice-versa. Quer ver uns exemplos? Diga se as palavras abaixo são masculinas ou femininas: (As respostas estão no rodapé.)

o/a aguardente	o/a grama (unidade de peso)
o/a alface	o/a hortelã
o/a apendicite	meu/minha libido
o/a bacanal	um/uma omelete delicioso(a)
o/a champanhe	um/uma edema pulmonar
o/a dinamite	vou dar um/uma telefonema[2]
o/a eclipse	

---

2. Respostas: a aguardente (a água ardente), a alface, a apendicite, a bacanal (portanto, se você foi a um bacanal, pode até ter se divertido, mas cometeu um erro de português!), o champanhe (*champagne* em francês é masculino), a dinamite (o explosivo e sua denominação — *la dynamite* — foram criados pelo químico sueco Alfred Nobel), o eclipse, a/o grama, a hortelã, minha libido, uma omelete deliciosa, um edema pulmonar, vou dar um telefonema.

▪ Está certo dizer: a **presidenta** Dilma?

Substantivos como **presidente** (a pessoa que **preside**), **gerente** (a pessoa que **gerencia**), **atacante** (a pessoa que **ataca**), **pedinte** (a pessoa que **pede**), **ardente** (aquilo que **arde**), **estudante** (a pessoa que **estuda**) etc. são *comuns de dois gêneros*, não se flexionam na passagem do masculino para o feminino. A distinção entre os gêneros se faz pelo artigo: o gerente, a gerente; um gerente eficiente, uma gerente gentil. Se você não diz "câmara ardenta", uma estudanta, uma gerenta, em princípio não deveria dizer a **presidenta**. Só que (e aí entra em cena mais uma das contradições do vernáculo) o substantivo **presidente** admite, sim, o feminino alternativo **presidenta**. E isto não tem nada a ver com a eleição de Dilma. Está no clássico e consagrado *Dicionário escolar das dificuldades da língua portuguesa*, de Cândido Jucá (filho) e em alguns dicionários.

Respondendo à pergunta: está certo, assim como também está certo dizer **a presidente Dilma**.

Um fenômeno inverso ocorre com o substantivo **poeta**, que é masculino, e cujo feminino é **poetisa**. Mas na prática costuma ser usado como se fosse *comum de dois gêneros*: as nossas queridas amigas poetisas querem porque querem ser chamadas de **poetas**, para se igualar aos homens!

No Google encontrei 1.340.000 ocorrências de "a presidente Dilma" e 1.430.000 de "a presidenta Dilma". Já "a poeta Adélia Prado" tem 1.260 resultados, enquanto "a poetisa Adélia Prado", 1.030.

▪ Qual é a forma certa: **o caixa eletrônico** ou **a caixa eletrônica**?

Depende de quem é eletrônico: **a caixa** (seção do banco onde são feitos os pagamentos e recebimentos) ou **o caixa** (o funcionário que trabalha na caixa — supondo-se que seja homem). É uma questão de interpretação.

Originalmente, o dinheiro do banco era realmente guardado dentro de uma caixa. O funcionário que trabalhava junto à caixa passou a ser **o caixa**, se fosse homem, ou **a caixa**, se mulher. Com o tempo, a própria seção do banco onde se faziam os pagamentos e recebimentos passou a ser chamada de caixa (**a caixa**). E as próprias instituições financeiras passaram a adotar esta denominação: **a caixa de pecúlio**, **a Caixa Econômica**.

Na pesquisa do Google, **o caixa eletrônico** ganha disparado, mas encontrei também a forma feminina: "Um usuário deseja fazer um saque de R$100,00. De quantas maneiras diferentes a caixa eletrônica poderá fazer esse pagamento?", "Rapaz que participa de roubo a caixa eletrônica tem a perna amputada numa explosão".

96 | PORTUGUÊS SEM MISTÉRIO

▪ Qual é a forma certa: reforçar **o caixa** ou reforçar **a caixa**?

A disponibilidade em dinheiro de uma empresa é **caixa**, no feminino (confira no dicionário). O livro comercial onde se registram as entradas e saídas de dinheiro, os créditos e débitos, é **caixa**, no masculino. A rigor, você reforça **a caixa** — só que ninguém fala assim, todo mundo diz **o caixa**. Lemos nos jornais que até os traficantes fortalecem **o caixa** para comprar armas e drogas.

▪ Qual é o feminino de **puxa-saco** e **pão-duro**?

Nos adjetivos compostos, somente o último elemento vai para o feminino. **Saco** é substantivo masculino. Se uma mulher é chata, você diz que ela é **um** saco. De forma semelhante, uma mulher é **puxa-saco**. Mas se uma mulher não tem dinheiro, você diz que ela está **dura**. De forma semelhante, uma mulher é **pão-dura**.

▪ Qual é o plural de **blitz: blitzes** ou **blitzen**?

Nem uma coisa, nem outra. **Blitz** é palavra de origem alemã (*Blitzkrieg*) e seu plural a rigor é **blitze**. Mas é comum se aportuguesar o plural para **blitzes** — embora tecnicamente errado, soa mais natural em nosso idioma.

▪ O plural de **homem-hora** é **homens-hora** ou **homens-horas**?

Para entender as regras do *plural dos substantivos compostos*, você precisa saber a diferença entre palavras *variáveis* e *invariáveis*.

Palavras variáveis são aquelas que *mudam de forma* — passam para o plural, para o feminino, mudam de pessoa: o menino **educado** chegou, a menina **educada** chegou, os meninos **educados** chegaram, as meninas **educadas** chegaram. São variáveis os substantivos, artigos, adjetivos, numerais, pronomes e verbos.

Já as palavras invariáveis não mudam, são sempre iguais. São invariáveis: advérbios (aqui, ontem, felizmente), preposições (de, em, para), conjunções (porque, e, ou) e interjeições (ai!).

O quadro a seguir resume as regras do plural dos substantivos compostos:

PLURAL DOS SUBSTANTIVOS COMPOSTOS			
PRIMEIRO ELEMENTO	SEGUNDO ELEMENTO	REGRA	EXEMPLO
Verbo ou palavra invariável	Verbo, palavra invariável ou palavra já no plural	A palavra composta permanece igual	Os bota-fora, os ganha-perde, os saca-rolhas (singular: o saca-rolhas); os quebra-nozes (singular: o quebra-nozes)
Ligado ao segundo por preposição	Ligado ao primeiro por preposição	Apenas o primeiro elemento vai para o plural	As águas-de-colônia, as bocas-de-leão, as flores-de-lis
Verbo ou palavra invariável	Palavra variável	Apenas o segundo elemento vai para o plural	Os guarda-chuvas, as ave-marias, os vice-presidentes, os ex-alunos
Igual ao segundo (ou muito parecido)	Igual ao primeiro (ou muito parecido)	Apenas o segundo elemento vai para o plural	Os pingue-pongues, os reco-recos, os teco-tecos, os tico-ticos, os corre-corres, os pega-pegas
Palavra variável	Palavra variável	Os dois elementos vão para o plural (ver NOTA)	As couves-flores, homens-horas, as obras-primas, os redatores-chefes, os chás-dançantes

NOTA: Mas se o segundo elemento delimitar o primeiro, poderá ficar no singular. Por exemplo, em **caneta-tinteiro**, **tinteiro** delimita o tipo de caneta. Por isto, a palavra admite dois plurais: **canetas-tinteiros** ou **canetas-tinteiro**. Outros casos semelhantes: **peixe-espada**, **vagão-dormitório**, **navio-escola**. Na dúvida, ponha os dois elementos no plural, que você não errará.

▪ Qual é o plural certo: meninos **surdo-mudos** ou meninos **surdos-mudos**?

O certo é meninos **surdos-mudos**. Mas esta é uma exceção, já que, em geral, apenas o segundo elemento dos adjetivos compostos vai para o plural: línguas **anglo-saxônicas**, camisas **verde-claras**, grêmios **poético-musicais**, sociedades **luso-brasileiras**.

98 | PORTUGUÊS SEM MISTÉRIO

▪ Qual é o plural certo: camisas **verde-abacate** ou camisas **verde-abacates**?

O certo é camisas **verde-abacate**. Mas aí você perguntará: a regra não é levar o segundo elemento para o plural? Esta é a regra, mas quando o último elemento é *substantivo*, o adjetivo composto fica invariável (normalmente, adjetivos designativos de cores): blusas **verde-musgo**, véus **amarelo-ouro**.

Se o adjetivo contiver a palavra **cor**, também ficará invariável: existências **cor-de-rosa**.

Os adjetivos compostos **azul-marinho** e **azul-celeste** também ficam invariáveis: ternos **azul-marinho**.

▪ Vou colocar **meu** óculos

Óculos é um desses substantivos *usados apenas no plural*, como **férias** (no sentido de *período de descanso*; **féria**, no singular, significa *quantia arrecadada*), **víveres**, **cócegas**, **afazeres** etc. Você não diz "Passei a *minha* férias na Bahia", "Agora vou cuidar do *meu* afazeres". Assim como você diz "as *minhas* férias" e "os *meus* afazeres", deve também dizer "os *meus* óculos"!

Mas por que achamos estranho dizer "a minha férias", e achamos normal dizer "o meu óculos"? Uma resposta possível foi apresentada por Celso Pedro Luft: "As pessoas já não analisam **óculos** como um substantivo usado apenas no plural, e pensam que é um desses substantivos de dois números (os substantivos usados tanto no singular quanto no plural) terminados em **s**: o pires/os pires, o lápis/os lápis, o ônibus/os ônibus. Se posso perder *meu* ônibus, por que não posso perder *meu* óculos? Só que **óculos** segue uma lógica diferente de **ônibus**, de modo que devemos dizer: perdi **meus óculos**!"

▪ Por que se diz "Nós **é que** mudamos", se **nós** é plural?

A expressão **é que** tem função apenas de *realce* (neste caso, realça o fato de que nós, e não outra pessoa, mudamos). Fica sempre invariável (nunca vai para o plural) e, se eliminada da frase, não faz nenhuma falta: Nós mudamos.

PARTE II
COMO SE PREPARAR PARA A PROVA DE REDAÇÃO DO ENEM

Inspirado nos textos motivadores e utilizando os conhecimentos que acumulou em sua formação, você deve redigir um texto dissertativo-argumentativo (ou seja, que defenda uma tese, com base em argumentos coerentes) com no mínimo oito linhas e no máximo trinta, apresentando no final uma "proposta de intervenção social" (proposta de solução para o problema), empregando a modalidade "escrita formal" da língua portuguesa (nada de gíria ou de formas como "tu vai", "vi ele"), sobre um tema polêmico, de impacto social, como a valorização dos professores (tema da segunda aplicação do ENEM de 2015), publicidade infantil (ENEM 2014), justiça com as próprias mãos (este tema não caiu no ENEM) ou consumo de álcool e drogas por adolescentes (*idem*).

Até aí está tudo muito bonito. Mas como isso funciona na prática? Como desenvolver essas competências? Como perder o "pânico" de que o tema da redação seja algo que você não domina? Como adquirir uma bagagem cultural que permita opinar sobre os assuntos e desenvolver argumentos sólidos? Como evitar falhas graves que façam com que você tire zero na prova? É o que veremos nesta Parte II.

Mas antes de penetrarmos nas competências propriamente ditas, vão aqui umas palavras preliminares sobre caligrafia. Como dissemos na Introdução, a Cartilha do Participante da Redação diz claramente: "Procure escrever sua redação com letra legível, para evitar dúvidas no momento da avaliação. Redação com letra ilegível não poderá ser avaliada." Se sua letra estiver ok (o que deve ser o caso com a maioria dos leitores), salte para o próximo assunto. Mas se você tem problemas de caligrafia, vão aqui algumas dicas de como melhorá-la.

Um método para melhorar a letra é comprar um desses cadernos de caligrafia vendidos nas papelarias e "desenhar" primeiro as letras, depois palavras curtas, depois escrever frases inteiras, por vários dias seguidos. Se funcionava na Inglaterra vitoriana, onde, antes do advento da máquina de escrever, uma letra bonita era valorizada, deve funcionar no século XXI também. Experimente.

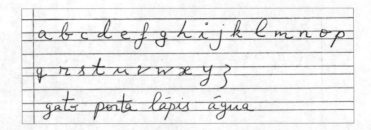

A prova de redação do ENEM envolve o domínio de cinco competências:

1. Demonstrar domínio da modalidade escrita formal da Língua Portuguesa.
2. Compreender a proposta de redação e aplicar conceitos das várias áreas de conhecimento para desenvolver o tema, dentro dos limites estruturais do texto dissertativo-argumentativo em prosa.
3. Selecionar, relacionar, organizar e interpretar informações, fatos, opiniões e argumentos em defesa de um ponto de vista.
4. Demonstrar conhecimento dos mecanismos linguísticos necessários para a construção da argumentação.
5. Elaborar proposta de intervenção para o problema abordado, respeitando os direitos humanos.

A **Competência 1**, que é escrever corretamente, de acordo com a norma padrão da língua portuguesa, é englobada pela **Parte I** deste livro. Escrever sem erros de acentuação, regência, concordância etc. teoricamente é um quinto do caminho andado, já que corresponde a uma competência dentre cinco. Mas na prática uma redação com uma letra "bonita" (ao menos legível), com o mínimo de erros ortográficos e gramaticais e um bom encadeamento e organização de frases e parágrafos com certeza vai dar uma boa impressão ao examinador e contribuirá positivamente para a nota final, independentemente do conteúdo, da argumentação em si. Por isto, é importante que você percorra com atenção a Parte I deste livro.

Tenha em mente que na redação você vai aplicar a chamada **norma padrão** da língua portuguesa, a norma que define o que é o português "certo", ao menos nos contextos mais formais: em um texto jornalístico, jurídico, um relatório de negócios, um livro didático, uma tese etc. Muito se discute até que ponto se pode "impor" uma norma a todos os falantes de um idioma e até que ponto transgressões coletivas devem ser assimiladas pela norma. Por exemplo, o que era um gauchismo (o tu com o verbo na terceira pessoa: tu vai, tu viu) nas últimas décadas foi se generalizando e virou hábito na linguagem oral brasileira (os portugueses continuam dizendo tu vais, tu viste). Será que a gramática oficial, a norma padrão, irá um dia se dobrar a esta realidade e admitir

COMO SE PREPARAR PARA A PROVA DE REDAÇÃO DO ENEM | 101

como válido este "cruzamento" da segunda com a terceira pessoa?[1] Mas o fato é que, para fazer uma boa redação, você precisa **aprender a escrever corretamente, de acordo com a norma**.

As **Competências 2** a **5** serão objeto dos **Capítulos 11** a **14**. E o **Capítulo 15** sintetiza as informações dos capítulos anteriores mostrando **como escrever uma boa redação**. Mas antes de avançar é bom você saber de cara quais falhas graves resultam em **nota zero** na redação:

- Fuga total ao tema;
- Não obediência à estrutura dissertativo-argumentativa;
- Extensão de até 7 linhas;
- Cópia de texto motivador (o texto motivador serve para motivar e pode ser citado, mas não copiado ao pé da letra);
- Impropérios, desenhos e outras formas propositais de anulação;
- Parte deliberadamente desconectada do tema proposto;
- Desrespeito aos direitos humanos; e
- Folha de redação em branco, mesmo que haja texto escrito na folha de rascunho.

Um conselho final antes de entrarmos nas competências: escrever é como dirigir um automóvel ou cantar no karaokê, desenvolve-se com o treino. Mesmo que no início sua redação não seja lá grande coisa, você pode melhorá-la. Existem sites na internet aos quais você pode submeter redações, como o Banco de Redações do UOL (educacao.uol. com.br/bancoderedacoes) ou o Projeto Redação (www.projetoredacao.com.br). Aproveite estes recursos!

---

1. Singular: primeira pessoa, eu; segunda pessoa, tu; terceira pessoa, ele. Plural: primeira pessoa, nós; segunda pessoa, vós; terceira pessoa, eles.

102 | PORTUGUÊS SEM MISTÉRIO

11

Como desenvolver a Competência 2:

Compreender a proposta de redação e aplicar conceitos das várias áreas de conhecimento para desenvolver o tema, dentro dos limites estruturais do texto dissertativo-argumentativo em prosa

Observe que esta competência envolve três fatores diferentes. Um é compreender bem a proposta de redação. Isto envolve a leitura atenta do enunciado e dos textos motivadores. O outro é aplicar conceitos para desenvolver o tema, o que envolve acumular uma bagagem cultural sobre assuntos atuais que possam se tornar tema da redação. O terceiro é entender o que é um texto dissertativo-argumentativo e qual é sua estrutura. Vamos começar pelo fator do meio, pois ele envolve uma longa preparação que deve começar o mais cedo possível.

▪ Acumular uma bagagem cultural

Para acumular uma bagagem cultural que permita escrever com segurança sua redação você precisa se manter atualizado sobre o que acontece no país e no mundo. Diariamente folheie os sites dos principais jornais (*O Globo*, *Folha de São Paulo*, *Estadão* etc.) e revistas informativas (*Veja*, *Época*, *Isto É*).[2] Dê uma vista-d'olhos e leia uma ou outra matéria, integralmente ou em parte. Leia matérias opinativas: editoriais, colunistas. No *Globo* as colunas de Nelson Motta, Zuenir Ventura, Fernando Gabeira, Cora Rónai

---

2. Alguns dos leitores dirão: *O Globo*, *Veja* são de direita. Pare de dividir o mundo em esquerda e direita e achar que um lado é absolutamente bom e o outro, absolutamente ruim. O mundo não é um filme de bangue-bangue onde existem mocinhos e bandidos. As coisas são mais complexas e sutis. Recomendei estes veículos de comunicação por serem bem escritos e apresentarem uma diversidade de assuntos. Mas existem outros veículos que você pode preferir.

104 | PORTUGUÊS SEM MISTÉRIO

são ótimas. Eles escrevem bem e fazem pensar. Assista a telejornais e programas jornalísticos em canais como Globonews. Mantendo-se informado sobre os acontecimentos políticos, sociais, culturais etc. no Brasil e no mundo você aumenta suas chances na redação e até nas questões de múltipla escolha.

▪ Compreender a proposta de redação

Desviar-se do tema de redação proposto é falta grave, punida com nota zero. Por isto é fundamental compreender qual é exatamente a proposta de redação. Para isto você tem de ler com atenção os **textos motivadores** e o enunciado da **proposta de redação**.

Vejamos um caso prático: a primeira aplicação da prova do ENEM de 2016, realizada em novembro. Os **textos motivadores** foram quatro. O primeiro abordava a laicidade do Estado brasileiro, prevista pela Constituição e pela legislação. Laicidade é o fato de ser laico ou leigo, ou seja, não regido por religião. O segundo diz que, embora a liberdade de expressão dê o direito de criticar uma religião, ofender ou discriminar alguém devido à crença é crime. O terceiro mostra o artigo do Código Penal que criminaliza agressões contra a prática religiosa. O quarto exibe estatísticas das denúncias de agressões contra diferentes religiões (1 denúncia a cada três dias), algumas envolvendo violência física.

A leitura dos textos motivadores já dá boas informações sobre a questão a ser discutida. Mesmo que você esteja totalmente por fora do assunto, agora ficou sabendo que, embora o Brasil seja um país onde a liberdade de crença é assegurada, existem casos frequentes de denúncias de intolerância religiosa, sobretudo contra praticantes de religiões afro-brasileiras e, em segundo lugar, contra os evangélicos. Todas estas informações (e algumas mais) estão nos textos motivadores. Daí a importância de lê--los atentamente. Mas embora você possa e deva utilizar na redação informações desses textos, não pode copiá-los na íntegra. O que você pode fazer é dizer o que está no texto motivador usando palavras diferentes. Por exemplo (Texto III): "O Capítulo I do Código Penal pune com até um ano de prisão (ou mais caso haja emprego de violência) os crimes contra as crenças, cultos ou objetos religiosos." Eu disse aqui exatamente o que está no Texto III, mas com minhas próprias palavras, sem copiar nada. Com isto, já ganhamos umas duas linhas de redação. Mas embora os textos motivadores possam servir de apoio, contribuindo com materiais, você não pode montar sua redação totalmente calcada neles. Você precisa colocar também ideias próprias. Mas isto veremos adiante.

TEXTOS MOTIVADORES

TEXTO I

Em consonância com a Constituição da República Federativa do Brasil e com toda a legislação que assegura a liberdade de crença religiosa às pessoas, além de proteção e respeito às manifestações religiosas, a laicidade do Estado deve ser buscada, afastando a possibilidade de interferência de correntes religiosas em matérias sociais, políticas, culturais etc.

Disponível em: www.mprj.mp.br. Acesso em: 21 maio 2016 (fragmento).

TEXTO II

O direito de criticar dogmas e encaminhamentos é assegurado como liberdade de expressão, mas atitudes agressivas, ofensas e tratamento diferenciado a alguém em função de crença ou de não ter religião são crimes inafiançáveis e imprescritíveis.

STECK, J. Intolerância religiosa é crime de ódio e fere a dignidade.
Jornal do Senado. Acesso em: 21 maio 2016 (fragmento).

TEXTO III

CAPÍTULO I
Dos Crimes Contra o Sentimento Religioso
Ultraje a culto e impedimento ou perturbação de ato a ele relativo

Art. 208 – Escarnecer de alguém publicamente, por motivo de crença ou função religiosa; impedir ou perturbar cerimônia ou prática de culto religioso; vilipendiar publicamente ato ou objeto de culto religioso:
Pena – detenção, de um mês a um ano, ou multa.
Parágrafo único – Se há emprego de violência, a pena é aumentada de um terço, sem prejuízo da correspondente à violência.

BRASIL. **Código Penal**. Disponível em: www.planalto.gov.br. Acesso em: 21 maio 2016 (fragmento).

TEXTO IV

Intolerância Religiosa no Brasil
Fiéis de religiões afro-brasileiras são as principais vítimas de discriminação

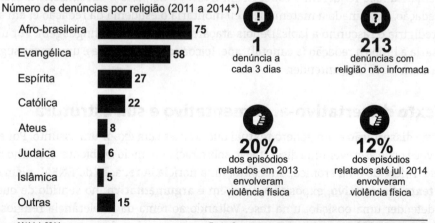

*Até jul. 2014   Fonte: Secretaria de Direitos Humanos da Presidência da República

Disponível em: www1.folha.uol.com.br. Acesso em: 31 maio 2016 (adaptado).

106 | PORTUGUÊS SEM MISTÉRIO

> Vejamos agora qual foi a proposta de redação:
>
> A partir da leitura dos textos motivadores e com base nos conhecimentos construídos ao longo de sua formação, redija texto dissertativo-argumentativo em modalidade escrita formal da língua portuguesa sobre o tema "Caminhos para combater a intolerância religiosa no Brasil", apresentando proposta de intervenção que respeite os direitos humanos. Selecione, organize e relacione, de forma coerente e coesa, argumentos e fatos para defesa de seu ponto de vista.

A proposta é claríssima: **Caminhos para combater a intolerância religiosa no Brasil**. A intolerância existe, como mostram os textos motivadores. A lei combate esta intolerância, conforme estes mesmos textos. Com as informações dos textos motivadores você já consegue montar umas cinco linhas de redação. Mas você tem que escrever um texto assumindo uma posição sobre o tema. Existem temas controversos em que posições contrárias são legítimas. Por exemplo, legalização da maconha (você pode ser a favor — existem países onde já foi legalizada — ou pode ser contra), redução da maioridade penal etc. Mas temas como a intolerância religiosa são melindrosos. Ainda que você intimamente acredite que sua religião é a única "verdadeira" e ache que todas as pessoas deveriam se converter a ela, esta opinião religiosamente intolerante não pode ser expressa em uma prova do ENEM por desrespeitar os direitos humanos, no caso, o direito à liberdade religiosa.

Agora que você entendeu claramente a proposta de redação pode começar a bolar seu texto. Aqui eu, se fosse você, exploraria o subconsciente. Descobertas importantes se deveram à ação subconsciente. Por exemplo, da tabela periódica, por Mendeleiev, durante um sonho. Eu faria mais ou menos assim: no início das cinco horas e meia de prova eu leria com atenção o enunciado da redação. Depois passaria para as questões de matemática (que requerem a cabeça bem fresca) e deixaria o subconsciente trabalhar na redação. Terminada a matemática, eu montaria o esquema da redação e, em seguida, redigiria o rascunho a lápis. Depois atacaria as questões de linguagem. Por último, passaria a limpo a redação (a caneta!), aperfeiçoando-a. Mas esta é uma mera sugestão. Faça como você bem entender.

▪ Texto dissertativo-argumentativo e sua estrutura

Uma **dissertação** é um gênero textual que consiste em expor um assunto. Por exemplo, você pode escrever uma dissertação sobre racismo, meio ambiente, trabalho infantil etc. Difere de uma crônica, um conto, uma notícia. A redação do ENEM, além de ser um **texto dissertativo**, expositivo, também é **argumentativa**, no sentido de que você vai defender uma posição, uma tese. Voltando ao tema da intolerância religiosa, sua posição no ENEM, respeitando os direitos humanos, só pode ser contra. Mas apenas dizer que você é contra a intolerância não rende as trinta linhas de redação almejadas.

COMO DESENVOLVER A COMPETÊNCIA 2... | 107

Você tem que usar outros elementos. Você tem que defender uma posição. Terminado o **Passo 1**, que é **ler e entender a proposta de redação**, vem o **Passo 2**, que é o *brainstorming*: deixar fluir as ideias, sem se preocupar ainda com sua coerência ou a estrutura da redação (que será o **Passo 3**). Vamos ver algumas ideias sobre a intolerância religiosa.

- Existe todo um histórico de intolerância religiosa no passado da humanidade: guerras de religião, inquisição, caça às bruxas, perseguição aos hereges, expulsão dos judeus de vários países... (Aqui você pode usar um pouco seus conhecimentos de história.)

- No Brasil especificamente: conversão forçada dos povos indígenas, sincretismo entre as entidades das religiões africanas e os santos do catolicismo para que os escravos pudessem praticar suas crenças disfarçadamente, caso do pastor protestante que chutou uma imagem de Nossa Senhora na TV etc.

- Você pode tentar lembrar algum caso pessoal. Por exemplo, eu, como judeu nascido nos anos cinquenta, quando criança ouvia algumas pessoas dizerem que "o judeu matou Cristo".

- Tente lembrar casos recentes que viu na TV, sobre os quais leu na imprensa ou de que tenha sido testemunha, de má vontade em relação aos ateus, de traficantes proibindo candomblé em favelas etc.

- Procure adotar uma posição, defender uma tese. Por exemplo, uma posição possível seria de que a diversidade religiosa, assim como a diversidade cultural ou racial, contribui para vivermos em uma sociedade culturalmente mais rica e interessante. Outra posição possível seria que a intolerância religiosa, embora no Brasil seja discreta, quando levada às últimas consequências gera enormes catástrofes, como o Holocausto judaico no passado ou a crise dos emigrantes decorrente do extremismo do Estado Islâmico, no presente (até aqui estamos fazendo apenas *brainstorming*, deixando fluir as ideias, sem preocupação com a estrutura da redação). Ainda outra seria que a tolerância religiosa, assim como o direito ao voto, a escolarização universal ou a liberdade de expressão, é uma conquista moderna que deve ser defendida a unhas e dentes etc.

- A melhor maneira de combater a intolerância religiosa é... esta será sua proposta de intervenção, mas por enquanto você está preocupado somente em botar para fora as ideias. Um caminho de intervenção possível são medidas preventivas/educativas, outro, medidas punitivas. As medidas educativas poderiam envolver a escola, a mídia, a internet. As medidas punitivas envolveriam o sistema judicial, legislativo, policial. Tudo isto vai vindo à cabeça na medida em que você deixa as ideias fluírem.

Aí você dirá: como, na tensão da prova do ENEM, sabendo que tenho que resolver questões de matemática, linguagem etc., vou conseguir ter este "jorro de ideias"? Você

108 | PORTUGUÊS SEM MISTÉRIO

vai treinar durante o ano até que se torne algo normal. No Capítulo 15 eu vou propor alguns treinamentos. Além disto, a bagagem cultural acumulada ajudará, e muito.

Uma vez que você tenha montado seu "banco de ideias" (e aqui você pode fazer uma pausa de cinco minutos na leitura e pensar em outras ideias além destas aqui listadas), está na hora de fazer a "engenharia" da redação, de montar a estrutura do seu texto, que é o **Passo 3**. O texto se compõe destes elementos: **título** (opcional), **introdução**, **desenvolvimento da "tese"** e **conclusão apresentando uma proposta de intervenção**. Vamos ver um por um.

Título

O título da redação é opcional, mas um bom título, sucinto, desperta a curiosidade e cria uma expectativa. Você pode usar um jogo de palavras: Intolerância zero. Ou uma frase curta com o verbo ser: Intolerância religiosa é crime. Ou uma frase com dois-pontos: Intolerância religiosa: Combata esta ideia. Ou uma frase com função persuasiva: Diga não à intolerância religiosa. O título pode ser a própria proposta de redação (mas aí não conta como linha): Caminhos para combater a intolerância religiosa no Brasil.

Introdução

A introdução é seu contato inicial com o "leitor", onde você vai tentar conquistá-lo e despertar sua curiosidade sobre o tema. Você vai tentar fazer uma pequena apresentação do tema, vai expor sua tese e, na medida do possível, vai apelar para a intertextualidade, para algum elemento de outra disciplina; por exemplo, história, filosofia, direito. Ou vai apelar para alguma frase famosa, um ditado. Com base, portanto, no nosso "banco de ideias" (Passo 2) vamos tentar montar uma introdução:

> O Brasil é um país com uma tradição de tolerância religiosa. No passado recebemos de braços abertos imigrantes de todas as partes do mundo, das mais diferentes religiões. Vieram para cá japoneses, italianos, judeus, coreanos, africanos e tantos outros povos, e todos se integraram ao nosso país. Igrejas, terreiros, templos, sinagogas, mesquitas coexistiram pacificamente no Brasil. Mas nos últimos tempos algumas manifestações de ódio religioso têm causado preocupação e devem ser combatidas.

Com esta introdução (que é uma dentre infinitas introduções possíveis) o autor "criou o clima" de sua redação. Usou seus conhecimentos de história (a vinda dos imigrantes),[3] usou um fato de domínio público (nossa tradição de tolerância religiosa)[4] e

---

3. Falando em imigrantes, o Museu da Imigração em São Paulo merece uma visita. Habitue-se a visitar museus para aumentar seu acervo cultural. Em Sampa existe também um interessante museu da imigração japonesa.

4. Aí você vai alegar: nossa tolerância religiosa é um mito. Catequizamos os índios à força, forçamos os africanos a disfarçarem suas entidades em santos católicos etc. É o outro lado da moeda, e pode servir de ponto de partida para esta redação também. O importante é botar as ideias para fora e depois erguer seu "edifício" com elas.

COMO DESENVOLVER A COMPETÊNCIA 2... | 109

usou dados do terceiro texto motivador (as manifestações de ódio religioso). Usou uma estrutura de frase bem simples, com poucos conectivos (a estrutura das frases será vista no Capítulo 13). Duas frases curtas compostas de uma só oração: O Brasil é... e No passado recebemos... Uma frase mais longa com duas orações ligadas pela conjunção "e": Vieram para cá... *e* ... E uma última frase iniciada pela conjunção adversativa mas. Tudo bem simples, sem complicações. Mas o recado foi dado.

Quer ver outra introdução possível? Aqui está uma escrita por Victor Oliveira, que eu peguei no *site* Projeto Redação:[5]

> Um aspecto contemporâneo relevante está relacionado à intolerância religiosa evidente no Brasil. Diante disso, pode-se destacar como causas do problema fatores histórico-culturais ligados ao racismo e a inexistência de um mecanismo eficiente de denúncia desses casos de intransigência relacionada à liberdade de culto.

Agora você vai tentar montar sua introdução ao tema proposto. Faça com calma, use todo o tempo que quiser. Você está começando seu treinamento, ainda não está no dia da prova real!

Desenvolvimento do tema

Agora vamos desenvolver o nosso tema. Podemos começar explorando as informações dos textos motivadores, mas sem copiá-las, ou seja, dizendo em outras palavras:

> O Capítulo I do Código Penal pune com até um ano de prisão (ou mais caso haja emprego de violência) os crimes contra as crenças, cultos ou objetos religiosos. Mas parece que a lei não tem impedido atos de intolerância. Dados da Secretaria de Direitos Humanos mostram que a cada três dias uma denúncia de intolerância religiosa é levada às autoridades. O grupo religioso que mais sofre preconceito são as religiões afro-brasileiras,[6] seguidas das seitas evangélicas, com a religião espírita em terceiro lugar.

Aqui "ganhamos" sete linhas da redação resumindo dados dos textos motivadores, sem copiá-los. Mas é preciso acrescentar também dados próprios, que não estão nos textos. Aí entra em ação aquilo que você leu nos jornais, assistiu na TV, discutiu com os amigos, viu nas redes sociais etc. Pode entrar também algum depoimento pessoal. Assim:

> Alguns anos atrás um pastor protestante chocou a nação chutando a imagem de Nossa Senhora em um programa religioso na televisão. [Para atingir as trinta linhas você vai "recheando" o texto com palavras: em vez de "anos atrás", "alguns anos atrás"; em vez de "um pastor", "um pastor protestante"; em vez

---

5. https://www.projetoredacao.com.br/temas-de-redacao/a-intolerancia-religiosa-no-brasil/caminhos-para-combater-a-intolerancia-religiosa-no-brasil-4/vlxnw8q5vv.

6. A concordância de *ser* com o predicativo, e não com o sujeito, pode parecer estranha, mas se você inverter a frase vê que tem lógica: as religiões afro-brasileiras são o grupo religioso que mais sofre preconceito.

110 | PORTUGUÊS SEM MISTÉRIO

de "programa na televisão", "programa religioso na televisão".] Ultimamente surgiram notícias na mídia de que traficantes vinham proibindo o candomblé em certas favelas. E todo mundo sabe que se declarar ateu coloca você em uma posição de "suspeita". Eu mesmo, pessoalmente, como judeu, quando criança, nos anos cinquenta, ouvia as pessoas comentarem que "o judeu matou Cristo".

O nosso desenvolvimento já está com dois parágrafos. O primeiro explorou informações dos textos motivadores, o segundo, informações de sua bagagem cultural e experiência pessoal. Mas o ideal é que tenha três parágrafos. Vamos criar um terceiro parágrafo curtinho onde, em vez de expor dados, você vai expor uma opinião (que está lá no nosso banco de ideias):

A tolerância religiosa, assim como o direito ao voto, a escolarização universal ou a liberdade de expressão são conquistas modernas que devem ser defendidas a unhas e dentes.

Com isto está "armado o circo" para você terminar a redação com chave de ouro expondo a proposta de intervenção.

Proposta de intervenção

Em sua proposta de intervenção, você pode defender soluções punitivas ou soluções educativas. Vou seguir aqui o caminho da solução educativa.

A melhor forma de se combater o preconceito religioso não é punindo, mas educando. Uma ótima ideia seriam as escolas levarem os alunos para conhecer locais ligados a todas as religiões. Por exemplo, aqui no Rio de Janeiro, poderiam organizar visitas ao Museu Judaico ou a um Centro Cultural judaico, à mesquita na Tijuca, ao Centro Cultural Jerusalém da igreja evangélica, ao Museu de Arte Sacra na Catedral, a um centro espírita e de umbanda. Assim os alunos se familiarizariam com o conceito de diversidade religiosa e aprenderiam a respeitar todos os cultos.

Viu como escrever uma redação não é nenhum bicho de sete cabeças? Nos capítulos 12 a 14 iremos abordar outras competências avaliadas na Redação, e no Capítulo 15 faremos a síntese de tudo, culminando com uma proposta de treinamento para você ir praticando durante todo o ano. Assim, quando chegar a prova do ENEM, você estará se sentindo seguro e confiante. Mas antes de ir em frente **releia** este capítulo para assimilar bem a técnica. E a partir de hoje comece a **acumular sua bagagem cultural**! Combinado???

12

Como desenvolver a Competência 3:

Selecionar, relacionar, organizar e interpretar informações, fatos, opiniões e argumentos em defesa de um ponto de vista

Raul Seixas tem uma canção em que diz que prefere ser uma metamorfose ambulante a ter uma velha opinião formada sobre tudo. Para desenvolver a Competência 3 você tem de ser o contrário do amigo Raul e desenvolver o hábito de **analisar prós e contras**, **aprofundar as análises**, **assumir posições**, **desenvolver argumentos**. É tudo questão de treinamento.

Vamos ver como isto funciona na prática. Tomemos um tema bem controverso: legalização da maconha. Primeiro você tem que **ver os prós e contras**. Prós: a legalização da maconha reduzirá substancialmente o poder financeiro do tráfico, diminuindo assim seu poder de fogo e, por conseguinte[1], a violência. Contras: os efeitos da maconha sobre a mente humana ainda não foram profundamente estudados e existem suspeitas de que possam causar psicoses e outros distúrbios mentais. Sua legalização, portanto, poderia agravar problemas de saúde pública.

Agora você vai **aprofundar a análise**. Você vai pesquisar no Google "legalização da maconha prós e contras" e ver o que aparece. Vai fazer uma consulta rápida para ver se existem outros prós e outros contras além daqueles que lhe haviam ocorrido inicialmente.

O terceiro passo é **assumir uma posição**. Você tem que ser a favor ou contra a legalização da maconha. Aí você dirá: ser a favor da maconha é "politicamente incorreto", pega mal em uma prova do ENEM. Discordo. A única restrição a opiniões no ENEM é às que desrespeitam os direitos humanos, como racismo, antissemitismo, homofobia.

O último passo é **desenvolver argumentos** para convencer as pessoas do seu ponto de vista. No argumento você pode recorrer a quatro técnicas de convencimento:

---

1. Gostou do "por conseguinte" em vez de "portanto"? Ao se deparar com estas expressões mais incomuns, anote-as e decore. Com isto você vai formando um repertório linguístico que permite fugir do trivial e dar um toque de classe a seu texto. Mas não abuse deste recurso, use-o com parcimônia.

1. **Sensibilizar o ouvinte.**
   Já imaginou ser vítima de uma bala perdida? Pois bem, com a escalada da "guerra do tráfico" esta possibilidade é cada vez mais real. Se a maconha fosse legalizada, o tráfico perderia sua maior fonte de renda, deixaria de comprar armas pesadas, e o nível de violência cairia.
   ou
   Você gostaria que seu filho ou sua filha pudessem comprar maconha livremente em uma loja, sem nenhum controle?

2. **Raciocínio lógico.**
   Desde os anos sessenta a maconha é vendida livremente na Holanda sem que tivesse causado nenhuma decadência moral ou social ou efeito nocivo sobre a economia do país. Pelo contrário, com a legalização, as pessoas perdem a curiosidade, e menos pessoas consomem a droga.
   ou
   "A droga, quando fumada, piora todos os quadros psiquiátricos, que já atingem até 25% da população, como depressão, ansiedade e bipolaridade. A maconha pode desencadear as primeiras crises graves. Passamos anos esclarecendo os malefícios do cigarro, lutamos para reduzir o uso de bebida alcoólica, e a pergunta que fica é: a quem interessa e por que a legalização da maconha fumada deve ser fomentada?"[2]

3. **Argumento da autoridade**, que é citar a opinião de uma pessoa considerada respeitável, competente para analisar o assunto.
   Fernando Henrique Cardoso defende a legalização da maconha por julgar que a guerra contra o tráfico já custou demais à sociedade em termos materiais e de vidas.

4. **Recorrer a dados estatísticos, números, pesquisas.**
   Segundo estudos médicos, a maconha multiplica em 3,5 a incidência de desenvolvimento de esquizofrenia e por 5 vezes as chances de desencadear ansiedade. Mas você não pode "chutar", tem que citar as fontes das estatísticas ou quem fez as pesquisas.

Moral da história: Desenvolva mentalmente o hábito de formar opiniões sobre assuntos com que você se deparar na TV, em jornais, revistas, redes sociais, internet, conversas etc. Vez ou outra pegue um tema — por exemplo, redução da maioridade penal, publicidade infantil, limite de idade para aposentadoria — e disseque-o como mostrei aqui. Você pode fazer isto mentalmente, sem sequer anotar. Ou pode levar a discussão para a família, os amigos, uma rede social. Assim você desenvolverá uma postura mental que o ajudará na prova de redação.

---

2. Opinião do médico Antonio Geraldo da Silva no artigo "A guerra de argumentos pró e contra a legalização da maconha", acessado no site de Carta Capital em http://www.cartacapital.com.br/politica/a-guerra-de-argumentos-pro-e-contra-a-legalizacao-da-maconha-106.html.

13

Como desenvolver a Competência 4:

Demonstrar conhecimento dos mecanismos linguísticos necessários para a construção da argumentação

A Competência 4 envolve a "engenharia" do texto: a concatenação das orações e frases de modo a obter coesão textual. Você pode empregar frases curtas, médias, longas: é uma questão de estilo. Os recursos da língua estão aí para serem utilizados. Mas para adquirir uma sintaxe rica e variada (sintaxe, segundo o *Aurélio*, é a "parte da gramática que estuda a disposição das palavras na frase e a das frases no discurso") você precisa conhecer as maneiras de encadear as orações no texto (oração é uma declaração que afirma ou nega algo — portanto, possui um verbo).

1. Você pode **justapor as orações**, separadas por pontos (às vezes, ponto e vírgula):

   Entrei no cinema. Estava lotado. Só encontrei lugar nas primeiras filas.

   Outra alternativa é usar **vírgulas entre as orações**:

   Entrei no cinema, estava lotado, só encontrei lugar nas primeiras filas.

2. Você pode concatenar as orações à maneira bíblica, com **e** — construindo assim períodos mais longos:

   Entrei no cinema lotado **e** só encontrei lugar nas primeiras filas.

3. Também é possível concatenar orações com **mas**, **ou**, **pois**:

   Entrei no cinema, **mas** só encontrei lugar nas primeiras filas, **pois** a sala estava quase lotada.

114 | PORTUGUÊS SEM MISTÉRIO

4. Orações podem ser realçadas por **travessões** (—), **dois-pontos** (:) ou **parênteses** (mas não abuse deles):

O cinema estava lotado — lugar, só nas primeiras filas.

O cinema estava lotado: lugar, só nas primeiras filas.

O cinema estava lotado (só encontrei lugar nas primeiras filas).

5. Você pode subordinar orações umas às outras, utilizando as conjunções apropriadas:

Quando (ou **logo que**, **assim que**) – **Quando** cheguei ao cinema, vi que estava lotado.

À medida que (ou **à proporção que**, **quanto mais**) – **À medida que** o cinema ia lotando, sobravam lugares somente nas primeiras filas.

A fim de – Entrei no cinema correndo, **a fim de** encontrar um bom lugar.

Conforme (ou **como**) – **Conforme** previ, o cinema estava lotado.

Se (ou **caso**) – **Se** eu tivesse chegado mais cedo, não encontraria o cinema lotado.

Embora (ou **se bem que**, **ainda que**) – **Embora** eu chegasse cedo, encontrei o cinema lotado.

Tanto... que – O cinema lotou **tanto que** só sobraram lugares nas primeiras filas.

Porque (ou **uma vez que**, **visto que**, **já que**) – Sentei em uma das primeiras filas, **já que** o cinema estava lotado.

Que – No cinema, **que** estava lotado, só encontrei lugar em uma das primeiras filas. Quando entrei no cinema vi **que** estava lotado!

6. Uma alternativa às conjunções é empregar **gerúndio**, **particípio** ou **infinitivo**. Por exemplo, o período "**Quando** (conjunção) entrei no cinema, vi que estava lotado" pode ser transformado em "**Entrando** (gerúndio) no cinema, vi que estava lotado" ou "**Ao entrar** (infinitivo) no cinema, vi que estava lotado". E "Quando a sessão acabou, bati palmas" pode virar "**Acabada** (particípio) a sessão, bati palmas".

7. Nem todas as frases precisam ser compridas, com conectivos ligando as orações. Vez ou outra você pode usar **frases curtas** para variar, como em:

Entrei no cinema. Só encontrei lugar em uma das primeiras filas, uma vez que o cinema, que fica em um shopping superbadalado, estava lotado. Infelizmente.

Ao fazer seus exercícios de redação daqui para a frente, tente usar uma estrutura diversificada, com frases de diferentes tamanhos, conjunções variadas (por exemplo,

COMO DESENVOLVER A COMPETÊNCIA 4... | 115

se em uma frase você usou **porque**, em outra utilize **já que**) e outros recursos vistos aqui. Volte ao exemplo de redação desenvolvido no Capítulo 11 e veja como eu fiz. Outro fator importante para uma redação de qualidade é uma boa pontuação, que é tema do Capítulo 5.

Uma outra dica útil, tanto para sua redação do ENEM como para outros textos que você vier a escrever vida afora, é usar um vocabulário rico e variado. Por exemplo, evite o uso exagerado de artigos indefinidos **um, uma, uns, umas**. Em vez de:

> A "tradição" carioca da bala perdida é mais antiga do que imaginamos. Há **uns** meses, **um** amigo me contou que tinha **uma** vaga lembrança de **um** conto de Machado de Assis em que **um** personagem morre vítima de bala perdida.

escreva:

> A "tradição" carioca da bala perdida é mais antiga do que imaginamos. Há meses, um amigo me contou que tinha vaga lembrança do conto de Machado de Assis em que o personagem morre vítima de bala perdida.

Evite também repetições da mesma palavra dentro de um parágrafo. Se você usou o verbo **ver**, da próxima vez mude para o verbo **avistar, descortinar, distinguir, divisar, entrever, enxergar, notar, perceber, presenciar, vislumbrar** etc. Se você empregou **portanto**, da próxima vez tente **logo, por isso, por conseguinte, consequentemente, daí, em vista disso, em razão disso, por esse motivo**. Se você utilizou **grande**, da próxima vez varie com **amplo, colossal, considerável, descomunal, enorme, extenso, gigante, gigantesco, imenso, tremendo, vasto** etc. E assim por diante.

Evite também abusar de verbos corriqueiros como **dar, estar, fazer, haver, pôr, ser, ter, usar** e **ver**. Por exemplo, em vez de "**dar** um treinamento" você poderia dizer "**ministrar** um treinamento". Em vez de "**dar** uma ideia" você poderia dizer "**sugerir** uma ideia". Em vez de "**dar** a mão" você poderia dizer "**oferecer** a mão". Em vez de "**dar** um soco" você poderia dizer "**desferir** um soco".

Outro exemplo (verbo estar): em vez de "A estátua **está** sobre a montanha", você poderia dizer "A estátua **encontra-se/repousa/situa-se** sobre a montanha". Em vez de "Ele não **estava** contente" você poderia dizer "Ele não **parecia** contente". Em vez de "**Estava** de camisa amarela" você poderia dizer "**Vestia** camisa amarela". Em vez de "Seu nome não **estava** na relação" você poderia dizer "Seu nome não **figurava** na (ou **constava** da) relação." E assim por diante.

Um terceiro exemplo (verbo fazer): em vez de "**fazer** uma visita" você poderia simplesmente dizer "**visitar**". Em vez de "**fazer** um pagamento" você poderia dizer "**efetuar** um pagamento" ou "**realizar** um pagamento". Em vez de "**fazer** o plano de viagem" você poderia dizer "**traçar** o plano de viagem". Em vez de "**cometer** um erro" você poderia dizer "**errar**". Em vez de "O reitor **fez** um longo discurso" você poderia dizer "O reitor **proferiu** um longo discurso".

116 | PORTUGUÊS SEM MISTÉRIO

Não abuse de palavras triviais como coisa. Assim, em vez de "Este quadro é uma **coisa** fantástica", prefira "Este quadro é uma **obra** fantástica". Em vez de "Na viagem a gente viu tanta **coisa**!", prefira "Na viagem a gente viu tantas **atrações**!".

Cuidado também para não multiplicar demais os **isso**, **esse**, **isto**, **este** etc. nos seus textos. Por exemplo, uma alternativa para "Fui aprovado no concurso. **Isto** me deixou muito feliz" seria "Fui aprovado no concurso. O **resultado** me deixou muito feliz".

Outra palavra que gosta de se multiplicar como coelho é **muito**. Uma alternativa ao "muito" é o superlativo. Em vez de **muito grande**, prefira **imenso** ou **enorme**. Em vez de **muito bonito**, prefira **lindo** ou o superlativo **belíssimo**. Em vez de **muito feliz** você poderia usar o superlativo **felicíssimo**. E assim por diante.

Evite também o excesso de terminações em mente. Caso haja palavras demais terminadas em **mente** no seu texto, tente substituir algumas (não todas, mas algumas) por alternativas sem **mente**: substitua **frequentemente** por **com frequência** (ou **muitas vezes** ou **repetidas vezes**), **posteriormente** por **mais tarde** (ou **depois**), **subitamente** por **de repente** (ou **de súbito**), **pessoalmente** por **em pessoa**, **geralmente** por **em geral** (ou **via de regra** ou **quase sempre**) etc.[1]

Um último toque: diversidade sintática ou coesiva não significa complicar desnecessariamente.

---

1. Dicas extraídas do meu livro *A arte da escrita: Trinta dicas para você escrever como os grandes mestres*, publicado pela Ciência Moderna.

14

Como desenvolver a Competência 5:

Elaborar proposta de intervenção para o problema abordado, respeitando os direitos humanos

Esta competência envolve três fatores: saber exatamente o que os organizadores do ENEM entendem por "respeitar os direitos humanos", saber em que consiste uma "proposta de intervenção" e ter conhecimentos e imaginação suficientes para saber elaborar esta proposta. Vamos ver tudo isto.

▪ Respeitar os direitos humanos

Direitos humanos são direitos fundamentais de todos os seres humanos pelo simples fato de serem humanos. Estão consignados na Declaração Universal dos Direitos Humanos da Organização das Nações Unidas (ONU) e nas Constituições dos países. São consideradas propostas que ferem os direitos humanos (ou seja, atentam contra a dignidade humana) aquelas que defendem violência, tortura, linchamento, mutilação, execução sumária, justiça com as próprias mãos, discriminação racial, supremacia dos homens, perseguição às minorias, cerceamento da liberdade de expressão (incluindo aí a liberdade de imprensa), imposição de escolhas religiosas, políticas ou afetivas. Ou seja, tudo aquilo que você não gostaria que fizessem com você. Você queria ser discriminado, perseguido, cerceado, linchado, torturado? Mas atenção para uma distinção sutil: uma coisa é a violência gratuita, indiscriminada, sem amparo legal; outra é a violência institucional, do aparato legal contra transgressores. Defender que "deviam jogar uma bomba atômica em Brasília" é atentar contra os direitos humanos, mas defender a pena de morte para quem comete crimes hediondos não é, já que, neste caso, existe a mediação por parte das autoridades — quem vai aplicar a pena é uma autoridade constituída. O *Manual de redação* de 2016 deixa isto bem claro: "Nesse Exame [Publicidade infantil em questão no Brasil] as proposições foram avaliadas com nota zero por ferirem os DH quando também apresentaram sugestões de 'acabar com esses bandidos', 'matar todos esses pais idiotas' e similares. Se o candidato, entretanto, apresentasse um mediador (o governo, as autoridades, as leis, por exemplo), houve o entendimento de garantia, por parte do candidato, do papel de

118 | PORTUGUÊS SEM MISTÉRIO

mediador exercido por uma autoridade, fundamental para se considerar que a expressão de uma opinião **não fere os DH**."(grifo do autor)

▪ Proposta de intervenção

Elaborar uma proposta de intervenção é sugerir uma solução para o problema, como já vimos no Capítulo 11, quando analisamos a arquitetura de uma redação. Por exemplo, para a redação do ENEM de 2015, cujo tema foi "A persistência da violência contra a mulher na sociedade brasileira", são intervenções possíveis:

- "a realização de palestras que instruam acerca da igualdade entre os gêneros."
- "obrigatoriedade de participação masculina em fóruns, palestras e seminários que discorram acerca da importância do respeito às mulheres."[1]
- "que as mídias deixem de utilizar sua capacidade de propagação de informação para promover a objetificação da mulher e passe a usá-la para difundir campanhas governamentais para a denúncia de agressão contra o sexo feminino."
- "que o Poder Legislativo crie um projeto de lei para aumentar a punição de agressores, para que seja possível diminuir a reincidência."[2]
- "ações governamentais que garantam que a lei puna todos os tipos de violência, além da instalação de delegacias específicas em áreas necessitadas."
- "instruções sobre igualdade de gênero e campanhas de oposição à violência contra as mulheres."
- "as mulheres devem permanecer unidas, através do feminismo, em busca da garantia de seus direitos básicos e seu bem-estar social."[3]

Como um exercício, pense em propostas de intervenção para os seguintes temas de redações do ENEM do passado. Vá fazendo aos poucos, mentalmente, não precisa escrever. Aproveite quando estiver de bobeira na condução, em uma fila, caminhando, em qualquer lugar.

- A violência na sociedade brasileira: como mudar as regras desse jogo (2003)
- Como garantir a liberdade de informação e evitar abusos nos meios de comunicação (2004)
- O trabalho infantil na sociedade brasileira (2005)
- Como preservar a floresta Amazônica (2008)
- Publicidade infantil em questão no Brasil (2014)
- O histórico desafio de se valorizar o professor (2015, 2ª aplicação)
- Caminhos para combater a intolerância religiosa no Brasil (2016)
- Caminhos para combater o racismo no Brasil (2016, 2ª aplicação)

---

1. Propostas da redação de Laiane da Silva Carvalho, de Valença, BA, reproduzida no *Manual de Redação do ENEM* de 2016.

2. Propostas da redação de Amanda Carvalho Maia Castro, de Niterói, RJ, reproduzida no *Manual de Redação do ENEM de 2016.*

3. Propostas da redação de Julia Curi Augusto Pereira, de Campo Grande, MS, reproduzida no *Manual de Redação do ENEM* de 2016.

15

Como escrever uma boa redação:

teoria e prática

Vimos até aqui que são pré-requisitos para uma boa nota na prova de redação:

- Escrever corretamente, sem erros de acentuação, regência, concordância etc., obedecendo à norma padrão da língua portuguesa (Parte I);
- Evitar falhas graves que impliquem em nota zero (Introdução da Parte II);
- Acumular uma bagagem cultural (Capítulo 11);
- Ler com atenção e entender a proposta de redação e os textos motivadores (*idem*);
- Criar o hábito de assumir posições e desenvolver argumentos (Capítulo 12);
- Conhecer "conectivos" que permitam uma boa concatenação das orações e a técnica de alternar frases mais curtas e mais longas (Capítulo 13);
- Respeitar os direitos humanos em sua proposta de intervenção (Capítulo 14).

Agora vamos recapitular nossa **engenharia de construção de redações**, vista no Capítulo 11, e propor treinamentos para você ganhar domínio. Compõe-se dos seguintes passos:

Passo 1: Ler com atenção o enunciado da proposta de redação e os textos motivadores.

Passo 1,5[1]: Entre a leitura e o Passo 2 dar um intervalo, que no caso dos exercícios pode ser de um dia, para deixar o subconsciente refletir sobre o tema. No dia da prova de verdade, você pode ler o enunciado logo no início, em seguida dedicar-se ao bloco de Linguagens, Códigos e Suas Tecnologias (ou Matemática), depois retornar à redação.

Passo 2: Fazer o *brainstorming* (tempestade cerebral) sem preocupação com a lógica, anotando rapidinho tudo que vier à cabeça, formando assim um banco de ideias. Deixe as ideias fluírem. Você pode usar várias fontes de ideias: (1) ideias extraídas dos próprios textos motivadores (mas reformulando sua redação, sem copiar ao pé da letra); (2) conhecimentos de história ou outras disciplinas que você acumulou em sua bagagem

---

1. Este passo intermediário é opcional, mas ao menos faça uma tentativa para ver se funciona com você.

cultural; (3) frases famosas[2], ditados populares ("água mole em pedra dura tanto bate até que fura", por exemplo), trechos de canções, trechos da Bíblia caso você tenha o hábito de lê-la etc.; (4) informações lidas nos jornais, revistas ou internet, vistas na TV ou outras mídias etc.; (5) experiências e vivências e lembranças pessoais; (5) fatos de domínio público, que todo mundo sabe; (6) suas opiniões pessoais sobre o tema.

Passo 3: Com base nas ideias do *brainstorming* você vai montar sua redação dentro da seguinte estrutura (vamos usar como exemplo o tema da Lei Seca, do ENEM de 2013):

PROPOSTA DE REDAÇÃO

A partir da leitura dos textos motivadores seguintes e com base nos conhecimentos construídos ao longo de sua formação, redija texto dissertativo-argumentativo na modalidade escrita formal da língua portuguesa sobre o tema **"Efeitos da implantação da Lei Seca no Brasil"**, apresentando proposta de intervenção, que respeite os direitos humanos. Selecione, organize e relacione, de forma coerente e coesa, argumentos e fatos para defesa de seu ponto de vista.

Qual o objetivo da "Lei Seca ao volante"?

De acordo com a Associação Brasileira de Medicina de Tráfego (Abramet), a utilização de bebidas alcoólicas é responsável por 30% dos acidentes de trânsito. E metade das mortes, segundo o Ministério da Saúde, está relacionada ao uso do álcool por motoristas. Diante deste cenário preocupante, a Lei 11.705/2008 surgiu com uma enorme missão: alertar a sociedade para os perigos do álcool associado à direção.

Para estancar a tendência de crescimento de mortes no trânsito, era necessária uma ação enérgica. E coube ao Governo Federal o primeiro passo, desde a proposta da nova legislação à aquisição de milhares de etilômetros. Mas para que todos ganhem, é indispensável a participação de estados, municípios e sociedade em geral. Porque para atingir o bem comum, o desafio deve ser de todos.

Disponível em: www.dprf.gov.br. Acesso em: 20 jun. 2013.

Disponível em: www.brasil.gov.br. Acesso em: 20 jun. 2013.   Disponível em: www.operacaoleisecarj.rj.gov.br. Acesso em: 20 jun. 2013 (adaptado).

Repulsão magnética a beber e dirigir

A lei da física que comprova que dois polos opostos se atraem em um campo magnético é um dos conceitos mais populares desse ramo do conhecimento. Tulipas de chope e bolachas de papelão não servem, em condições normais, como objetos de experimento para confirmar essa proposta. A ideia de uma agência de comunicação em Belo Horizonte foi bem simples. Ímãs foram inseridos em bolachas utilizadas para descansar os copos, de forma imperceptível para o consumidor. Em cada lado, há uma opção para o cliente: *dirigir* ou *chamar um táxi* depois de beber. Ao mesmo tempo, tulipas de chope também receberam pequenos pedaços de metal mascarados com uma pequena rodela de papel na base do copo. Durante um fim de semana, todas as bebidas servidas passaram a pregar uma peça no cliente. Ao tentar descansar seu copo com a opção *dirigir* virada para cima, os ímãs apresentavam a mesma polaridade e, portanto, causando repulsão, fazendo com que o descanso fugisse do copo; se estivesse virada mostrando o lado com o desenho de um táxi, ela rapidamente grudava na base do copo. A ideia surgiu da necessidade de passar a mensagem de uma forma leve e no exato momento do consumo.

Disponível em: www.operacaoleisecarj.rj.gov.br. Acesso em: 20 jun. 2013 (adaptado).

---

2. Por exemplo: "Navegar é preciso, viver não é preciso", de Fernando Pessoa; "Tudo vale a pena se a alma não é pequena", *idem*; "A democracia é a pior forma de governo, com exceção de todas as outras", de Churchill; "Quem não lê, aos 70 anos terá vivido só uma vida. Quem lê, terá vivido 5 mil anos. A leitura é uma imortalidade de trás para frente", de Umberto Eco; "Quem aos 20 anos não é comunista, não tem coração; e quem assim permanece aos 40 anos, não tem inteligência", Willy Brandt; "Quem abre uma escola, fecha uma prisão", de Victor Hugo, etc.

▪ Título

Ainda que opcional na redação, um bom título serve de chamariz, desperta a curiosidade do leitor. Por exemplo, se o tema for Lei Seca, são possíveis títulos: "Álcool e volante: combinação mortal", "Bebida e volante: uma péssima ideia" (esta técnica dos dois-pontos dá um ótimo efeito nos títulos), "Se dirigir não beba" (aqui você usou uma frase famosa como título), "Se beber não dirija" (*idem*) etc.

▪ Introdução

Aqui você vai apresentar o tema, começar a expor sua tese e, se possível, fazer referência aos antecedentes históricos. Por exemplo:

> Bebida e volante combinam tanto como fogo e água. Ou seja, o ideal é mantê-los separados. "Se dirigir não beba, se beber não dirija." Durante décadas não havia muito controle sobre motoristas embriagados e o resultado eram acidentes terríveis, envolvendo jovens embriagados, de madrugada, ao voltarem de baladas, resultando em mortes trágicas, às vezes de todos os ocupantes do carro.[3] Alguma providência precisava ser tomada.

Perceba que apresentei o tema fazendo uma comparação com fogo e água[4]. Ainda não explicitei a minha tese, mas apontei em sua direção ao dizer que "alguma providência precisava ser tomada". A recordação de notícias que eu lia nos jornais até dez anos atrás sobre acidentes com jovens de madrugada forneceu os antecedentes históricos. E apelei para uma frase famosa: "Se dirigir não beba, se beber não dirija."

▪ Desenvolvimento do tema

Aqui você vai desenvolver o tema em três parágrafos usando seu "banco de ideias" resultante do *brainstorming* inicial.

> A "Lei Seca" ao volante foi um divisor de águas no relacionamento do motorista com o álcool. Antes de seu advento, era comum pessoas beberem vários chopes nos barzinhos ou drinques nas boates e depois saírem dirigindo normalmente até suas casas. Às vezes davam caronas a amigos, e não ocorria nem ao motorista, nem ao carona, que estavam correndo um risco. A pessoa alcoolizada perde seus reflexos, demora mais para dar uma freada, desviar de um obstáculo etc. As estatísticas mostravam que trinta por cento[5] dos acidentes

---

3. Observe que escrevi aqui uma frase compridíssima, com várias orações, separadas por vírgulas. Para equilibrar, as demais frases são curtas.

4. Você pode achar esta comparação banal, mas aqui não estamos escrevendo um texto de alta literatura, estamos redigindo uma redação do ENEM, e para uma redação a comparação funciona.

5. Eu poderia ter escrito 30%, como no texto motivador, mas escrevendo por extenso aumento um pouquinho o tamanho da redação, e de grão em grão a galinha enche o papo.

122 | PORTUGUÊS SEM MISTÉRIO

de trânsito e metade das mortes no trânsito eram provocados por motoristas alcoolizados.

A entrada em vigor da Lei Seca provocou uma mudança de hábitos. As pessoas, seja por medo de serem multadas ou porque se convenceram de que volante e álcool não combinam, passaram a organizar esquemas de direção segura: um colega ficava sem beber e depois levava os demais para casa, o carro ficava em casa e se pegava um táxi, coisas assim.

E os resultados da Lei Seca se fizeram sentir: segundo fontes diversas, os atendimentos hospitalares diminuíram treze por cento, as vítimas de acidentes no Grande Rio caíram 27 por cento e as vítimas fatais no Brasil inteiro reduziram-se em 6,2 por cento.

Observe que utilizei informações dos textos motivadores, mas mudando sua redação, ou seja, sem copiá-los. Fiz o contraste entre o "antes" e o "depois" da Lei Seca. E usei informações de minha experiência pessoal (antigamente as pessoas bebiam e saíam dirigindo normalmente) e que observo os outros fazerem ou de que ouço falar, pois não dirijo mais (rodízios entre amigos ao volante, usar táxi).

▪ Proposta de intervenção

Agora você vai finalizar a redação com sua proposta de intervenção, sua solução para o problema. Talvez você pense: neste caso o problema já foi solucionado com a implementação da Lei Seca. Não há mais nada a fazer. Você está enganado: esta lei, assim como tudo no mundo, pode ser aperfeiçoada e/ou complementada por outras medidas. (Antes de prosseguir a leitura pense em outras medidas que possam aperfeiçoar e/ou complementar a Lei Seca.)

Mas a Lei Seca sozinha não é suficiente. É preciso ir além. Muitas pessoas não bebem antes de dirigir não porque estão convencidas de que é a coisa certa a fazer, e sim por medo de serem multadas. Se a fiscalização fosse relaxada essas pessoas voltariam a beber antes de dirigir. Uma boa ideia seria repetir a experiência das bem-sucedidas campanhas contra os cigarros e criar campanhas parecidas nas diversas mídias mostrando, de forma bem incisiva, as possíveis consequências de se beber ao volante: a invalidez, a cegueira, a morte, que podem resultar de um acidente de trânsito.

Vimos assim uma possível redação sobre a Lei Seca. Quer ver outra só para comparar? A Cartilha do Participante da Redação no ENEM de 2016 reproduz algumas redações que tiraram nota máxima, ou seja, consideradas perfeitas. Não que você tenha que escrever necessariamente uma redação perfeita. Você vai escrever uma redação possível, de acordo com suas capacidades e conhecimentos, utilizando a "engenharia de construção de redações" aqui apresentada. Mas ler uma redação perfeita pode ser pedagógico e servir de inspiração. Portanto, palmas para Paulo Henrique Caban Stern Matta, de uma escola privada do Rio de Janeiro, autor da redação "Sucesso Absoluto", no ENEM de 2013. Segundo a citada cartilha: "O texto demonstra que o participante tem excelente domínio da modalidade escrita formal da Língua Portuguesa e de escolha de registro. Não há erros gramaticais ou de convenções da escrita, e a redação organiza-se em cinco parágrafos bem construídos e bem articulados entre si."

▪ Sucesso absoluto

Historicamente causadores de inúmeras vítimas, os acidentes de trânsito vêm ocorrendo com frequência cada vez menor, no Brasil. Essa redução se deve, principalmente, à implantação da Lei Seca ao longo de todo o território nacional, diminuindo a quantidade de motoristas que dirigem após terem ingerido bebida alcoólica. A maior fiscalização, aliada à imposição de rígidos limites e à conscientização da população, permitiu que tal alteração fosse possível.

As estatísticas explicitam a queda brusca na ocorrência de óbitos decorrentes de acidentes de trânsito depois da entrada da Lei Seca em vigor. A proibição absoluta do consumo de álcool antes de se dirigir e a existência de diversos pontos de fiscalização espalhados pelo país tornaram menores as tentativas de burlar o sistema. Dessa forma, em vez de fugirem dos bafômetros e dos policiais, os motoristas deixam de beber e, com isso, mantêm-se aptos a dirigir sem que transgridam a lei.

Outro aspecto de suma relevância para essa mudança foi a definição de limites extremamente baixos para o nível de álcool no sangue, próximos de zero. Isso fez com que acabasse a crença de que um copo não causa qualquer diferença nos reflexos e nas reações do indivíduo e que, portanto, não haveria problema em consumir doses pequenas. A capacidade de julgamento de cada pessoa, outrora usada como teste, passou a não mais sê-lo e, logo, todos têm que respeitar os mesmos índices independentemente do que consideram certo para si.

Entretanto, nenhuma melhoria seria possível sem a realização de um amplo programa de conscientização. A veiculação de diversas propagandas do governo que alertavam sobre os perigos da direção sob qualquer estado de embriaguez foi importantíssima na percepção individual das mudanças necessárias. Isso fez com que cada pessoa passasse a saber os riscos que infligia a si e a todos à sua volta quando bebia e dirigia, amenizando a obrigatoriedade de haver um controle severo das forças policiais.

É inegável a eficiência da Lei Seca em todas as suas propostas, formando uma geração mais consciente e protegendo os cidadãos brasileiros. Para torná-la ainda mais eficaz, uma ação válida seria o incremento da frota de transportes coletivos em todo o país, especialmente à noite, para que cada um consuma o que deseja e volte para casa em segurança. Além disso, durante um breve período, a

124 | PORTUGUÊS SEM MISTÉRIO

fiscalização poderia ser fortalecida, buscando convencer motoristas que ainda tentam burlar o Estado. O panorama atual já é extremamente animador e as projeções, ainda melhores, porém apenas com a ação conjunta de povo e governo será alcançada a perfeição.

Agora vamos à proposta de treinamento. Até o dia da prova do ENEM você vai ter que desenvolver no mínimo uma redação por mês ou, se possível, uma por quinzena. Você pode fazer com calma: faz a leitura em um dia, o *brainstorming* no outro, o rascunho em um terceiro, o texto definitivo em um quarto, como quiser. Você vai ter que arrumar alguém para ler suas redações. Ou simplesmente poste em um blog ou no Facebook e convide os amigos a lerem e comentarem. Uma boa ideia é aproveitar sites que permitem submeter uma redação, como o Banco de Redações do UOL (educacao.uol.com.br/bancoderedacoes) ou o Projeto Redação (www.projetoredacao.com.br). Você pode acessar na internet as provas do ENEM do passado e fazer as redações. Pode consultar na *web sites* que falem sobre "possíveis temas de redação" do ENEM de 2018, 2019 etc. Ou escrever sobre outros temas que lhe venham à cabeça. O importante é treinar!

16

Exercício: "O histórico desafio de se valorizar o professor"

Eu escrevi no final do capítulo anterior que, até o dia da prova, você terá que escrever uma redação por mês, no mínimo. A primeira delas vamos fazer juntos. Vamos escolher um tema que dá o que falar, da segunda aplicação do ENEM de 2015: **"O histórico desafio de se valorizar o professor."** Este exercício é para ser feito com calma, levando vários dias. A ideia é você assimilar bem minha técnica de elaboração de redações, passo a passo. Sei que no dia da prova para valer você não vai ter esse tempo todo, mas agora é a fase do aprendizado, e aprendizado requer calma. Você não aprendeu a nadar atravessando de cara uma piscina semiolímpica. Você aprendeu primeiro os movimentos de pés, de braços, a respiração. O mesmo princípio vale para o aprendizado da redação.

▪ PASSO 1

O Passo 1 é: **Ler e entender a proposta de redação e os textos motivadores**. É o que você vai fazer agora.

PROPOSTA DE REDAÇÃO

A partir da leitura dos textos motivadores seguintes e com base nos conhecimentos construídos ao longo de sua formação, redija texto dissertativo-argumentativo em modalidade escrita formal da língua portuguesa sobre o tema **"O histórico desafio de se valorizar o professor"**, apresentando proposta de intervenção que respeite os direitos humanos. Selecione, organize e relacione, de forma coerente e coesa, argumentos e fatos para defesa de seu ponto de vista.

TEXTO I

A escolha profissional passava necessariamente pela ideia de frequentar um curso de qualidade, que dava uma excelente cultura geral e preparo adequado para exercer uma profissão que era reputada como digna e prestigiada, fosse ela exercida por homens ou por mulheres. A figura da mulher que lecionava era bem aceita e apontada às moças como exemplo de honestidade e ideal a ser seguido. O mesmo acontecia com o professor. A família tinha a figura da professora e do professor em grande consideração e estes detinham um prestígio social que estava em claro desacordo com a remuneração salarial percebida. Eles desfrutavam um prestígio advindo do saber, e não do poder aquisitivo.

ALMEIDA, J. S. D. **Mulher e educação**: a paixão pelo possível. São Paulo: Unesp, 1998 (adaptado).

TEXTO II

Disponível em: http://www.sinpro-rs.org.br. Acesso em: 26 jun. 2015 (adaptado).

TEXTO III

O estatuto social e econômico é a chave para o estudo dos professores e da sua profissão. Num olhar rápido temos a impressão que a imagem social e a condição econômica dos professores se encontram num estado de grande degradação, sentimento que é confirmado por certos discursos das organizações sindicais e mesmo das autoridades estatais. Mas, cada vez que a análise é mais fina, os resultados são menos concludentes e a profissão docente continua a revelar facetas atrativas. É evidente que há uma perda de prestígio, associada à alteração do papel tradicional dos professores no meio local: os professores do ensino primário já não são, ao lado dos párocos, os únicos agentes culturais nas aldeias e vilas da província; os professores do ensino secundário já não pertencem à elite social das cidades.

NÓVOA, A. O passado e o presente dos professores. In NÓVOA, A. (Ed.). **Profissão professor**. Porto: Porto Editora, 1995 (adaptado).

TEXTO IV

Disponível em: http://www.sinprodf.org.br. Acesso em: 26 jun.2015.

Agora você vai fechar o livro e esperar até amanhã para retomar o exercício. Não é para ficar pensando obsessivamente no tema da redação. O *brainstorming*, a tempestade de ideias, virá amanhã. Agora você vai pensar em outras coisas e deixar o subconsciente trabalhar na redação.

EXERCÍCIO: "O HISTÓRICO DESAFIO DE SE VALORIZAR O PROFESSOR" | 127

▪ PASSO 2

Chegou a hora do *brainstorming*, de deixar as ideias fluírem, sem censura, sem preocupação com o "politicamente correto", ao menos por enquanto. Claro que o tema é traiçoeiro, já que será um professor quem corrigirá a prova. No fundo, existe uma expectativa velada nesta proposta de redação. Espera-se que você defenda incondicionalmente os professores e deplore a sua desvalorização no mundo atual. Mas e se você for "do contra" e pensar diferente? E se você achar que os professores são uns privilegiados com muito mais feriados, dias enforcados, dias de férias, dias de recesso que qualquer trabalhador "normal"? E se você achar que eles abusam do direito de greve, prejudicando assim os estudantes? Bem, nesta fase do trabalho não vamos nos preocupar com a "correção" dos pensamentos. Vamos botar os pensamentos para fora, "bons" ou "ruins". Você pode fazer este passo com toda a calma, levando vários dias. O objetivo é aprender a técnica, e aprendizado não se dá por passe de mágica, como você viu no segundo texto motivador.

Para cada uma das fontes de ideias possíveis, você vai tentar obter o máximo de ideias e anotar em um papel (ou em um dispositivo eletrônico). Você pode levar vários dias para fazer isto. Nesta fase do aprendizado, a pressa é inimiga da perfeição. Depois você vai comparar suas ideias com as minhas, que estão mais à frente. Vamos ver quem tem mais ideias?

1. Ideias extraídas dos próprios textos motivadores. Releia, portanto, atentamente os textos motivadores e veja quais ideias você pode aproveitar em sua redação.

2. Conhecimentos de história ou outras disciplinas que você acumulou em sua bagagem cultural. Lembre-se do que você aprendeu nas aulas (ou leituras) de história, geografia, sociologia, filosofia etc.

3. Frases famosas, ditados populares, trechos de canções, trechos de livros etc. Por exemplo: "Quem abre escolas, fecha presídios", de Victor Hugo.

4. Informações lidas em jornais, revistas ou internet, vistas na TV ou outras mídias etc.

5. Fatos de domínio público, que todo mundo sabe. Por exemplo, sem um bom sistema educacional dificilmente um país chega ao Primeiro Mundo.

6. Suas opiniões pessoais sobre o tema (respeitando os direitos humanos, mas, nesta etapa, ainda sem se preocupar com o "politicamente correto").

Agora você vai fechar o livro e só vai reabri-lo quando tiver formado seu "banco de ideias". Aí você vai comparar suas ideias com as minhas.

128 | PORTUGUÊS SEM MISTÉRIO

Minhas ideias, para você comparar com as suas

1. Textos motivadores: A ideia central do TEXTO I é que antigamente a profissão de professor(a) era prestigiada pela sociedade. A ideia central do TEXTO III é que, embora na sociedade atual os professores já não desfrutem de tanto prestígio social, a profissão continua sendo atraente. O TEXTO II, que emprega linguagem verbal e visual, basicamente diz que (como não vale copiar, temos que dizer o que está lá em outras palavras) ensinar exige formação, preparação, esforço; não é algo que se faça em um passe de mágica. O TEXTO IV mostra que professor é uma profissão que exige muito talento. Só aqui já temos um monte de ideias para usar na redação.

2. Conhecimentos de história, geografia ou outras disciplinas: Os dados da história e outras disciplinas mostram que, embora no passado os professores fossem mais prestigiados, a educação só atingia as elites. Os pobres não iam à escola e os índices de analfabetismo eram enormes (superiores a cinquenta por cento no Brasil até mais ou menos meados do século XX). Países com bons sistemas educacionais têm altos índices de desenvolvimento humano, tipo Coreia do Sul, Finlândia etc.

3. Frases famosas: "Quem abre escolas, fecha presídios" (Victor Hugo). Em outras palavras, é preciso construir escolas hoje para não construir prisões amanhã. Quando o Brasil perdeu a Copa aqui disputada, circulou na internet esta frase do senador Cristóvão Buarque: "O Brasil ficou entre os oito melhores do mundo no futebol e ficou triste. É o 85º em educação e não há tristeza."

4. Informações lidas: A gente lê repetidamente na imprensa ou vê nos telejornais que, em testes que comparam o desempenho de estudantes de diferentes países do mundo, como o PISA, a posição do Brasil é péssima, das piores do mundo, sinal de que há "algo de podre no reino da educação". Quem leu o "Conto de Escola", do grande Machado de Assis, percebeu que os professores cem anos atrás eram respeitados pelos alunos como hoje se respeita um oficial no serviço militar. A gente lê muito sobre greves de professores da rede pública, algumas prolongadas e instigadas por certos partidos políticos, prejudicando a formação das crianças mais pobres, já que as mais ricas frequentam escolas particulares. Se você tiver a curiosidade de pesquisar o *ranking* das cem melhores universidades do mundo verá que não há nenhuma brasileira, outro sinal de que há algo de "podre" na nossa educação.

5. Fatos de domínio público: Em alguns estados os alunos são aprovados automaticamente, o que tira toda a autoridade do professor. Sabemos que em escolas de comunidades dominadas pelo tráfico os professores sofrem ameaças. Recentemente vimos na mídia que uma professora em São Gonçalo foi assassinada por

EXERCÍCIO: "O HISTÓRICO DESAFIO DE SE VALORIZAR O PROFESSOR" | 129

traficantes porque impedia sua ação nas imediações da escola. Sabemos que a profissão de professor perdeu o prestígio; o sonho dos jovens hoje é seguir uma carreira em profissões "clássicas" como advogado, médico, engenheiro, em profissões inovadoras como informática, robótica ou programação de *games*, em profissões glamourosas como jogador de futebol ou modelo, mas quem é que ainda sonha em ser professor? Você conhece alguém? A gente sabe que alguns professores extrapolam sua função e fazem proselitismo político (ou religioso) e lavagem cerebral entre os alunos. (Você vê que estou fazendo um *brainstorming*, as ideias vão fluindo sem muita ordem nem lógica nem preocupação com o "politicamente correto", e neste momento não estou preocupado com o texto da redação, quero apenas montar um "banco de ideias".)

6. Opiniões pessoais: A minha opinião pessoal é que a educação deveria se adequar ao mundo moderno, ser mais "interessante", menos "maçante", tem que ensinar as coisas práticas, úteis na vida, como calcular, escrever direito, conseguir ler e interpretar um texto. Tem que despertar a curiosidade do jovem por esse mundo fascinante. Tem que formar bons cidadãos, pessoas que, por exemplo, não jogam lixo nas ruas, que não procuram "tirar vantagem em tudo", que não oferecem propina para o examinador do Detran. Na minha opinião, valorização do professor não é uma mera questão de aumentar o salário. Salário em si não garante qualidade, os políticos recebem salários altíssimos e muitos deles decepcionam e sequer são honestos. É uma questão de os professores reconquistarem a admiração da sociedade mostrando que querem realmente construir um futuro melhor para o país através da educação.

Antes de entrarmos no Passo 3, gostaria de fazer uma observação. Em um blog da internet[1] me deparei com uma redação sobre o tema da valorização do professor que defende uma espécie de "teoria conspiratória"; a saber, que a valorização do professor não interessa ao sistema capitalista porque: "Se todos os negros e pobres dos morros tiverem acesso a boas escolas, quem vai querer vender sua mão de obra e garantir altos lucros da classe dominante?" Essas teorias que lançam ricos contra pobres, negros contra brancos, não me agradam. O Brasil não é uma sociedade estratificada, com castas fixas como a Índia do passado, onde quem nasceu pária morrerá pária e quem nasceu brâmane morrerá brâmane. Temos certo grau de mobilidade social, há pobres que ficam ricos, há ricos que perdem seu dinheiro, existe de tudo. Em uma prova do ENEM eu não recomendaria escrever uma redação com conteúdo fortemente ideológico, nem de direita, nem de esquerda. Minha prescrição é que você tenha ideias, muitas ideias, e ideologias cristalizadas sufocam as ideias. É a minha opinião, mas você pode discordar.

---

1. laboratorioderevisao.blogspot.com.br.

▪ PASSO 3

O Passo 3 é a redação propriamente dita dentro de uma estrutura composta de título, introdução, desenvolvimento do tema e proposta de intervenção. Agora que você tem um acervo de ideias, pode utilizá-lo em sua redação. Primeiro, você vai escrever um rascunho preocupando-se mais em botar o texto no papel do que em escrever cem por cento corretamente. Depois você vai passar a limpo corrigindo os erros de português. Portanto, mãos à obra! Mas vamos por partes.

Título

Como vimos, o título é opcional. Mas um bom título serve de "vitrine" para seu texto, atraindo a atenção do leitor. Sua tarefa agora é bolar um título que seja sucinto, mas eloquente. Consulte seu banco de ideias. Quando terminar, compare com as minhas sugestões no rodapé.[2]

Introdução + Desenvolvimento + Proposta de intervenção

Agora você vai ter que pegar elementos de seu banco de ideias e organizá-los em forma de introdução + desenvolvimento + solução. A introdução pode chamar a atenção do leitor ao problema exposto (neste caso, a desvalorização do professor no mundo atual). No desenvolvimento você vai fazer uma digressão sobre o problema, abordando seu histórico, informações diversas, frases famosas, em suma, o material que você coletou no seu "banco de ideias". Na proposta de intervenção você vai propor uma solução ao problema que seja lógica, racional e equilibrada. Portanto, pegue caneta e papel e mãos à obra.

Dois exemplos de redação para você comparar com a sua

O primeiro exemplo é a redação "A valorização do professor" de Ana Joceli da Silva de Matos que você pode acessar na internet.[3] Esta não é uma redação escrita para o ENEM, mas atende aos requisitos de tamanho (entre 8 e 30 linhas), bom encadeamento de ideias etc. Só faltaria talvez uma proposta de intervenção mais explícita. A *introdução* é simples: diz que a educação é um tema muito discutido, bem como politicamente explorado. O *desenvolvimento* apresenta uma relação de problemas enfrentados pela

---

2. Sugestões de títulos: "O desafio de valorizar o professor" (baseado na proposta de redação), "Valorização do professor" (*idem*), "Sem educação não há ordem nem progresso" (citação do lema da bandeira brasileira), "Educação não é passe de mágica" (inspirado no texto motivador), "O sucesso de um país depende da educação" (baseado no fato de que países com boa educação têm elevado IDH), "Educação: passaporte para um futuro melhor" (este "futuro melhor" está lá no finzinho do meu banco de ideias), "Sem educação não há salvação" (título simples com rima), "Professor: fundamental ao ser humano" (título de uma redação que encontrei na internet), "Educação: a base de tudo" (título da minha redação, que você lerá adiante).

3. http://pedagogia1-ifrs.blogspot.com.br/2012/01/redacao-valorizacao-do-professor.html

educação (desvalorização da classe, falta de recursos, falta de investimentos etc.). A solução para o problema seria a sociedade se conscientizar da importância dos educadores para o crescimento do país. Existe aí uma proposta de intervenção implícita, mas seria preciso deixar explícito quais passos concretos deveriam ser dados para se obter esta conscientização.

Agora vamos ver a minha redação. Observe que basicamente peguei os materiais que estavam no banco de ideias e os organizei dentro de uma estrutura. Nem todo conteúdo do banco de ideias foi aproveitado. Na hora de montar o texto, alguma coisa pode ficar de fora. Quando você for treinar redação vai usar este método de "construção". Primeiro vêm as ideias, depois o texto propriamente. Com uma boa lista de ideias, fica bem mais fácil montar o texto. E para ter boas ideias, você precisa desenvolver uma bagagem cultural. Precisa ler, precisa pesquisar, precisa dialogar... Mas tudo isto eu já falei antes e não preciso repetir aqui.

Educação: a base de tudo, de Ivo Korytowski

A educação é a base de tudo. É preciso construir escolas para não construir prisões. Países com bons sistemas educacionais têm altos índices de desenvolvimento humano. É o caso da Coreia do Sul, Finlândia etc. Ensinar exige formação, preparação, esforço, não é algo que se faça em um passe de mágica. Professor é uma profissão que exige muito talento.

Quando o Brasil perdeu a Copa aqui disputada, o senador Cristóvão Buarque observou que o "Brasil ficou entre os oito melhores do mundo no futebol e ficou triste. É o 85º em educação e não há tristeza". A sociedade brasileira não está conscientizada da importância da educação para o desenvolvimento do país. Enquanto no passado a profissão de professor era altamente valorizada, agora não tem mais o mesmo prestígio. O sonho dos jovens hoje é seguir uma carreira em profissões "clássicas" como advogado, médico, engenheiro; em profissões inovadoras como informática, robótica ou programação de *games*; em profissões glamourosas como jogador de futebol ou modelo, mas quem é que ainda sonha em ser professor?

Os professores enfrentam muitos obstáculos: em alguns estados os alunos são aprovados automaticamente, o que tira toda a autoridade do professor. Sabemos que em escolas de comunidades dominadas pelo tráfico os professores sofrem ameaças. Recentemente vimos na mídia que uma professora em São Gonçalo foi assassinada por traficantes porque impedia sua ação nas imediações da escola.

Mas como fazer com que a profissão de professor volte a ser valorizada? Não é uma simples questão de elevação dos salários. Os políticos recebem salários altíssimos e muitos deles decepcionam e sequer são honestos. O movimento pela valorização do professor tem que partir de uma iniciativa dos próprios professores. Alguma coisa está errada com nosso ensino: nossos alunos têm péssimas avaliações em testes que comparam o desempenho entre diferentes países do mundo, como o PISA. O Brasil não tem nenhuma universidade no ranking das cem melhores do mundo. Os professores precisam se organizar e mostrar que têm um projeto para reverter esta realidade. Só assim reconquistarão o prestígio que tanto merecem.

PARTE III
COMO SE PREPARAR PARA A PROVA DE LINGUAGENS, CÓDIGOS E SUAS TECNOLOGIAS

A prova de Linguagens, Códigos e Suas Tecnologias (LCST) compõe-se de 45 questões de múltipla escolha envolvendo oito áreas:

- Tecnologias da comunicação e informação (Competências 1 e 9);
- Língua estrangeira: espanhol ou inglês (Competência 2);
- Linguagem corporal: danças, lutas, etc. (Competência 3);
- Arte (Competência 4);
- Textos literários (Competência 5);
- Funções da linguagem (Competência 6);
- Defesa de ideias e pontos de vista (Competência 7, estreitamente relacionada à Competência 3 da prova de redação);
- Variedade linguística e norma padrão (Competência 8).

As questões se constituem de: 1) um texto-base que pode ser verbal (artigo de revista, trecho de um livro, poema, letra de canção etc.), não verbal (foto de uma obra de arte, por exemplo) ou misto, com elementos verbais e não verbais (infográfico, tirinha, propaganda, cartum etc.); 2) o enunciado da questão; 3) as alternativas de resposta. Algumas questões são bem objetivas. Se você ler o texto-base, enunciado e alternativas com atenção consegue "matar a charada".[1] É o caso da questão seguinte:

QUESTÃO 115/ENEM de 2011

No Brasil, a condição cidadã, embora dependa da leitura e da escrita, não se basta pela enunciação do direito, nem pelo domínio desses instrumentos, o que, sem dúvida,

---

1. Observe que "matar a charada" é uma expressão metafórica, já que não se trata realmente de uma charada. Charada é algo tipo "quantos lados tem uma bola"? Resposta: Dois, o lado de dentro e o lado de fora. Outros exemplos de metáforas: "cair a ficha" (cuja origem está na antiga ficha do orelhão), navegar na internet (você não está em um barco), a chave do problema (não se trata de uma chave física para abrir uma porta)...

134 | PORTUGUÊS SEM MISTÉRIO

viabiliza melhor participação social. A condição cidadã depende, seguramente, da ruptura com o ciclo da pobreza, que penaliza um largo contingente populacional.

Ao argumentar que a aquisição das habilidades de leitura e escrita não é suficiente para garantir o exercício da cidadania, o autor

A. critica os processos de aquisição da leitura e da escrita.

B. fala sobre o domínio da leitura e da escrita no Brasil.

C. incentiva a participação efetiva na vida da comunidade.

D. faz uma avaliação crítica a respeito da condição cidadã do brasileiro.

E. define instrumentos eficazes para elevar a condição social da população do Brasil.

Antes de prosseguir a leitura, faça uma pausa e tente responder. (E aqui vou abrir um parêntese: para você aproveitar de verdade este livro, é importante que tente responder às questões do ENEM que forem apresentadas — com calma, com reflexão, tentando entender onde está a "malandragem" do examinador, que "armadilhas", "pegadinhas" ele preparou contra você — antes de olhar a resposta. Se você for correndo para ver a resposta terá jogado fora o dinheiro que investiu neste livro.) Agora vamos analisar as respostas.

O parágrafo tem duas frases: a primeira, longa, com um encadeamento de orações um pouco intricado; a segunda flui mais naturalmente. Resumindo, o parágrafo diz que a "condição cidadã" não depende só de saber ler e escrever, depende também de romper com o ciclo da pobreza. Agora você pode ver a resposta que está no rodapé da página.[2] Este foi apenas um exemplo de uma questão com um texto de complexidade média. Existe toda uma gama de complexidades, desde textos informativos cem por cento claros até textos literários de escritores considerados "de difícil leitura". Como exemplo do primeiro caso poderíamos citar:

Cultivar um estilo de vida saudável é extremamente importante para diminuir o risco de infarto, mas também de problemas como morte súbita e derrame. Significa que manter uma alimentação saudável e praticar atividades físicas regularmente já reduz, por si só, as chances de desenvolver vários problemas. (QUESTÃO 109/ENEM de 2011)

Como exemplo do segundo caso, eu citaria este texto do Guimarães Rosa, escritor modernista que abordou o ambiente rural mineiro com tamanha criatividade vocabular e sintática que seus textos acabam soando "estranhos", "difíceis":

---

2. A resposta A está errada, o texto não critica os processos de aquisição de leitura e escrita. A resposta B está errada porque o tema principal do texto não é o domínio da leitura e da escrita, e sim como garantir o exercício da cidadania. A resposta C está completamente errada, o texto não incentiva nada disto. A resposta D sintetiza bem o espírito do texto. A resposta E está errada, o texto não define nenhum instrumento.

PARTE III: COMO SE PREPARAR PARA A PROVA DE LINGUAGENS... | 135

Com arranco, [o sertanejo] calou-se. Como arrependido de ter começado assim, de evidente. Contra que aí estava com o fígado em más margens; pensava, pensava. Cabismeditado. Do que, se resolveu. Levantou as feições. Se é que se riu: aquela crueldade de dentes. Encarar, não me encarava, só se fito à meia esguelha. Latejava-lhe um orgulho indeciso. Redigiu seu monologar. (QUESTÃO 109/ENEM de 2015, 2ª aplicação.)

Nós vamos analisar as questões com base nas competências que elas avaliam. Para cada competência teremos um capítulo, com exceção das Competências 1 e 9, que agrupei no mesmo capítulo porque estão interligadas. Para cada competência veremos os conhecimentos básicos envolvidos, os tipos de perguntas em provas do ENEM e a incidência dessa competência: se "cai" muito nas provas ou não. Com base nessas informações você vai poder armar sua estratégia de preparação para o ENEM.

Mas antes de passarmos ao Capítulo 17 quero dar um último conselho fundamental para você navegar com mais segurança pelos textos das questões de múltipla escolha. Aliás, já abordei o tema na introdução, mas vou reforçá-lo. Se você não tem o hábito de ler, adquira. Pelo menos enquanto se prepara para o ENEM.

Na Parte II falei sobre a importância de ler matérias jornalísticas para se manter atualizado sobre as questões atuais e formar um "banco de informações" em sua cabeça a ser aplicado na prova de redação. Mas não leia só jornais e revistas. Acostume-se a ler livros. Seja um leitor serial. Terminou um livro? Comece outro (eu sempre fui assim, na vida já li centenas de livros, e vou continuar lendo até dar o último suspiro). Não precisam ser livros grossos nem "difíceis". Mas leia. Comece pelo Paulo Coelho para adquirir o hábito. Muitos intelectuais "torcem o nariz" para ele, e nas provas do ENEM ele não costuma cair, mas seu sucesso estrondoso aqui e no resto do mundo é sinal de que ele descobriu a arte (ou a técnica) de escrever aquilo que agrada ao público.[3] Leia *Capitães de Areia*, de Jorge Amado.[4] É um livro sobre meninos de rua em Salvador nos anos 1930. Assunto bem atual. Jorge Amado fez uma boa literatura regional (no caso, sobre a Bahia), bem escrita e agradável de ler. Várias obras dele viraram novelas, séries ou filmes. Leia *Caçadas de Pedrinho* ou *O Saci*, de Monteiro Lobato. Este escritor de Taubaté produziu uma ótima literatura infanto-juvenil, que virou um programa de televisão que fez época (*Sítio do Pica-pau Amarelo*). Leia um livro de crônicas de Rubem Alves ou de Luís Fernando Veríssimo. São saborosas.[5] Leia *Vidas Secas*, o clássico de Graciliano Ramos sobre o drama do sertanejo. É fininho. Observe o estilo despojado, árido como o próprio sertão nordestino, desse grande escritor brasileiro nascido em... (Veja na Wikipédia! Adquira o hábito de ser curioso e consultar a Wikipédia). Leia o "Conto de Escola", de Machado de Assis. Tem na internet. É um conto muito bonito (e

---

3. Escrever o que agrada ao público é arte ou técnica? Qual é sua opinião? Acostume-se a formar opiniões sobre tudo. Isto ajuda na prova de redação.

4. Um trecho de *Capitães de areia* constou da QUESTÃO 118 do ENEM de 2010.

5. Para uma boa seleção de crônicas de variados autores entre no meu blog, *Sopa no Mel*, e selecione "crônicas" no menu da barra vertical direita.

136 | PORTUGUÊS SEM MISTÉRIO

não muito longo) que permitirá que você se inicie na literatura deste grande escritor brasileiro) e "veja", através da máquina do tempo da literatura, como era uma escola um século e meio atrás. Estas são apenas algumas dicas. Leia em e-book, em livro físico, tanto faz — só não em cópia pirata, porque o autor merece receber seus direitos autorais. Mas leia!!!

Mas não basta ler textos de prosa (crônicas, contos, romances). A prova do ENEM utiliza muitos textos de poesia. Para você ter uma ideia, aqui está uma tabela com o número de questões nas provas do ENEM envolvendo poemas:

ENEM	NÚMERO DE QUESTÕES COM POEMAS	PORCENTAGEM
2009	3	7%
2010	2	4%
2011	4	9%
2012	6	13%
2013	4	9%
2014	5	11%
2015	6	13%
2015 2ª aplicação	3	7%
2016	6	13%
2016 2ª aplicação	5	11%
TOTAL	44	10%

Acostume-se a ler um poema vez ou outra. Imprima-o, coloque em sua carteira, leia no metrô, no trem. Poste no Facebook. No meu blog *Sopa no Mel*, clicando em "Poetas de A a Z", no menu, você vai ter acesso a uma seleção de belos poemas de "grandes e pequenos" poetas (ou seja, poetas consagrados e poetas menos conhecidos). Outra fonte de poemas é o poesia.net, que você pode acompanhar no Facebook. Terminando este capítulo com chave de ouro, um soneto do grande poeta simbolista[6] negro do século XIX (morreu em 1898) Cruz e Souza, do ENEM de 2014. No ENEM de 2009 também caiu um poema deste mesmo poeta.

---

6. Movimentos artísticos e literários como simbolismo, naturalismo e modernismo serão vistos no Capítulo 20; lá você também verá o que é um soneto.

PARTE III: COMO SE PREPARAR PARA A PROVA DE LINGUAGENS... I 137

QUESTÃO 113/ENEM de 2014

Vida Obscura

Ninguém sentiu o teu espasmo obscuro,
ó ser humilde entre os humildes seres,
embriagado, tonto de prazeres,
o mundo para ti foi negro e duro.

Atravessaste no silêncio escuro
a vida presa a trágicos deveres
e chegaste ao saber de altos saberes
tornando-te mais simples e mais puro.

Ninguém te viu o sentimento inquieto,
magoado, oculto e aterrador, secreto,
que o coração te apunhalou no mundo,

Mas eu que sempre te segui os passos
sei que cruz infernal prendeu-te os braços
e o teu suspiro como foi profundo!

Com uma obra densa e expressiva no Simbolismo brasileiro, Cruz e Sousa transpôs para seu lirismo uma sensibilidade em conflito com a realidade vivenciada. No soneto, essa percepção traduz-se em

A. sofrimento tácito diante dos limites impostos pela discriminação.

B. tendência latente ao vício como resposta ao isolamento social.

C. frustração amorosa canalizada para as atividades intelectuais.

D. vocação religiosa manifesta na aproximação com a fé cristã.

Resposta no rodapé.[7]

---

7. **B** não é, porque o poema não fala de vício. **C** tampouco, porque não fala de tarefas degradantes. **D** também não, porque não fala de amor. Nem **E**, *idem*, porque não fala de religião. Embora o poema não mencione explicitamente a discriminação, sabemos que Cruz e Souza a sofreu, por isto a resposta certa é a primeira.

17

Como desenvolver as Competências 1 e 9,

que envolvem as tecnologias da comunicação e da informação

A Competência 1 — aplicar as **tecnologias da comunicação e da informação** na escola, no trabalho e em outros contextos relevantes para sua vida — e a Competência 9 — entender os princípios, a natureza, a função e o impacto das **tecnologias da comunicação e da informação** na sua vida pessoal e social, no desenvolvimento do conhecimento, associando-o aos conhecimentos científicos, às linguagens que lhes dão suporte, às demais tecnologias, aos processos de produção e aos problemas que se propõem solucionar — estão estreitamente relacionadas, daí serem abordadas no mesmo capítulo. As tecnologias da comunicação e da informação fazem parte de nosso cotidiano, estamos mais do que familiarizados com elas. Portanto, não deveriam representar nenhuma dificuldade na prova do ENEM. Mas algumas perguntas são capciosas e, se você não prestar atenção, induzem a respostas erradas. Vamos ver na prática como isto funciona.

Como fizemos com as poesias, vejamos uma tabela da incidência das questões de tecnologias nas provas do ENEM:

ENEM	NÚMERO DE QUESTÕES SOBRE TECNOLOGIAS	PORCENTAGEM
2009	5	11%
2010	6	13%
2011	4	9%
2012	5	11%
2013	4	9%
2014	3	7%

(continua...)

140 | PORTUGUÊS SEM MISTÉRIO

(continuação...)

2015	3	7%
2015 2ª aplicação	2	4%
2016	3	7%
2016 2ª aplicação	5	11%
TOTAL	40	9%

Os temas abordados pelas questões de tecnologias foram:

- (2009) Conceito de "divisão digital", também conhecido como "exclusão digital", "brecha digital" ou "abismo digital", que é "uma enorme diferença de desempenho entre os empreendimentos que utilizam as tecnologias digitais e aqueles que permaneceram usando métodos e técnicas analógicas";
- (2009) Portal Domínio Público, uma biblioteca digital de imagens, sons, textos e vídeos que caíram em domínio público, ou seja, como seus autores morreram faz tempo, não pagam mais direitos autorais e por isso podem ser legalmente divulgadas sem restrições — em outras palavras, a essas obras não se aplica o conceito de "pirataria";
- (2009) *Sites* de relacionamento;
- (2009–10–11–13) Hipertexto, que é o sistema de referência a textos por meio de *hiperlinks*, ou simplesmente *links* (algo impossível em um texto impresso como este, onde o máximo que posso fazer é remeter a uma nota de rodapé ou a uma outra página);
- (2010) *Chat*;
- (2010) Twitter;
- (2010) Wikipédia;
- (2010–11) Livro de papel *versus* livro digital (*ebook*);
- (2011) Internet;
- (2012–2 questões) Digitalização de obras literárias (textos eletrônicos);
- (2012) Rádio;
- (2012-16) *E-mails* (agendamento de *e-mails* com hora programada e envio de currículos via *e-mail*);
- (2013) *Bullying* virtual ou *cyberbullying*;
- (2013) Papel dos sistemas de comunicação (redes sociais etc.) na queda do ditador egípcio Hosni Mubarak;
- (2014) Blogs;

COMO DESENVOLVER AS COMPETÊNCIAS 1 E 9... | 141

- (2014) TV;
- (2015) Redes sociais;
- (2016) Regras de como escrever na internet, tipo "Sorria :-) pisque ;-) chore &-(...";
- (2016) Google Art, *site* que oferece visitas virtuais a museus de arte (quando abordarmos a Competência 4, que envolve "compreender a arte", voltaremos a falar desse site);
- (2016) *Hoax*, que é um boato ou farsa na internet;
- (2016) Jornal impresso;
- (2016) Pirataria, que é reproduzir conteúdos culturais (livros, filmes, canções) sem pagar os devidos direitos autorais ao autor que suou a camisa para criar aquele conteúdo;
- (2016) Plataformas digitais, que são redes sociais voltadas para a discussão e resolução de problemas;[8]
- (2016) Web Semântica, um projeto para aplicar conceitos inteligentes na internet atual.

Observe que as questões vão sempre se atualizando em termos das tecnologias mais recentes. Agora vamos fazer um teste para ver como está seu desempenho nesta área. Faça o teste com calma, preste atenção nas alternativas de respostas, procure descobrir qual é a mais lógica e entender por que é mais lógica, e só veja as respostas, que estão no final do capítulo, depois que tiver terminado (senão não adiantou nada ter comprado este livro).

QUESTÃO 133/ENEM de 2010

Comentário: Esta questão aborda um fato interessante: tecnologias novas não causam o desaparecimento das antigas. O microfone não acabou com o canto lírico, a fotografia não acabou com a pintura, a TV não acabou com o rádio, o cinema não acabou com o teatro.

É muito raro que um novo modo de comunicação ou de expressão suplante completamente os anteriores. Fala-se menos desde que a escrita foi inventada? Claro que não. Contudo, a função da palavra viva mudou, uma parte de suas missões nas culturas puramente orais tendo sido preenchida pela escrita: transmissão dos conhecimentos e das narrativas, estabelecimento de contratos, realização dos principais atos rituais ou sociais etc. Novos estilos de conhecimento (o conhecimento "teórico", por exemplo) e novos gêneros (o código de leis, o

---

8. "As plataformas digitais têm ganhado mais espaço entre os internautas como ferramenta para exercer a cidadania. Através delas, é possível mapear problemas da cidade e propor soluções, utilizando-se das redes sociais para aproximar os moradores e articular projetos. O espaço colaborativo PortoAlegre.cc, um dos mais ativos no país, tem 150 participantes e ajudou a estudante de jornalismo Renata Gomes, 25, a chamar 80 pessoas para retirar 1 tonelada de lixo da orla do rio Guaíba." Fonte: Enem 2016

142 | PORTUGUÊS SEM MISTÉRIO

romance etc.) surgiram. A escrita não fez com que a palavra desaparecesse, ela complexificou e reorganizou o sistema da comunicação e da memória social.

A fotografia substituiu a pintura? Não, ainda há pintores ativos. As pessoas continuam, mais do que nunca, a visitar museus, exposições e galerias, compram as obras dos artistas para pendurá-las em casa. Em contrapartida, é verdade que os pintores, os desenhistas, os gravadores, os escultores não são mais — como foram até o século XIX — os únicos produtores de imagens.

LÉVY, P. **Cibercultura**. São Paulo: Ed. 34, 1999 (fragmento)

A substituição pura e simples do antigo pelo novo ou do natural pelo técnico tem sido motivo de preocupação de muita gente. O texto encaminha uma discussão em torno deste temor ao

A. considerar as relações entre o conhecimento teórico e o conhecimento empírico e acrescenta que novos gêneros textuais surgiram com o progresso.

B. observar que a língua escrita não é uma transcrição fiel da língua oral e explica que as palavras antigas devem ser utilizadas para preservar a tradição.

C. perguntar sobre a razão das pessoas visitarem museus, exposições etc., e reafirma que os fotógrafos são os únicos responsáveis pela produção de obras de arte.

D. reconhecer que as pessoas temem que o avanço dos meios de comunicação, inclusive *on-line*, substitua o homem e leve alguns profissionais ao esquecimento.

E. revelar o receio das pessoas em experimentar novos meios de comunicação, com medo de sentirem retrógradas.

QUESTÃO 121/ENEM de 2015

A emergência da sociedade da informação está associada a um conjunto de profundas transformações ocorridas desde as últimas duas décadas do século XX. Tais mudanças ocorrem em dimensões distintas da vida humana em sociedade, as quais interagem de maneira sinérgica e confluem para projetar a informação e o conhecimento como elementos estratégicos, dos pontos de vista econômico-produtivo, político e sociocultural.

A sociedade da informação caracteriza-se pela crescente utilização de técnicas de transmissão, armazenamento de dados e informações a baixo custo, acompanhadas por inovações organizacionais, sociais e legais. Ainda que tenha surgido motivada por um conjunto de transformações na base técnico-científica, ela se investe de um significado bem mais abrangente.

LEGEY, L.-R.; ALBAGLI, S. Disponível em: www.dgz.org.br.
Acesso em: 4 dez. 2012 (adaptado).

COMO DESENVOLVER AS COMPETÊNCIAS 1 E 9... | 143

O mundo contemporâneo tem sido caracterizado pela crescente utilização das novas tecnologias e pelo acesso à informação cada vez mais facilitado. De acordo com o texto, a sociedade da informação corresponde a uma mudança na organização social porque

A. representa uma alternativa para a melhoria da qualidade de vida.

B. associa informações obtidas instantaneamente por todos e em qualquer parte do mundo.

C. propõe uma comunicação mais rápida e barata, contribuindo para a intensificação do comércio.

D. propicia a interação entre as pessoas por meio de redes sociais.

E. representa um modelo em que a informação é utilizada intensamente nos vários setores da vida.

QUESTÃO 119/ENEM de 2012

Comentário: Este texto aborda o tema do excesso, sobrecarga, abundância de informações que, se aparentemente é algo bom, tem seu lado negativo.

A marcha galopante das tecnologias teve por primeiro resultado multiplicar em enormes proporções tanto a massa das notícias que circulam quanto as ocasiões de sermos solicitados por elas. Os profissionais têm tendência a considerar esta inflação como automaticamente favorável ao público, pois dela tiram proveito e tornam-se obcecados pela imagem liberal do grande mercado em que cada um, dotado de luzes por definição iguais, pode fazer sua escolha em toda liberdade. Isso jamais foi realizado e tende a nunca ser. Na verdade, os leitores, ouvintes, telespectadores, mesmo se abandonam a sua bulimia*, não são realmente nutridos por esta indigesta sopa de informações e sua busca finaliza em frustração. Cada vez mais frequentemente, até, eles ressentem esse bombardeio de riquezas falsas como agressivo e se refugiam na resistência a toda ou qualquer informação. O verdadeiro problema das sociedades pós-industriais não é a penúria**, mas a abundância. As sociedades modernas têm a sua disposição muito mais do que necessitam em objetos, informações e contatos. Ou, mais exatamente, disso resulta uma desarmonia entre uma oferta, não excessiva, mas incoerente, e uma demanda que, confusamente, exige uma escolha muito mais rápida a absorver. Por isso os órgãos de informação devem escolher, uma vez que o homem contemporâneo apressado, estressado, desorientado busca uma linha diretriz, uma classificação mais clara, um condensado do que é realmente importante.

(*) fome excessiva, desejo descontrolado.

(**) miséria, pobreza.

VOYENNE, B. Informação hoje. Lisboa: Armand Colin, 1975 (adaptado).

144 | PORTUGUÊS SEM MISTÉRIO

Com o uso das novas tecnologias, os domínios midiáticos obtiveram um avanço maior e uma presença mais atuante junto ao público, marcada ora pela quase simultaneidade das informações, ora pelo uso abundante de imagens. A relação entre as necessidades da sociedade moderna e a oferta de informação, segundo o texto, é desarmônica, porque

A. o jornalista seleciona as informações mais importantes antes de publicá-las.

B. o ser humano precisa de muito mais conhecimento do que a tecnologia pode dar.

C. o problema da sociedade moderna é a abundância de informações e de liberdade de escolha.

D. a oferta é incoerente com o tempo que as pessoas têm para digerir a quantidade de informação disponível.

E. a utilização dos meios de informação acontece de maneira desorganizada e sem controle efetivo.

QUESTÃO 115/ENEM de 2016, 2ª aplicação

Comentário: Observe que o ENEM vai se atualizando em relação às tecnologias novas. O ENEM de 2016, por exemplo, aborda a **Web** Semântica, uma novidade. Das três opções de resposta, duas são claramente absurdas. As outras três são lógicas, mas somente uma corresponde ao que diz efetivamente o texto. Preste atenção!

Web Semântica é um projeto para aplicar conceitos inteligentes na internet atual. Nela, cada informação vem com um significado bem definido e não se encontra mais solta no mar de conteúdo, permitindo uma melhor interação com o usuário. Novos motores de busca, interfaces inovadoras, criação de dicionários de sinônimos e a organização inteligente de conteúdos são alguns exemplos de aprimoramento. Dessa forma, você não vai mais precisar minerar a internet em busca daquilo que você procura, ela vai passar a se comportar como um todo, e não mais como um monte de informação empilhada. A implementação deste paradigma começou recentemente, e ainda vai levar mais alguns anos até que entre completamente em vigor e dê um jeito em toda a enorme bagunça que a internet se tornou.

Disponível em: www.tecmundo.com.br. Acesso em: 6 ago. 2013 (adaptado).

Ao analisar o texto sobre a Web Semântica, deduz-se que esse novo paradigma auxiliará os usuários a

A. armazenar grandes volumes de dados de modo mais disperso.

B. localizar informações na internet com mais precisão.

COMO DESENVOLVER AS COMPETÊNCIAS 1 E 9... | 145

C. captar os dados na internet com mais velocidade.

D. publicar dados com significados não definidos.

E. navegar apenas sobre dados já organizados.

QUESTÃO 100/ENEM de 2016

Comentário: Das cinco alternativas de respostas, apenas um corresponde realmente ao que diz o texto. Por exemplo, o texto não diz nada sobre "recusar convites de jogos e brincadeiras feitos pela internet". Ler com atenção o texto é meio caminho andado.

O *hoax*, como é chamado qualquer boato ou farsa na internet, pode espalhar vírus entre os seus contatos. Falsos sorteios de celulares ou frases que Clarice Lispector nunca disse são exemplos de *hoax*. Trata-se de boatos recebidos por *e-mail* ou compartilhados em redes sociais. Em geral, são mensagens dramáticas ou alarmantes que acompanham imagens chocantes, falam de crianças doentes ou avisam sobre falsos vírus. O objetivo de quem cria esse tipo de mensagem pode ser apenas se divertir com a brincadeira (de mau gosto), prejudicar a imagem de uma empresa ou espalhar uma ideologia política.

Se o *hoax* for do tipo *phishing* (derivado de *fishing*, pescaria, em inglês) o problema pode ser mais grave: o usuário que clicar pode ter seus dados pessoais ou bancários roubados por golpistas. Por isso é tão importante ficar atento.

VIMERCATE, N. Disponível em: www.techtudo.com.br. Acesso em: 1 maio 2013 (adaptado).

Ao discorrer sobre os *hoaxes*, o texto sugere ao leitor, como estratégia para evitar essa ameaça

A. recusar convites de jogos e brincadeiras feitos pela internet.

B. analisar a linguagem utilizada nas mensagens recebidas.

C. classificar contatos presentes em suas redes sociais.

D. utilizar programas que identifiquem falsos vírus.

E. desprezar mensagens que causem comoção.

146 | PORTUGUÊS SEM MISTÉRIO

Respostas:

QUESTÃO 133/ENEM de 2010:

O texto não diz que "as palavras antigas devem ser utilizadas para preservar a tradição" (B) nem "reafirma que os fotógrafos são os únicos responsáveis pela produção de obras de arte" (C) nem reconhece "que as pessoas temem que o avanço dos meios de comunicação substitua o homem" nem "revela o receio das pessoas em experimentar novos meios de comunicação". A resposta certa é a primeira.

QUESTÃO 121/ENEM de 2015:

O texto diz: "Tais mudanças ocorrem em dimensões distintas da vida humana em sociedade, as quais interagem de maneira sinérgica e confluem para projetar a informação e o conhecimento como elementos estratégicos, dos pontos de vista econômico-
-produtivo, político e sociocultural." Portanto, a sociedade da informação corresponde a uma mudança na organização social porque "representa um modelo em que a informação é utilizada intensamente nos vários setores da vida" (E).

QUESTÃO 119/ENEM de 2012:

O texto diz que "disso resulta uma desarmonia entre uma oferta, não excessiva, mas incoerente, e uma demanda que, confusamente, exige uma escolha muito mais rápida a absorver". Por isso a resposta certa é a D (a oferta é incoerente com o tempo que as pessoas têm para digerir a quantidade de informação disponível).

QUESTÃO 115/ENEM de 2016, 2ª aplicação:

O texto diz: "Dessa forma, você não vai mais precisar minerar a internet em busca daquilo que você procura, ela vai passar a se comportar como um todo, e não mais como um monte de informação empilhada." Embora E (navegar apenas sobre dados já organizados) pareça uma resposta lógica, a resposta certa é B (localizar informações na internet com mais precisão).

QUESTÃO 100/ENEM de 2016:

O texto não sugere "recusar convites de jogos e brincadeiras feitos pela internet" nem "classificar contatos presentes em suas redes sociais", nem "utilizar programas que identifiquem falsos vírus" nem "desprezar mensagens que causem comoção". Portanto sobra a resposta B: "analisar a linguagem utilizada nas mensagens recebidas." O texto não diz isso explicitamente, mas manda ficar atento ("Por isso é tão importante ficar atento").

Se seu resultado nestas questões foi bom, parabéns. Se não foi, não se desanime. É tudo uma questão de treino. Leia com atenção minha análise das respostas e tente entender por que você errou. Nos capítulos seguintes faremos vários outros exercícios como estes. Fique atento!

18

Como desenvolver a Competência 2:

Conhecer e usar língua(s) estrangeira(s) moderna(s) como instrumento de acesso a informações e a outras culturas e grupos sociais

Este é um livro de português, por isto não vou ensinar aqui inglês ou espanhol. Mas podemos ver algumas estratégias para você enfrentar as cinco questões do ENEM que aferem esta competência.

Se você viajar para, digamos, Amsterdam ou Munique, perceberá que grande parte da população instruída fala inglês como segundo idioma — os primeiros são, respectivamente, holandês ou alemão. Aprenderam na escola. Turistas estrangeiros em visita ao Brasil estranham quão poucas pessoas com quem têm contato (motoristas de táxi, cobradores de ônibus, atendentes de lanchonetes, pessoas a quem pedem informações nas ruas) falam inglês. Falha do nosso sistema escolar, que deveria ter nos ensinado. Daí a proliferação de cursos de idiomas para "correr atrás do prejuízo".

Em sua prova do ENEM você vai ter que escolher entre os idiomas inglês e espanhol. Como o número de questões do idioma estrangeiro é relativamente pequeno — apenas 5 de um total de 45 — tem gente que acha que não vale a pena esquentar a cabeça com isto. Mas cinco pontos podem fazer uma diferença quando a concorrência é acirrada. Outros acham que, como o espanhol é mais "fácil", "quase igual ao português", melhor escolher o idioma de nossos *hermanos* argentinos para reduzir os riscos. Mas existem diferenças também entre os dois idiomas: cão é *perro*, rua é *calle*, batata é *papa*, lixo é *basura* etc. Portanto, vamos nos debruçar sobre a questão do espanhol *versus* inglês. Porém, antes de prosseguirmos, vamos testar seus conhecimentos destes idiomas. Pegue papel e caneta ou lápis (ou crie um arquivo no Word) e tente traduzir para o português estes dois textos retirados do ENEM de 2011. Vale usar o dicionário. Só não vale usar o Google Tradutor (mas na hora de estudar inglês, aí vale, e muito).

PORTUGUÊS SEM MISTÉRIO

TEXTO EM INGLÊS (QUESTÃO 92 DO ENEM DE 2011):

Going to University seems to reduce the risk of dying from coronary heart disease. An American study that involved 10.000 patients from around the world has found that people who leave school before the age of 16 are five times more likely to suffer a heart attack and die than university graduates.

TEXTO EM ESPANHOL (QUESTÃO 95 DO ENEM DE 2011):

En México se producen más de 10 millones de m³ de basura mensualmente, depositados en más de 50 mil tiraderos de basura legales y clandestinos, que afectan de manera directa nuestra calidad de vida, pues nuestros recursos naturales son utilizados desproporcionadamente, como materias primas que luego desechamos y tiramos convirtiéndolos en materiales inútiles y focos de infección.

Agora continue a leitura sem se preocupar ainda em ver a resposta. Se seus conhecimentos tanto do espanhol quanto do inglês são fracos, é mais fácil aprender o espanhol do zero, uma língua latina como a nossa. Neste caso é melhor escolher o espanhol, mas não pense que é 97% igual ao português e que não é preciso estudar (o texto acima mostrou isto). O ideal é que você faça um curso de espanhol pela internet. Por exemplo, da Babbel (pt.babbel.com) ou Duolingo (www.duolingo.com/course/es/pt/Learn-Spanish-Online). Ou tente o curso *on-line* gratuito oferecido pela Universidade Federal do Vale do São Francisco (www.sead.univasf.edu.br/mooc).

Mas se você tem conhecimentos razoáveis de inglês (e esse teste vai dizer se tem mesmo), vai aqui meu conselho. Se eu fosse você utilizaria os cinco pontos das questões de inglês no ENEM como um pretexto para alavancar o domínio do idioma de Shakespeare. Afinal, saber inglês só vai lhe trazer vantagens na vida. Vai permitir que você curta melhor suas viagens ao exterior, não só às nações de língua inglesa como Estados Unidos, Canadá, Reino Unido, África do Sul, Austrália, Índia, mas também aos países onde ao menos a população instruída fala (ou arranha) o inglês como segunda língua. Vai permitir que você entenda as letras das canções de sua banda favorita, que provavelmente são em inglês. Vai permitir que você entenda filmes em inglês sem precisar ler as legendas (ou lendo simultaneamente). Vai permitir que você navegue por mil e um *sites* em inglês. E vai lhe dar uma tremenda vantagem competitiva na vida profissional! Sabendo inglês você tem maiores chances de melhorar sua renda. Consegui convencê-lo? Portanto, a hora é esta. Vamos enfim botar pra quebrar nesse inglês.

Recomendo dois métodos para turbinar seu inglês. Um são os cursos na internet, tipo Babbel ou Duolingo. O outro aprendi com meu pai e tenho usado para aperfeiçoar meus conhecimentos de inglês, francês e alemão. É ler textos em inglês em *sites* como

BBC, CNN, National Geographic, Wikipedia etc., pegar as palavras que você não conhece, olhar no dicionário, fazer listinhas de palavras e quando estiver de bobeira (no metrô, na fila) em vez de ficar obsessivamente consultando o *e-mail* ou o Facebook, decorar as palavras. Você vai conseguir decorar centenas de palavras novas e aumentar substancialmente o seu vocabulário.

Você pode usar os dicionários inglês–português e espanhol–português Michaelis *online* (michaelis.uol.com.br), mas é interessante consultar também um dicionário só de inglês — o OneLook (www.onelook.com) é um metadicionário que dá resultados em uma série de dicionários diferentes — ou só de espanhol, como o da Real Academia Española (http://dle.rae.es/).

Agora vamos ver qual foi seu resultado no teste e, com base nele, releia o que escrevi e tome sua decisão entre o inglês e o espanhol! Observe que a minha tradução é só um referencial, a sua pode ser bem diferente, importante é que tenha captado o sentido do texto.

TEXTO EM INGLÊS:

Cursar a universidade parece reduzir o risco de morrer de doença cardíaca coronariana. Um estudo norte-americano que envolveu 10.000 pacientes do mundo inteiro descobriu que pessoas que abandonam a escola antes dos 16 anos têm cinco vezes mais chances [*ou* são cinco vezes mais propensas, *ou ainda* têm cinco vezes mais tendência] a sofrer um ataque cardíaco e morrer do que graduados universitários.

TEXTO EM ESPANHOL:

No México são produzidos mais de 10 milhões de metros cúbicos de lixo por mês, lixo este que é jogado em mais de 50 mil aterros sanitários e lixões, legais e clandestinos, o que afeta diretamente nossa qualidade de vida, uma vez que nossos recursos naturais são utilizados de maneira desproporcional — como matéria-prima que descartamos, transformando-a em material inútil e focos de infecção.

Com base no seu resultado e nas informações deste capítulo você vai traçar sua estratégia para enfrentar as questões de língua estrangeira na prova do ENEM.

PORTUGUÊS SEM MISTÉRIO

19

Como desenvolver a Competência 3:

Compreender e usar a linguagem corporal como relevante para a própria vida, integradora social e formadora da identidade

Antes de mais nada, vamos analisar qual é a incidência desta competência nas provas do ENEM.

ENEM	NÚMERO DE QUESTÕES SOBRE LINGUAGEM CORPORAL	PORCENTAGEM
2009	2	4%
2010	2	4%
2011	2	4%
2012	0	0%
2013	0	0%
2014	1	2%
2015	0	0%
2015 2ª aplicação	0	0%
2016	3	7%
2016 2ª aplicação	2	4%
TOTAL	12	3%

152 | PORTUGUÊS SEM MISTÉRIO

O número tende a ser baixo, mas é irregular, tendo até hoje oscilado de zero a três. Os assuntos abordados foram:

- (2009–10) Aptidão/capacidade física;
- (2009–11) Corpolatria (idolatria pelo corpo);
- (2010) Voleibol;
- (2011) Lutas marciais;
- (2014) MMA;
- (2016) Atleta paraolímpica Terezinha Guilhermina;
- (2016) Boxe (filme *Menina de ouro*);
- (2016) Educação física;
- (2016) Handebol;
- (2016) Perda de massa muscular com a idade.

Agora vamos fazer um teste com questões reais de provas de LCST do ENEM para você ter uma ideia de como está nesta competência. Vale o que eu disse no Capítulo 16: faça o teste com calma e só olhe as respostas, ao final do capítulo, quando tiver terminado.

QUESTÃO 96/ENEM de 2011

Comentário: Algumas questões do ENEM são extremamente capciosas: você lê as cinco respostas, relê e tem a impressão de que nenhuma delas reflete o que diz o texto. É o caso desta questão.

Na modernidade, o corpo foi descoberto, despido e modelado pelos exercícios físicos da moda. Novos espaços e práticas esportivas e de ginástica passaram a convocar as pessoas a modelarem seus corpos. Multiplicaram-se as academias de ginástica, as salas de musculação e o número de pessoas correndo pelas ruas.

SECRETARIA DA EDUCAÇÃO. **Caderno do professor**: educação física. São Paulo, 2008.

Diante do exposto, é possível perceber que houve um aumento da procura por

A. exercícios físicos aquáticos (natação/hidroginástica), que são exercícios de baixo impacto, evitando o atrito (não prejudicando as articulações), e que previnem o envelhecimento precoce e melhoram a qualidade de vida.

B. mecanismos que permitem combinar alimentação e exercício físico, que permitem a aquisição e manutenção de níveis adequados de saúde, sem a preocupação com padrões de beleza instituídos socialmente.

C. programas saudáveis de emagrecimento, que evitam os prejuízos causados na regulação metabólica, função imunológica, integridade óssea e manutenção da capacidade funcional ao longo do envelhecimento.

COMO DESENVOLVER A COMPETÊNCIA 3... | 153

D. exercícios de relaxamento, reeducação postural e alongamentos, que permitem um melhor funcionamento do organismo como um todo, bem como uma dieta alimentar e hábitos saudáveis com base em produtos naturais.

E. dietas que preconizam a ingestão excessiva ou restrita de um ou mais macronutrientes (carboidratos, gorduras ou proteínas), bem como exercícios que permitem um aumento de massa muscular e/ou modelar o corpo.

QUESTÃO 126/ENEM de 2016

Comentário: Esta é uma pergunta difícil, que você tem que ler várias vezes para pegar "o espírito da coisa". A chave está em "visão ampliada de saúde".

Entrevista com Terezinha Guilhermina

Terezinha Guilhermina é uma das atletas mais premiadas da história paraolímpica do Brasil e um dos principais nomes do atletismo mundial. Está no *Guinness Book* de 2013/2014 como a "cega" mais rápida do mundo.

Observatório: Quais os desafios que você teve que superar para se consagrar como atleta profissional?

Terezinha Guilhermina: Considero a ausência de recursos financeiros, nos três primeiros anos da minha carreira, como meu principal desafio. A falta de um atleta-guia, para me auxiliar nos treinamentos, me obrigava a treinar sozinha e, por não enxergar bem, acabava sofrendo alguns acidentes como trombadas e quedas.

Observatório: Como está a preparação para os Jogos Paraolímpicos de 2016?

Terezinha Guilhermina: Estou trabalhando intensamente, com vistas a chegar lá bem melhor do que estive em Londres. E, por isso, posso me dedicar a treinos diários, trabalhos preventivos de lesões e acompanhamento psicológico e nutricional da melhor qualidade.

Revista do Observatório Brasil de Igualdade de Gênero, n. 6, dez. 2014 (adaptado).

O texto permite relacionar uma prática corporal com uma visão ampliada de saúde. O fator que possibilita identificar essa perspectiva é o(a)

A. aspecto nutricional.

B. condição financeira.

C. prevenção de lesões.

D. treinamento esportivo.

E. acompanhamento psicológico.

PORTUGUÊS SEM MISTÉRIO

QUESTÃO 103/ENEM de 2014

O boxe está perdendo cada vez mais espaço para um fenômeno relativamente recente do esporte, o MMA. E o maior evento de Artes Marciais Mistas do planeta é o *Ultimate Fighting Championship*, ou simplesmente UFC. O ringue, com oito cantos, foi desenhado para deixar os lutadores com mais espaço para as lutas. Os atletas podem usar as mãos e aplicar golpes de jiu-jitsu. Muitos podem falar que a modalidade é uma espécie de vale-tudo, mas isso já ficou no passado: agora a modalidade tem regras e acompanhamento médico obrigatório para que o esporte apague o estigma negativo.

CORREIA, D. UFC: saiba como o MMA nocauteou o boxe em oito golpes.
Veja, 10 jun. 2011 (fragmento)

O processo de modificação das regras do MMA retrata a tendência de redimensionamento de algumas práticas corporais, visando enquadrá-las em um determinado formato. Qual o sentido atribuído a essas transformações incorporadas historicamente ao MMA?

A. A modificação das regras busca associar valores lúdicos ao MMA, possibilitando a participação de diferentes populações como atividade de lazer.

B. As transformações do MMA aumentam o grau de violência das lutas, favorecendo a busca de emoções mais fortes tanto aos competidores como ao público.

C. As mudanças de regras do MMA atendem à necessidade de tornar a modalidade menos violenta, visando sua introdução nas academias de ginástica na dimensão da saúde.

D. As modificações incorporadas ao MMA têm por finalidade aprimorar as técnicas das diferentes artes marciais, favorecendo o desenvolvimento da modalidade enquanto defesa pessoal.

E. As transformações do MMA visam delimitar a violência das lutas, preservando a integridade dos atletas e enquadrando a modalidade no formato do esporte de espetáculo.

QUESTÃO 120/ENEM de 2010

Comentário: Agora vamos ver uma questão que, em vez de texto, usa uma foto (linguagem visual). Para responder você precisa entender alguma coisa de voleibol. Ou seja, uma cultura geral em esportes vale uns pontinhos extras no ENEM.

Figura 1: Disponível em: http://www.clicrbs.com.br/blog/fotos/235151post_foto.jpg.
Figura 2: Disponível em: http://esporte.hsw.uol.com.br/volei-jogos-olimpicos.htm.
Figura 3: Disponível em: http://www.arel.com.br/eurocup/volei/ Acesso em: 27 abr. 2010.

O voleibol é um dos esportes mais praticados na atualidade. Está presente nas competições esportivas, nos jogos escolares e na recreação. Nesse esporte, os praticantes utilizam alguns movimentos específicos como: saque, manchete, bloqueio, levantamento, toque, entre outros. Na sequência de imagens, identificam-se[1] os movimentos de

A. sacar e colocar a bola em jogo, defender a bola e realizar a cortada como forma de ataque.

B. arremessar a bola, tocar para passar a bola ao levantador e bloquear como forma de ataque.

C. tocar e colocar a bola em jogo, cortar para defender e levantar a bola para atacar.

D. passar a bola e iniciar a partida, lançar a bola ao levantador e realizar a manchete para defender.

E. cortar como forma de ataque, passar a bola para defender e bloquear como forma de ataque.

---

1. Por que "identificam-se" e não "identifica-se"? Se você leu com atenção a Parte I sabe a resposta. Temos aqui uma voz passiva: **identificam-se** os movimentos = os movimentos **são identificados**. O mesmo vale para **vendem-se** livros = livros **são vendidos**.

Respostas:

QUESTÃO 96/ENEM de 2011:

Segundo o gabarito a resposta certa é a última. Se você acertou, parabéns. Eu, o autor deste livro, não consegui. Se existe no texto uma referência a dietas, é sutil demais para minha percepção.

QUESTÃO 126/ENEM de 2016:

"Visão ampliada de saúde" seria a medicina preventiva. Das cinco respostas, a que está ligada à medicina preventiva é a prevenção de lesões (C).

QUESTÃO 103/ENEM de 2014:

O texto não fala em "participação de diferentes populações como atividade de lazer", por isso a resposta A está errada. Nem fala que o "MMA aumentam o grau de violência das lutas", portanto a B também está. Tampouco fala em "introdução nas academias de ginástica", portanto *idem* C. Nem em favorecer o "desenvolvimento da modalidade enquanto defesa pessoal". A resposta certa é a última.

QUESTÃO 120/ENEM de 2010

A resposta certa é a A.

Se seu resultado foi bom, parabéns. Senão você tem que definir até que ponto pretende se dedicar a esta competência, dada sua baixa incidência nas provas, e procurar ficar mais ligado nas informações sobre esportes nos noticiários, revistas, jornais, TV, bate-papos, internet, redes sociais etc. Agora, se seu problema não são os conhecimentos esportivos em si, mas a mecânica das questões de múltipla escolha (cujas alternativas de respostas são às vezes capciosas), o remédio é continuar avançando neste livro fazendo todos os exercícios com calma e muita atenção. Múltipla escolha é como dirigir um automóvel ou nadar: aprende-se com a prática.

20

Como desenvolver a Competência 4:

Compreender a arte como saber cultural e estético gerador de significação e integrador da organização do mundo e da própria identidade

O que há de estranho, peculiar, "surreal" neste quadro do pintor René Magritte, intitulado "A Reprodução Proibida", retratando uma pessoa se olhando no espelho? Esta imagem constou da QUESTÃO 114[1] de Linguagens, Códigos e Suas Tecnologias (LCST) do ENEM de 2015.

MAGRITTE, R. A reprodução proibida. Óleo sobre tela, 81,3 x 65 cm.
Museum Boijmans Van Buningen, Holanda, 1937.

Este é um quadro do pintor surrealista belga. Surreal é aquilo que está "além do real". Se você entrar no Google Arts & Culture, selecionar "Movimentos de arte" e clicar em surrealismo, verá (em inglês — uma forma de treinar o idioma) que foi um movimento intelectual inspirado nas descobertas psicanalíticas de Freud, e verá (aí não precisa saber

---
1. Todos os números de questões neste livro referem-se à prova amarela.

158 | PORTUGUÊS SEM MISTÉRIO

inglês) alguns quadros bem bonitos de pintores surrealistas. Outros movimentos artísticos abordados no Google Arts incluem arte urbana, *art nouveau*, estilo gótico, futurismo, expressionismo etc. Vale a pena dar uma olhada. A Wikipédia também traz informações sobre o "surrealismo". Em síntese, a arte surrealista procura reproduzir o mundo onírico (dos sonhos). Que tem algo a ver com o mundo da loucura e das drogas psicodélicas, só que aí o "sonho" é vivido no estado de vigília. São emblemáticos da pintura surrealista os relógios derretendo de Dalí (pesquise "Salvador Dalí relógio derretendo" no Google). Mas estou "colocando o carro na frente dos bois". Como fizemos nos Capítulos 15 e 17, vamos primeiro ver a incidência das questões sobre artes em provas do ENEM do passado:

ENEM	NÚMERO DE QUESTÕES SOBRE ARTE	PORCENTAGEM
2009	6	13%
2010	4	9%
2011	5	11%
2012	3	7%
2013	4	9%
2014	4	9%
2015	6	13%
2015 2ª aplicação	6	13%
2016	4	9%
2016 2ª aplicação	5	11%
TOTAL	46	10%

Em média, dez por cento das questões da prova de LCST são sobre artes. Embora este seja um livro de português, não custa nada dar um panorama sucinto da história da arte, usando como fio condutor as questões das provas do ENEM de 2009 a 2016.

O termo **arte** tem um sentido bem amplo: você pode falar da "arte da guerra", "arte da escrita", "artes marciais". Aqui estamos usando "arte" nos sentidos mais restritos de **artes plásticas** — que são aquelas que (recorrendo à Wikipédia) "manipulam materiais para construir formas e imagens", compreendendo, pois, desenho, pintura, gravura, escultura e arquitetura" — e **artes cênicas**, que são aquelas "que se desenvolvem num palco ou local de representação", como teatro, ópera, dança, circo. A **literatura**, que também é uma forma de arte, envolve uma competência distinta, e será vista no Capítulo 20. O **cinema** é considerado uma arte à parte, a sétima arte, mas poderia ser incluído, junto com novela e série de TV, como uma espécie de "arte cênica" especial onde, graças aos recursos tecnológicos, o público fica a distância. A arte acompanha o ser humano desde a pré-história, quando praticava a arte rupestre, que eram desenhos nas paredes das cavernas.

COMO DESENVOLVER A COMPETÊNCIA 4... | 159

▪ Artes cênicas

Comecemos vendo a incidência das artes cênicas nas provas do ENEM (e tentando responder a algumas questões). O teatro foi abordado em sete questões do ENEM:

- (2009) Teatro do Oprimido, que é um método teatral criado por Augusto Boal nos anos 1970, que procura dar voz às pessoas comuns, oprimidas. "Sua linguagem teatral pode ser democratizada e apropriada pelo cidadão comum, no sentido de proporcionar-lhe autonomia crítica para compreensão e interpretação do mundo em que vive." (Fonte: Enem 2009)
- (2009) Gênero dramático: primeira questão a seguir.
- (2013) Teatro de Plínio Marcos, autor de peças fortes sobre pessoas marginalizadas, como *A navalha na carne* e *Dois perdidos numa noite suja*, escritas na época da ditadura militar, algumas das quais tiveram problemas com a censura.
- (2014) Rubricas em teatro, que são indicações, em meio ao diálogo, sobre o comportamento dos atores. Por exemplo (rubricas *em itálico*[2]): FABIANA, *arrepelando-se de raiva* — Hum! Ora, eis aí esta para que se casou meu filho, e trouxe a mulher para minha casa. É isto constantemente. Não sabe o senhor meu filho que quem casa quer casa... Já não posso, não posso, não posso! (*Batendo com o pé*). Um dia arrebento, e então veremos! (Questão 115 do ENEM de 2014)
- (2015) Teatro de improvisação.
- (2016) Teatro de rua: segunda questão a seguir.
- (2016) Teatro de Ariano Suassuna, autor pernambucano defensor da cultura popular nordestina, famoso por sua peça *Auto da Compadecida*, que virou filme e minissérie.

Vamos ver se você consegue responder às duas questões sobre artes cênicas.

QUESTÃO 100/ENEM de 2009

Comentário: Esta é uma questão capciosa, porque nenhuma das cinco respostas diz algo que está escrito no texto. Só que quatro são falsas e uma é verdadeira, portanto, pela lógica, você tem que escolher a verdadeira, mesmo sendo algo não dito no texto. Fique atento!

Gênero dramático é aquele em que o artista usa como intermediária entre si e o público a representação. A palavra vem do grego *drao* (fazer) e quer dizer ação. A peça teatral é, pois, uma composição literária destinada à apresentação por atores em um palco, atuando e dialogando entre si. O texto dramático é complementado pela atuação dos atores no espetáculo teatral e possui uma estrutura específica, caracterizada: 1) pela presença de personagens que devem estar ligados com lógica uns aos outros e à ação; 2) pela ação dramática (trama, enredo), que é o conjunto de atos dramáticos, maneiras de ser e de agir das personagens encadeadas à unidade do efeito e segundo uma ordem composta de exposição, conflito, complicação, clímax e desfecho; 3) pela situação ou ambiente, que é o conjunto de circunstâncias físicas,

---

2. Sabe o que é itálico? *É isto.* E negrito? **É isto.** Itálico e negrito dão destaque a partes do texto.

sociais, espirituais em que se situa a ação; 4) pelo tema, ou seja, a ideia que o autor (dramaturgo) deseja expor, ou sua interpretação real por meio da representação.

COUTINHO, A. **Notas de teoria literária**. Rio de Janeiro: Civilização Brasileira, 1973 (adaptado).

Considerando o texto e analisando os elementos que constituem um espetáculo teatral, conclui-se que

A. a criação do espetáculo teatral apresenta-se como um fenômeno de ordem individual, pois não é possível sua concepção de forma coletiva.

B. o cenário onde se desenrola a ação cênica é concebido e construído pelo cenógrafo de modo autônomo e independente do tema da peça e do trabalho interpretativo dos atores.

C. o texto cênico pode originar-se dos mais variados gêneros textuais, como contos, lendas, romances, poesias, crônicas, notícias, imagens e fragmentos textuais, entre outros.

D. o corpo do ator na cena tem pouca importância na comunicação teatral, visto que o mais importante é a expressão verbal, base da comunicação cênica em toda a trajetória do teatro até os dias atuais.

E. a iluminação e o som de um espetáculo cênico independem do processo de produção/recepção do espetáculo teatral, já que se trata de linguagens artísticas diferentes, agregadas posteriormente à cena teatral.

QUESTÃO 123/ENEM de 2016

Espetáculo **Romeu e Julieta**, Grupo Galpão
GUTO MUNIZ. Disponível em www.focoincena.com.br. Acesso em: 30 maio 2016.

A principal razão pela qual se infere que o espetáculo retratado na fotografia é uma manifestação do teatro de rua é o fato de

A. dispensar o edifício teatral para a sua realização.

B. utilizar figurinos com adereços cômicos.

COMO DESENVOLVER A COMPETÊNCIA 4... | 161

C. empregar elementos circenses na atuação.

D. excluir o uso de cenário na ambientação.

E. negar o uso de iluminação artificial.

Por enquanto não olhe as respostas.

A Wikipédia tem um bom verbete sobre teatro com links para subverbetes como "teatro do absurdo", "teatro de vanguarda" etc. Se você nunca viu uma peça de teatro e mora em uma cidade onde existam apresentações, vá ver pelo menos uma vez para saber como é. Vale a pena.

A dança foi abordada em cinco questões do ENEM, uma sobre balé (2009), uma sobre danças indígenas (2009), duas sobre dança folclórica (2010–11), uma sobre dança moderna (2015). Vamos ver se você acerta a pergunta sobre dança folclórica:

QUESTÃO 108/ENEM de 2011

Comentário: Esta é uma das perguntas em que você tem uma resposta mais "óbvia" e quatro respostas absurdas. Vamos ver se você mata a charada!

A dança é um importante componente cultural da humanidade. O folclore brasileiro é rico em danças que representam as tradições e a cultura de várias regiões do país. Estão ligadas aos aspectos religiosos, festas, lendas, fatos históricos, acontecimentos do cotidiano e brincadeiras e caracterizam-se pelas músicas animadas (com letras simples e populares), figurinos e cenários representativos.

SECRETARIA DA EDUCAÇÃO. **Proposta curricular do Estado de São Paulo:**
Educação Física. São Paulo: 2009 (adaptado).

A dança, como manifestação e representação da cultura rítmica, envolve a expressão corporal própria de um povo. Considerando-a como elemento folclórico, a dança revela

A. manifestações afetivas, históricas, ideológicas, intelectuais e espirituais de um povo, refletindo seu modo de expressar-se no mundo.

B. aspectos eminentemente afetivos, espirituais e de entretenimento de um povo, desconsiderando fatos históricos.

C. acontecimentos do cotidiano, sob influência mitológica e religiosa de cada região, sobrepondo aspectos políticos.

D. tradições culturais de cada região, cujas manifestações rítmicas são classificadas em um *ranking* das mais originais.

E. lendas, que se sustentam em inverdades históricas, uma vez que são inventadas, e servem apenas para a vivência lúdica de um povo.

Continue sem olhar as respostas, que estão no final do capítulo.

▪ Artes plásticas

Mas a maioria das questões sobre artes no ENEM versa sobre artes plásticas. Até o final do século XIX, os estilos das artes plásticas correspondiam aos da literatura, que veremos no Capítulo 20: renascentismo, barroco, romantismo, realismo. Na segunda metade do século XIX surge a **pintura impressionista**, que procura captar as impressões visuais e rompe com a pintura acadêmica. Existe um ótimo verbete sobre o impressionismo na Wikipédia. Na virada do século XIX para o XX surgem as **vanguardas artísticas**, que levam adiante o rompimento, iniciado pelo impressionismo, com os padrões clássicos, tradicionais. A arte vai deixando de ser **figurativa**, ou seja, de representar objetos reais (pessoas, animais, paisagens) ou imaginários (figuras mitológicas, da literatura etc.), até culminar no **abstracionismo**, uma arte geometrizada que não tem mais nenhuma relação com as formas das coisas. Contemporaneamente, novos movimentos artísticos, alguns de base mais popular, menos erudita, vêm agitando a cena artística: **cultura** *hip-hop*, **grafites**, **performances, instalações**. Enquanto as artes tradicionais buscavam a representação do belo, as artes modernas e contemporâneas são regidas por outros valores.

Nas questões do ENEM predominam as artes do século XX em diante. Vejamos a incidência por estilo:

- (2010) Impressionismo, movimento surgido na França na segunda metade do século XIX que procurou romper com a arte acadêmica. Os impressionistas pintavam seus quadros ao ar livre, procurando captar as impressões sensoriais e usando pinceladas que, vistas bem de perto, parecem borrões, sem os contornos nítidos da pintura mais clássica.

Mulher com Sombrinha, quadro do impressionista francês Monet pintado em 1875 (QUESTÃO 108/ENEM de 2010).

- (2010) Modernismo brasileiro. Os artistas modernistas brasileiros, entre eles Anita Malfatti, Tarsila do Amaral e Di Cavalcanti, "buscaram libertar a arte brasileira das normas acadêmicas europeias, valorizando as cores, a originalidade e os temas nacionais" (QUESTÃO 132/ENEM de 2010).

- (2010–15) Surrealismo: ver início deste capítulo e segunda questão a seguir.
- (2011) Arte contemporânea.

Arte contemporânea: Tronco com cadeira de N. LEIRNER (1964). Esta obra faz uma releitura de dois objetos comuns, cadeira e tronco, mostrando-os numa disposição inusitada.

- (2011, 2016) Cubismo, movimento artístico do início do século XX criado por Pablo Picasso, que é um meio-termo entre a pintura figurativa, que retrata objetos (pessoas, animais, paisagens, seres imaginários), e a pintura abstracionista, que retrata figuras geométricas. No cubismo você tem os objetos, mas deformados, geometrizados. Uma obra icônica do cubismo é Guernica.

Guernica, obra pintada por Pablo Picasso em protesto ao ataque aéreo alemão à pequena cidade basca de mesmo nome (QUESTÃO 114/ENEM de 2011)

- (2011) Grafites: estes você vê por toda parte, não preciso mostrar aqui.
- (2012) Escultura barroca: são famosas as esculturas barrocas de Aleijadinho em Congonhas do Campo, esculpidas em pedra-sabão. No Brasil existem muitas igrejas barrocas belíssimas, em Salvador, Ouro Preto, Rio de Janeiro e outras cidades. Se você mora no Rio de Janeiro não pode deixar de visitar a igreja do Mosteiro de São Bento, patrimônio da humanidade pela UNESCO, e a Igreja de São Francisco da Penitência, no Largo da Carioca, ao lado do convento e da Igreja de Santo Antônio. Nestas duas igrejas você verá o esplendor barroco em seu auge.

Profeta esculpido em pedra-sabão por Aleijadinho (QUESTÃO 131/ENEM de 2012). Observe que você tem uma imagem sacra com feições populares, de uma pessoa comum.

- (2013–15) Performance/instalação: a performance artística é uma obra da qual o próprio artista faz parte. Por exemplo, em uma de suas performances, o artista Joseph Beuys passou horas em uma galeria de Düsseldorf, Alemanha, com o rosto coberto de mel e folhas de ouro, carregando nos braços uma lebre morta, como lemos na Wikipédia.

Performance/instalação do artista mineiro Paulo Nazareth (QUESTÃO 127/ENEM de 2013), que "articula questões de identidade, território e códigos de linguagens".

- (2014) Objeto escultórico.

COMO DESENVOLVER A COMPETÊNCIA 4... | 165

Bicho de Bolso, objeto escultórico produzido por Lygia Clark (QUESTÃO 111/ENEM de 2014). Esse tipo de objeto permite a "participação efetiva do espectador na obra, o que determina a proximidade entre arte e vida".

- (2014–15–16) Cultura *hip-hop* e *rap*: ver primeira questão a seguir.
- (2016) Arte construtivista: arte de vanguarda, abstrata e geométrica, surgida na Rússia após a Revolução Soviética.

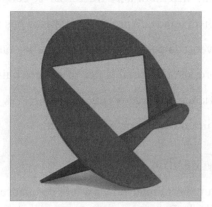

Escultura em aço do artista construtivista Amílcar de Castro, representativa da arte contemporânea brasileira, obtida por corte e dobra do material (QUESTÃO 116 DO ENEM DE 2016, 2ª aplicação.

- (2016) Vanguarda europeia: ver terceira questão a seguir.

O MASP de São Paulo possui o maior e melhor acervo de pinturas clássicas do hemisfério sul do planeta. Se tiver oportunidade visite esse e/ou outros museus de arte e tente entender como diferentes pintores de diferentes épocas e escolas se expressam.

166 | PORTUGUÊS SEM MISTÉRIO

— Agora vamos ver se você consegue responder a estas três perguntas.

QUESTÃO 129/ENEM de 2014

Comentário: Uma pergunta sobre a cultura *hip-hop*, tema recorrente nas provas do ENEM.

> No Brasil, a origem do *funk* e do *hip-hop* remonta aos anos 1970, quando da proliferação dos chamados "bailes *black*" nas periferias dos grandes centros urbanos. Embalados pela *black music* americana, milhares de jovens encontraram nos bailes de final de semana uma alternativa de lazer antes inexistente. Em cidades como o Rio de Janeiro ou São Paulo, formavam-se equipes de som que promoviam bailes onde foi se disseminando um estilo que buscava a valorização da cultura negra, tanto na música como nas roupas e nos penteados. No Rio de Janeiro ficou conhecido como "*Black* Rio". A indústria fonográfica descobriu o filão e, lançando discos de "equipe" com as músicas de sucesso nos bailes, difundia a moda pelo restante do país.
>
> DAYRELL, J. **A música entra em cena**: o *rap* e o *funk* na socialização da juventude. Belo Horizonte: UFMG, 2005

A presença da cultura *hip-hop* no Brasil caracteriza-se como uma forma de

A. lazer gerada pela diversidade de práticas artísticas nas periferias urbanas.

B. entretenimento inventada pela indústria fonográfica nacional.

C. subversão de sua proposta original já nos primeiros bailes.

D. afirmação de identidade dos jovens que a praticam.

E. reprodução da cultura musical norte-americana.

QUESTÃO 114/ENEM de 2015

Comentário: Esta pergunta está relacionada à foto do quadro de René Magritte no início do capítulo. Dê uma olhada. Das cinco respostas só uma tem a ver com o surrealismo, que lida com uma realidade onírica, surreal. Vamos ver se consegue descobrir qual é.

O Surrealismo configurou-se como uma das vanguardas artísticas europeias do início do século XX. René Magritte, pintor belga, apresenta elementos dessa vanguarda em suas produções. Um traço do Surrealismo presente nessa pintura é o(a)

A. justaposição de elementos díspares, observada na imagem do homem no espelho.

B. crítica ao passadismo, exposta na dupla imagem do homem olhando sempre para frente.

C. construção de perspectiva, apresentada na sobreposição de planos visuais.

D. processo de automatismo, indicado na repetição da imagem do homem.

E. procedimento de colagem, identificado no reflexo do livro no espelho.

QUESTÃO 98/ENEM de 2016, 2ª aplicação

Comentário: Uma pergunta difícil, cuja resposta você mata se conseguir identificar o estilo do quadro. Se precisar, dê uma olhada no Google Arts & Culture, "Movimentos de Arte", para ter uma ideia do que é o cubismo, expressionismo, dadaísmo, futurismo, neoplasticismo (lá chamado de De Stijl).

TEXTO 1

SEVERINI, G. **A hieroglífica dinâmica do Bal Tabarin**. Óleo sobre tela, 161,6 x 156,2 cm. Museu de Arte Moderna, Nova Iorque, 1912 Disponível em: www.moma.org. Acesso em: 18 maio 2013.

TEXTO 2

A existência dos homens criadores modernos é muito mais condensada e mais complicada do que a das pessoas dos séculos precedentes. A coisa representada, por imagem, fica menos fixa, o objeto em si mesmo se expõe menos do que antes. Uma paisagem rasgada por um automóvel, ou por um trem, perde em valor descritivo, mas ganha em valor sintético. O homem moderno registra cem vezes mais impressões do que o artista do século XVIII.

LEGÉR, F. **Funções da pintura**. São Paulo: Nobel, 1989.

A vanguarda europeia, evidenciada pela obra e pelo texto, expressa os ideais e a estética do

A. Cubismo, que questionava o uso da perspectiva por meio da fragmentação geométrica.

B. Expressionismo alemão, que criticava a arte acadêmica, usando a deformação.

168 | PORTUGUÊS SEM MISTÉRIO

C. Dadaísmo, que rejeitava a instituição artística, propondo a antiarte.

D. Futurismo, que propunha uma nova estética, baseada nos valores da vida moderna.

E. Neoplasticismo, que buscava o equilíbrio plástico, com utilização da direção horizontal e vertical.

Agora você pode consultar as respostas.

Respostas:

QUESTÃO 100/ENEM de 2009:

As afirmações A, B, D, E são falsas, por exemplo: "a criação do espetáculo teatral" não é "um fenômeno de ordem individual" etc. A única afirmação verdadeira (embora não corresponda a algo dito no texto) é a C.

QUESTÃO 123/ENEM de 2016:

A resposta é óbvia: o teatro de rua dispensa o edifício teatral (A).

QUESTÃO 108/ENEM de 2011:

"O folclore brasileiro é rico em danças que representam as tradições e a cultura de várias regiões do país." A resposta que mais se aproxima de "tradições e cultura" é a primeira (manifestações afetivas, históricas, ideológicas, intelectuais e espirituais de um povo). A resposta D também fala em "tradições culturais", mas o texto não diz nada sobre *ranking*.

QUESTÃO 129/ENEM de 2014:

A resposta certa é a quarta: "afirmação de identidade dos jovens que a praticam."

QUESTÃO 114/ENEM de 2015:

O que esse quadro tem de surreal é a justaposição de elementos díspares (A), que não combinam, a saber, o homem e sua imagem (que deveria estar olhando para ele).

QUESTÃO 98/ENEM de 2016, 2ª aplicação:

Este quadro é claramente cubista, ou seja, não é cem por cento figurativo, nem abstrato: a realidade está deformada, geometrizada. "A coisa representada, por imagem, fica menos fixa, o objeto em si mesmo se expõe menos do que antes." A resposta certa é: cubismo.

Se você teve um bom resultado, parabéns. Se não teve, tente entender por que errou e procure aumentar seus conhecimentos sobre artes, já que este tema representa em média dez por cento das questões da prova de LCST do ENEM. Não é muito, mas também não é pouco.

21

Como desenvolver a Competência 5:

Analisar, interpretar e aplicar recursos expressivos das linguagens, relacionando textos com seus contextos, mediante a natureza, função, organização, estrutura das manifestações, de acordo com as condições de produção e recepção

Até aqui vimos competências com baixa incidência na prova do ENEM e que não diziam respeito propriamente à língua portuguesa: tecnologias da comunicação e informação (4 questões por prova, em média), língua estrangeira (5 questões por prova), linguagem corporal (menos de 1,2 questão por prova em média) e artes (4,7 questões por prova em média). Agora vamos entrar nas competências com uma participação mais robusta na prova de LCST e também mais ligadas ao tema deste livro, que é a língua portuguesa. A Competência 5, que são as habilidades de leitura de gêneros, autores e obras, em prosa e poesia — ou seja, interpretação de textos literários —, envolve familiaridade com **gêneros textuais**, **estilos literários** e os **principais autores de nossa literatura e suas maiores obras**.

▪ Gêneros textuais

Assim como existem os **gêneros musicais** — *rock*, *pop*, *jazz*, *rap*, samba, MPB, valsa, *reggae* — existem os **gêneros textuais**, os tipos de textos: anedota ou piada, biografia, carta, código de leis (p. ex., o Código Penal), conto, crônica, diário, peça de teatro, editorial (um artigo expondo o ponto de vista de um jornal), história em quadrinhos (um gênero misto, que envolve desenho e texto), horóscopo, letra de canção, notícia, palestra, poesia, relatório, romance.

PORTUGUÊS SEM MISTÉRIO

Vejamos os tipos de questões do ENEM que lidaram diretamente com a questão dos gêneros textuais:

- (2009) Gênero dramático (peça de teatro): vimos uma questão no capítulo sobre artes.

- (2009) História em quadrinhos.

- (2010) Horóscopo. "Câncer 21/06 a 21/07 O eclipse em seu signo vai desencadear mudanças na sua autoestima e no seu modo de agir. O corpo indicará onde você falha — se anda engolindo sapos, a área gástrica se ressentirá. O que ficou guardado virá à tona para ser transformado, pois este novo ciclo exige uma 'desintoxicação'. Seja comedida em suas ações, já que precisará de energia para se recompor. (QUESTÃO 98/ENEM de 2010)"

- (2011–16) Piada: veja a segunda questão a seguir.

- (2014) Editorial de jornal.

- (2015) Biografia.

- (2016) Diário: veja a primeira questão a seguir.

- (2016) Rótulo de produto: veja a terceira questão a seguir.

QUESTÃO 120/ENEM de 2016

Comentário: Temos aqui um gênero híbrido de letra de canção + diário. Preste atenção na pergunta, que pede para você apontar, não uma característica da canção, e sim do gênero diário. Por exemplo, "recorrência de verbos no infinitivo" definitivamente não é uma característica do gênero diário, escrever um diário não obriga você a usar os verbos no infinitivo! Se liga!

Querido diário

Hoje topei com alguns conhecidos meus

Me dão bom-dia, cheios de carinho

Dizem para eu ter muita luz, ficar com Deus

Eles têm pena de eu viver sozinho

[...]

Hoje o inimigo veio me espreitar

Armou tocaia lá na curva do rio

Trouxe um porrete a mó de me quebrar

Mas eu não quebro porque sou macio, viu

HOLANDA, C. B. **Chico**. Rio de Janeiro: Biscoito Fino, 2013 (fragmento).

Uma característica do gênero diário que aparece na letra da canção de Chico Buarque é o(a)

A. diálogo com interlocutores próximos.

B. recorrência de verbos no infinitivo.

C. predominância de tom poético.

D. uso de rimas na composição.

E. narrativa autorreflexiva.

QUESTÃO 124/ENEM de 2016

Comentário: Repare que a pergunta não é sobre as características em geral da piada (por exemplo, a função humorística), e sim sobre como a piada é enfatizada no texto em pauta. Fique ligado!

O humor e a língua

Há algum tempo, venho estudando as piadas, com ênfase em sua constituição linguística. Por isso, embora a afirmação a seguir possa parecer surpreendente, creio que posso garantir que se trata de uma verdade quase banal: as piadas fornecem simultaneamente um dos melhores retratos dos valores e problemas de uma sociedade, por um lado, e uma coleção de fatos e dados impressionantes para quem quer saber o que é e como funciona uma língua, por outro. Se se quiser descobrir os problemas com os quais uma sociedade se debate, uma coleção de piadas fornecerá excelente pista: sexualidade, etnia/raça e outras diferenças, instituições (igreja, escola, casamento, política), morte, tudo isso está sempre presente nas piadas que circulam anonimamente e que são ouvidas e contadas por todo mundo em todo o mundo. Os antropólogos ainda não prestaram a devida atenção a esse material, que poderia substituir com vantagem muitas entrevistas e pesquisas participantes. Saberemos mais a quantas andam o machismo e o racismo, por exemplo, se pesquisarmos uma coleção de piadas do que qualquer outro corpus.

POSSENTI, S. **Ciência Hoje**, n. 176, out. 2001 (adaptado).

A piada é um gênero textual que figura entre os mais recorrentes na cultura brasileira, sobretudo na tradição oral. Nessa reflexão, a piada é enfatizada por

A. sua função humorística.

B. sua ocorrência universal.

C. sua diversidade temática.

D. seu papel como veículo de preconceitos.

E. seu potencial como objeto de investigação.

172 | PORTUGUÊS SEM MISTÉRIO

QUESTÃO 134/ENEM de 2016

Comentário: Esta é uma dessas questões que considero capciosas, que procuram confundir, pois mais de uma resposta parece corresponder ao que diz o texto. Preste atenção na pergunta, que é sobre o **objetivo** do texto.

Adoçante

Quatro gotas do produto contêm 0,04 kcal e equivalem ao poder adoçante de 1 colher (de chá) de açúcar.

Ingredientes — água, sorbitol, edulcorantes (sucralose e acesulfame de potássio); conservadores: benzoato de sódio e ácido benzoico, acidulante ácido cítrico e regulador de acidez citrato de sódio.

Não contém glúten.

Informação nutricional — porção de 0,12 ml (4 gotas).

Não contém quantidade significativa de carboidratos, proteínas, gorduras totais, gorduras trans, fibra alimentar e sódio.

Consumir preferencialmente sob orientação de nutricionista ou médico.

Cosmed Indústria de Cosméticos e Medicamentos S/A. Barueri, SP.

Esse texto, rótulo de um adoçante, tem como objetivo transmitir ao leitor informações sobre a

A. composição nutricional do produto.

B. necessidade de consultar um especialista antes do uso.

C. medida exata de cada ingrediente que compõe a fórmula.

D. quantidade do produto que deve ser consumida diariamente.

E. correspondência calórica existente entre o adoçante e o açúcar.

Na prova do ENEM de 2016 (2ª aplicação) a questão 99 pediu que o candidato identificasse o gênero textual:

QUESTÃO 99/ENEM de 2016, 2ª aplicação

Comentário: Esta é uma questão cuja resposta é óbvia. É tão óbvia que você pode desconfiar e, por isto, errar, achando que tem alguma pegadinha.

Fraudador é preso por emitir atestados com erro de português

Mais um erro de português leva um criminoso às mãos da polícia. Desde 2003, M.O.P., de 37 anos, administrava a empresa MM, que falsificava boletins de ocorrência, carteiras profissionais e atestados de óbito, tudo para anular multas de trânsito. Amparado pela documentação fajuta de M.O.P., um motorista pode-

COMO DESENVOLVER A COMPETÊNCIA 5... | 173

ria alegar às Juntas Administrativas de Recursos de Infrações que ultrapassou o limite de velocidade para levar uma parente que passou mal e morreu a caminho do hospital. O esquema funcionou até setembro, quando M.O.P. foi indiciado. Atropelara a gramática. Havia emitido, por exemplo, um atestado de abril do ano passado em que estava escrito aneurisma "celebral" (com l no lugar de r) e "insulficiência" múltipla de órgãos (com um l desnecessário em "insulficiência" — além do fato de a expressão médica adequada ser "falência múltipla de órgãos").

M.O.P. foi indiciado pela 2ª Delegacia de Divisão de Crimes de Trânsito. Na casa do acusado, em São Miguel Paulista, zona leste de São Paulo, a polícia encontrou um computador com modelos de documentos.

Língua Portuguesa, n. 12, set. 2006 (adaptado).

O texto apresentado trata da prisão de um fraudador que emitia documentos com erros de escrita. Tendo em vista o assunto, a organização, bem como os recursos linguísticos, depreende-se que esse texto é um(a)

A. conto, porque discute problemas existenciais e sociais de um fraudador.

B. notícia, porque relata fatos que resultaram no indiciamento de um fraudador.

C. crônica, porque narra o imprevisto que levou a polícia a prender um fraudador.

D. editorial, porque opina sobre aspectos linguísticos dos documentos redigidos por um fraudador.

E. piada, porque narra o fato engraçado de um fraudador descoberto pela polícia por causa de erros de grafia.

Respostas:

QUESTÃO 120/ENEM de 2016:

A resposta é óbvia: a narrativa autorreflexiva (ou seja, sobre si mesma) é típica do gênero diário.

QUESTÃO 124/ENEM de 2016:

Neste texto, a piada é enfatizada por "seu potencial como objeto de investigação". Diz o texto: "venho estudando as piadas"; "as piadas fornecem simultaneamente um dos melhores retratos dos valores e problemas de uma sociedade, por um lado, e uma coleção de fatos e dados impressionantes para quem quer saber o que é e como funciona uma língua".

QUESTÃO 134/ENEM de 2016:

A resposta certa é a segunda. O objetivo do texto é mostrar ao leitor a necessidade de consultar um especialista antes do uso. Diz o texto: "Consumir preferencialmente sob orientação de nutricionista ou médico."

174 | PORTUGUÊS SEM MISTÉRIO

QUESTÃO 99/ENEM de 2016, 2ª aplicação:

Este texto não é um conto (uma história fictícia), nem uma crônica (um texto literário curto), nem um editorial (a opinião de um jornal ou revista), nem uma piada (embora tenha algo de engraçado). É claramente uma notícia.

▪ Estilos literários e principais escritores

Um quarto das questões do ENEM envolve textos literários, em prosa e poesia. Vimos na introdução da Parte III que os textos poéticos representam, em média, dez por cento das questões. Já os textos literários em prosa representam quinze por cento, como mostra a tabela abaixo.

ENEM	QUESTÕES SOBRE TEXTOS LITERÁRIOS EM PROSA	PORCENTAGEM
2009	4	9%
2010	6	13%
2011	3	7%
2012	10	22%
2013	4	9%
2014	9	20%
2015	7	16%
2015 2ª aplicação	8	18%
2016	11	24%
2016 2ª aplicação	7	16%
TOTAL	69	15%

Você já deve ter ouvido falar de **estilos de época**. Talvez você já tenha se perguntado por que no mundo moderno não existe mais um estilo predominante que possa ser considerado típico da nossa época. Ou existe, mas só será enxergado retrospectivamente, por críticos literários do futuro? Esta pergunta ficará aqui sem resposta. Aquilo que chamamos de "**estilos de época**" — barroco, romantismo, realismo, naturalismo, impressionismo, modernismo — eram mais do que meros estilos literários. Eram movimentos artísticos, estéticos e culturais que abrangiam diferentes formas de arte ou outras disciplinas: arquitetura, paisagismo, filosofia, literatura, música, artes plásticas (pintura, escultura). Por exemplo: igrejas barrocas, parques românticos (Quinta da Boa Vista, Campo de Santana e

COMO DESENVOLVER A COMPETÊNCIA 5... | 175

Parque Lage, no Rio), filosofia romântica (Schelling), música barroca (Bach), literatura naturalista (Aluísio de Azevedo), pintura impressionista (Renoir). Estes movimentos estéticos eram de longa duração, alguns abarcando períodos superiores a meio século.

Vamos ver então um panorama bem sintético da evolução através do tempo dos movimentos artísticos, com foco na literatura.

Literatura greco-romana

Foi aí que tudo começou. O teatro trágico e cômico, a poesia épica, as fábulas surgiram na Grécia Antiga, antes do nascimento de Cristo. Mas embora até meio século atrás as antiguidades greco-romanas fossem ensinadas nos colégios brasileiros (inclusive o latim), não restou nenhum traço delas nas provas do ENEM de 2009 a 2016!

Literatura medieval

Foi na Idade Média que o velho latim se transformou (como se transformam os seres vivos), dando origem às línguas neolatinas, entre elas o nosso português. Os textos literários mais antigos em nosso idioma, que são as cantigas dos trovadores, remontam à Idade Média. São da época medieval as histórias sobre cavaleiros andantes (que inspiraram a obra *Dom Quixote*) e lendas como a dos Cavaleiros da Távola Redonda. Mas isto também é ignorado pelo ENEM.

Renascentismo

No século XVI, os grandes descobrimentos, a invenção da imprensa (barateando os livros) e das armas de fogo (tornando obsoletas as muralhas ao redor das cidades), a Reforma Protestante desafiando a hegemonia da Igreja Católica na Europa e outros progressos fizeram com que o espírito religioso medieval, que colocava Deus no centro de tudo, desse lugar a um espírito humanista, que põe o homem no centro de tudo. A cultura clássica, greco-romana, foi redescoberta, "renasceu". Naquela época o Brasil estava nos primórdios de sua colonização e nossa produção cultural ainda era incipiente (mas não nula).

Barroco

O barroco é um movimento estético que floresceu entre o final do séc. XVI e meados do séc. XVIII. Caracterizou-se pelo rebuscamento das formas. É só entrar em uma igreja barroca em Salvador, Olinda, Rio, Ouro Preto etc. que você entenderá o que estou dizendo. O barroco afetou a arte religiosa (igrejas barrocas, sermões do Padre Vieira) e leiga (literatura de Gregório dos Santos). O barroco até hoje foi tema de duas questões do ENEM, uma sobre a obra de Aleijadinho, que vimos no capítulo sobre artes, e outra sobre um poema de Gregório de Matos (2014).

176 | PORTUGUÊS SEM MISTÉRIO

Romantismo

Por "romântico" a gente entende algo (um filme, uma canção, um poema) que tem como tema o amor (uma comédia romântica, canções românticas). O romantismo como grande movimento estético que varou o século XIX então teria como seu tema principal o amor? O romantismo valorizou os sentimentos humanos, e o amor é um destes sentimentos, talvez o mais poderoso. Mas valorizou também a imaginação, a fantasia, a natureza, as lendas e tradições nacionais. Os grandes clássicos do terror, *Drácula* e *Frankenstein*, são produtos da imaginação de escritores românticos "góticos". Em nosso país um dos temas explorados pelos escritores românticos foi o povo indígena, habitante do Brasil enquanto a Europa vivia a Idade Média. A obra *O Guarani*, de José de Alencar, nosso maior escritor romântico, virou até uma ópera de Carlos Gomes, cuja abertura você ouve até os dias de hoje no início da famigerada Voz do Brasil nas nossas rádios. Mas nem só de indígenas vivia a literatura de Alencar. Ele escreveu romances históricos (*Guerra dos Mascates*), regionalistas (*O Gaúcho*), e urbanos, tendo por protagonistas mulheres (*Diva*, *Lucíola*, *Senhora*). Lucíola é um romance bem avançado para a época, a história de uma mulher que cai na prostituição, mas depois se regenera.[1]

No ENEM de 2012 uma questão sobre tecnologias da informação falava sobre a digitalização das obras de José de Alencar. Na segunda aplicação do ENEM de 2015 a questão 117 (que veremos adiante) cita um trecho do romance *Senhora*, de José de Alencar.

QUESTÃO 134/ENEM de 2012

Comentário: Todas as cinco respostas propostas são verdadeiras, nenhuma delas é falsa. Portanto todas "parecem" válidas. Você tem que descobrir qual corresponde mais ao que foi dito no texto.

> "Ele era o inimigo do rei", nas palavras de seu biógrafo, Lira Neto. Ou, ainda, "um romancista que colecionava desafetos, azucrinava D. Pedro II e acabou inventando o Brasil". Assim era José de Alencar (1829–877), o conhecido autor de *O guarani* e *Iracema*, tido como o pai do romance no Brasil. Além de criar clássicos da literatura brasileira com temas nativistas, indianistas e históricos, ele foi também folhetinista, diretor de jornal, autor de peças de teatro, advogado, deputado federal e até ministro da Justiça. Para ajudar na descoberta das múltiplas facetas desse personagem do século XIX, parte de seu acervo inédito será digitalizada.

História Viva, n. 99, 2011.

Com base no texto, que trata do papel do escritor José de Alencar e da futura digitalização de sua obra, depreende-se que

A. a digitalização dos textos é importante para que os leitores possam compreender seus romances.

---

1. Não é uma obra muito extensa. Existe também em forma de *graphic novel*. Quando estiver de bobeira no trem, metrô, ônibus, fila etc., em vez de ficar olhando compulsivamente o Facebook no *smartphone* ou algo semelhante, por que você não lê literatura no Kindle? Dá para baixar o aplicativo Kindle no *smartphone*, no *tablet*, no *desktop*. Este conselho vale para todo mundo, não só para candidatos do ENEM.

COMO DESENVOLVER A COMPETÊNCIA 5... | 177

B. o conhecido autor de *O guarani* e *Iracema* foi importante porque deixou uma vasta obra literária com temática atemporal.

C. a divulgação das obras de José de Alencar, por meio da digitalização, demonstra sua importância para a história do Brasil Imperial.

D. a digitalização dos textos de José de Alencar terá importante papel na preservação da memória linguística e da identidade nacional.

E. o grande romancista José de Alencar é importante porque se destacou por sua temática indianista.

Resposta no rodapé.[2]

Realismo

O realismo é o rompimento com a fantasia e a volta à realidade. Foi um movimento muito forte em toda a literatura ocidental na segunda metade do séc. XIX. Balzac, na França; Tolstói, na Rússia; Eça de Queiroz, em Portugal; Charles Dickens, na Inglaterra, foram escritores realistas. Aqui no Brasil, Machado de Assis começou como um escritor romântico, em obras como *Helena* e *Iaiá Garcia*, mas em *Memórias Póstumas de Brás Cubas* (que são "memórias" escritas pelo autor depois de "morrer") dá um "salto quântico" e passa a produzir uma literatura bastante original, plena de ironias e digressões, que o coloca no rol dos autores realistas. Mas Machado é Machado, não dá para enquadrar. Mulato, nasceu no "morro" (do Livramento), teve uma infância humilde, nunca cursou a universidade, nunca viajou ao exterior e se alçou aos mais altos píncaros da produção literária brasileira. Uma boa maneira de se familiarizar com sua obra é lendo alguns de seus contos. Você vai se deleitar ao ver como o Rio e sua paisagem urbana e humana eram diferentes do Rio do século XXI. A literatura é uma máquina do tempo!

A Questão 113 da prova de LCST do ENEM de 2010 sintetiza a carreira de Machado de Assis:

QUESTÃO 113/ENEM DE 2010

Joaquim Maria **Machado de Assis**, cronista, contista, dramaturgo, jornalista, poeta, novelista, romancista, crítico e ensaísta, nasceu na cidade do Rio de Janeiro em 21 de junho de 1839. Filho de um operário mestiço de negro e português, Francisco José de Assis, e de D. Maria Leopoldina Machado de Assis, aquele que viria a

---

2. O texto não diz que parte do acervo será digitalizada para que os leitores possam compreender os romances de Alencar, e sim para ajudar na descoberta de suas múltiplas facetas (A). O texto não diz que Alencar "deixou uma vasta obra literária com temática atemporal", e sim que criou "clássicos da literatura brasileira com temas nativistas, indianistas e históricos" (B). Tampouco o texto fala da história do Brasil Imperial (C) nem diz que a digitalização dos textos será importante "na preservação da memória linguística e da identidade nacional" (D). O romancista Alencar é importante, mas o texto não diz que é devido à temática indianista (E). Esta é uma pergunta capciosa em que nenhuma das respostas parece corresponder ao que diz o texto. Mas uma corresponde mais que as outras. A resposta certa é a D.

178 | PORTUGUÊS SEM MISTÉRIO

tornar-se o maior escritor do país e um mestre da língua, perde a mãe muito cedo e é criado pela madrasta, Maria Inês, também mulata, que se dedica ao menino e o matricula na escola pública, única que frequentou o autodidata Machado de Assis.

Disponível em: http://www.passeiweb.com. Acesso em: 1 maio 2009

Considerando os seus conhecimentos sobre os gêneros textuais, o texto citado constitui-se de

A. fatos ficcionais, relacionados a outros de caráter realista, relativos à vida de um renomado escritor.

B. representações generalizadas acerca da vida de membros da sociedade por seus trabalhos e vida cotidiana.

C. explicações da vida de um renomado escritor, com estrutura argumentativa, destacando como tema seus principais feitos.

D. questões controversas e fatos diversos da vida de personalidade histórica, ressaltando sua intimidade familiar em detrimento de seus feitos públicos.

E. apresentação da vida de uma personalidade, organizada sobretudo pela ordem tipológica da narração, com um estilo marcado por linguagem objetiva.

Resposta no rodapé.[3]

Naturalismo

O naturalismo é o realismo levado ao extremo, é a radicalização do realismo. Inspira-se na teoria evolucionista de Charles Darwin que derruba o homem de sua posição privilegiada no universo, mostrando que não passa de um animal primata. É esse lado animalesco, instintivo do homem que o naturalismo explora, inclusive o sexo. O maior representante do naturalismo no Brasil foi Aluísio Azevedo, autor de *O Cortiço*, um clássico que foi adaptado para o cinema e que talvez você goste de ler.

Modernismo

O modernismo estourou no Brasil com a Semana da Arte Moderna de 1922 e afetou arquitetura, artes plásticas e literatura. Um gênero que já havia sido cultivado por José de Alencar, o romance regionalista, retratando uma região específica do Brasil, "bombou" durante o apogeu da literatura modernista. Como seus representantes tivemos o baiano Jorge Amado, o paraibano José Lins do Rego, o gaúcho Érico Veríssimo, o mineiro Guimarães Rosa, o alagoano Graciliano Ramos. Os modernistas praticaram uma linguagem mais enxuta, menos rebuscada, mais próxima da linguagem falada. Também na poesia tivemos grandes autores modernistas, como Carlos Drummond de Andrade e Manuel Bandeira.

---

3. O texto não contém "fatos ficcionais" (A), nem "representações generalizadas acerca da vida de membros da sociedade" (B), nem questões controversas (D), nem estrutura argumentativa (C). Resta como resposta certa a última (E).

Pós-modernismo

Com o "esgotamento" do modernismo nas décadas finais do século XX, a literatura brasileira, assim como as manifestações artísticas e culturais em geral, graças às novas tecnologias que ampliaram o acesso aos conteúdos culturais (na internet você publica o que bem entender e acessa o que desejar), não segue mais um grande movimento estético que a todos inclua. As mídias também se ampliaram, e seria mais do que justo incluir os roteiristas de cinema e de séries de TV, os autores de telenovelas, os autores de quadrinhos, tirinhas, mangás, memes, os jornalistas, os autores de biografias, os letristas da MPB, os *rappers* etc. no rol dos nossos escritores contemporâneos. A verdade é que só daqui a umas décadas, a um olhar retrospectivo, teremos uma noção mais sistematizada do que teria sido o "estilo de época" da época contemporânea. Quem viver verá!

Dito isto, vejamos quais os autores brasileiros e estrangeiros cujos textos em prosa caíram no ENEM de 2009 a 2016. Observe que Machado de Assis é o campeão!

Aloísio Azevedo (2011)

Bertold Brecht (2009)

Carlos Drummond de Andrade (2012–15)

Clarice Lispector (2010–13–16)

Cyro Martins (2014)

Dalton Trevisan (2010–14)

Fernando Bonassi (2015)

Fernando Sabino (2014)

Graciliano Ramos (2015)

Guimarães Rosa (2011–14–15)

João Alphonsus (2016)

João do Rio (2010)

Jorge Amado (2010–15)

José de Alencar (2015)

Luis Fernando Veríssimo (2014–16 2x)

Lia Luft (2014)

Lima Barreto (2010–12)

Lygia Fagundes Teles (2015)

Machado de Assis (2010–13–14–16)

Mário de Andrade (2015 2x)

Marta Medeiros (2016)

Mia Couto (2015)

Millôr Fernandes (2016)

Monteiro Lobato (2010)

Oscar Nakasato (2016)

Osman Lins (2009–16)

Plínio Marcos (2013)

Raduan Nassar (2009)

Raul Pompeia (2015)

Rubem Braga (2012)

Rubem Fonseca (2012–14)

E agora você vai responder a cinco questões envolvendo textos literários em prosa. Faça com calma e só veja as respostas quando tiver concluído. Este exercício é importante para aferir sua proficiência[4] nesta área.

---

4. Às vezes uso uma palavra "difícil" de propósito para você se acostumar a olhar no dicionário. Assim você aumenta seu vocabulário.

180 | PORTUGUÊS SEM MISTÉRIO

QUESTÃO 119/ENEM de 2011

Comentário: Aqui você tem um trecho de *O cortiço*, clássico do romance naturalista de Aluísio Azevedo. Observe com que "colorido" o autor descreve uma roda musical em que o fado português ("dos desterrados") triste dá lugar a um "chorado" baiano animado.

> Abatidos pelo fadinho harmonioso e nostálgico dos desterrados, iam todos, até mesmo os brasileiros, se concentrando e caindo em tristeza; mas, de repente, o cavaquinho de Porfiro, acompanhado pelo violão do Firmo, romperam vibrantemente com um chorado baiano. Nada mais que os primeiros acordes da música crioula para que o sangue de toda aquela gente despertasse logo, como se alguém lhe fustigasse o corpo com urtigas bravas. E seguiram-se outras notas, e outras, cada vez mais ardentes e mais delirantes. Já não eram dois instrumentos que soavam, eram lúbricos gemidos e suspiros soltos em torrente, a correrem serpenteando, como cobras numa floresta incendiada; eram ais convulsos, chorados em frenesi de amor: música feita de beijos e soluços gostosos; carícia de fera, carícia de doer, fazendo estalar de gozo.
>
> AZEVEDO, A. **O Cortiço**. São Paulo: Ática, 1983 (fragmento).

No romance *O Cortiço* (1890), de Aluízio Azevedo, as personagens são observadas como elementos coletivos caracterizados por condicionantes de origem social, sexo e etnia. Na passagem transcrita, o confronto entre brasileiros e portugueses revela prevalência do elemento brasileiro, pois

A. destaca o nome de personagens brasileiras e omite o de personagens portuguesas.

B. exalta a força do cenário natural brasileiro e considera o do português inexpressivo.

C. mostra o poder envolvente da música brasileira, que cala o fado português.

D. destaca o sentimentalismo brasileiro, contrário à tristeza dos portugueses.

E. atribui aos brasileiros uma habilidade maior com instrumentos musicais.

QUESTÃO 117/ENEM de 2015, 2ª aplicação

Comentário: Aqui temos um trecho do romance *Senhora*, de José de Alencar, descrevendo a personagem principal, Aurélia, uma mulher emancipada em uma época em que as mulheres eram dependentes dos homens.

> Quem não se recorda de Aurélia Camargo, que atravessou o firmamento da corte como brilhante meteoro, e apagou-se de repente no meio do deslumbramento que produzira seu fulgor? Tinha ela dezoito anos quando apareceu a primeira vez na sociedade. Não a conheciam; e logo buscaram todos com avidez informações

COMO DESENVOLVER A COMPETÊNCIA 5... | 181

acerca da grande novidade do dia. Dizia-se muita coisa que não repetirei agora, pois a seu tempo saberemos a verdade, sem os comentos malévolos de que usam vesti-la os noveleiros. Aurélia era órfã; tinha em sua companhia uma velha parenta, viúva, D. Firmina Mascarenhas, que sempre a acompanhava na sociedade. Mas essa parenta não passava de mãe de encomenda, para condescender com os escrúpulos da sociedade brasileira, que naquele tempo não tinha admitido ainda certa emancipação feminina. Guardando com a viúva as deferências devidas à idade, a moça não declinava um instante do firme propósito de governar sua casa e dirigir suas ações como entendesse. Constava também que Aurélia tinha um tutor; mas essa entidade era desconhecida, a julgar pelo caráter da pupila, não devia exercer maior influência em sua vontade, do que a velha parenta.

ALENCAR, J. **Senhora**. São Paulo: Ática, 2006

O romance *Senhora*, de José de Alencar, foi publicado em 1875. No fragmento transcrito, a presença de D. Firmina como "parenta" de Aurélia Camargo assimila práticas e convenções sociais inseridas no contexto do Romantismo, pois

A. o trabalho ficcional do narrador desvaloriza a mulher ao retratar a condição feminina na sociedade brasileira da época.

B. o trabalho ficcional do narrador mascara os hábitos sociais no enredo de seu romance.

C. as características da sociedade em que Aurélia vivia são remodeladas na imaginação do narrador romântico.

D. o narrador evidencia o cerceamento sexista à autoridade da mulher, financeiramente independente.

E. o narrador incorporou em sua ficção hábitos muito avançados para a sociedade daquele período histórico.

QUESTÃO 129/ENEM de 2010

Comentário: Agora um texto de *Quincas Borbas*, de Machado de Assis. Três respostas são obviamente absurdas. Entre as duas que parecem "lógicas", vamos ver se você escolhe a certa.

Um criado trouxe o café. Rubião pegou na xícara e, enquanto lhe deitava açúcar, ia disfarçadamente mirando a bandeja, que era de prata lavrada. Prata, ouro, eram os metais que amava de coração; não gostava de bronze, mas o amigo Palha disse-lhe que era matéria de preço, e assim se explica este par de figuras que aqui está na sala: um *Mefistófeles* e um *Fausto*. Tivesse, porém, de escolher, escolheria a bandeja — primor de argentaria, execução fina e acabada. O criado esperava teso e sério. Era espanhol; e não foi sem resistência que Rubião o aceitou das mãos de Cristiano; por mais que lhe dissesse que estava acostumado

182 | PORTUGUÊS SEM MISTÉRIO

aos seus crioulos de Minas, e não queria línguas estrangeiras em casa, o amigo Palha insistiu, demonstrando-lhe a necessidade de ter criados brancos. Rubião cedeu com pena. O seu bom pajem, que ele queria pôr na sala, com um pedaço da província, nem o pôde deixar na cozinha, onde reinava um francês, Jean; foi degradado a outros serviços.

ASSIS, M. Quincas Borba. In: **Obra completa** Vol.1. Rio de Janeiro: Nova Aguilar, 1993 (fragmento).

Quincas Borba situa-se entre as obras-primas do autor e da literatura brasileira. No fragmento apresentado, a peculiaridade do texto que garante a universalização de sua abordagem reside

A. no conflito entre o passado pobre e o presente rico, que simboliza o triunfo da aparência sobre a essência.

B. no sentimento de nostalgia do passado devido à substituição da mão de obra escrava pela dos imigrantes.

C. na referência a Fausto e Mefistófeles, que representam o desejo de eternização de Rubião.

D. na admiração dos metais por parte de Rubião, que metaforicamente representam a durabilidade dos bens produzidos pelo trabalho.

E. na resistência de Rubião aos criados estrangeiros, que reproduz o sentimento de xenofobia.

QUESTÃO 107/ENEM de 2016, 2ª aplicação

Comentário: Até aqui vimos textos de autores clássicos. Vamos ver agora um texto de um autor atual, Millôr Fernandes, falecido em 2012. Se você for ao Arpoador, no Rio de Janeiro, verá o "banco do Millôr"[5], um banco panorâmico em homenagem ao escritor, desenhista e jornalista carioca. Observe que existe no texto um efeito de humor, que induz o leitor a pensar uma coisa ("Dei-lhe duas tacadas na cara"), e depois explica que não era bem aquilo (a tacada não foi na cara do garçom, e sim na bola).

Certa vez, eu jogava uma partida de sinuca, e só havia a bola sete na mesa. De modo que a mastiguei lentamente saboreando-lhe os bocados com prazer. Refiro-me à refeição que havia pedido ao garçom. Dei-lhe duas tacadas na cara. Estou me referindo à bola. Em seguida, saí montando nela e a égua, de que estou falando agora, chegou calmamente à fazenda de minha mãe. Fui encontrá-la morta na mesa, meu irmão comia-lhe uma perna com prazer e ofereceu-me um pedaço: "Obrigado", disse eu, "já comi galinha no almoço".

---

5. Pelas regras que vimos no Capítulo 6, Millôr, assim como amor, flor, pintor, não deveria ter acento. Mas sendo nome próprio, vale tudo.

COMO DESENVOLVER A COMPETÊNCIA 5... | 183

Logo em seguida, chegou minha mulher e deu-me na cara. Um beijo, digo. Dei-lhe um abraço. Fazia calor. Daí a pouco minha camisa estava inteiramente molhada. Refiro-me a que estava na corda secando, quando começou a chover. Minha sogra apareceu para apanhar a camisa.

Não tive remédio senão esmagá-la com o pé. Estou falando da barata que ia trepando na cadeira.

Malaquias, meu primo, vivia com uma velha de oitenta anos. A velha era sua avó, esclareço. Malaquias tinha dezoito filhos, mas nunca se casou. Isto é, nunca se casou com uma mulher que durasse mais de um ano. Agora, sentado à nossa frente, Malaquias fura o coração com uma faca. Depois corta as pernas e o sangue do porco enche a bacia.

Nos bons tempos passeávamos juntos. Eu tinha um carro. Malaquias tinha uma namorada. Um dia rolou a ribanceira. Me refiro a Malaquias. Entrou pela pretoria adentro arrebentando porta e parou resfolegante junto do juiz pálido de susto. Me refiro ao carro. E a Malaquias.

FERNANDES, M. **Trinta anos de mim mesmo**. São Paulo: Abril Cultural, 1973.

Nesse texto, o autor reorienta o leitor no processo de leitura, usando como recurso expressões como "refiro-me/me refiro", "estou me referindo", "de que estou falando agora", "digo", "estou falando da", "esclareço", "isto é". Todas elas são expressões linguísticas introdutoras de paráfrases, que servem para

A. confirmar.

B. contradizer.

C. destacar.

D. retificar.

E. sintetizar.

QUESTÃO 98/ENEM de 2012

Comentário: Vamos ver uma crônica de Rubem Braga em que ele se magoa porque alguém o chamou de "senhor" enquanto chamou os outros de "você". Isto não tem jeito: à medida que seus cabelos vão ficando grisalhos, as pessoas o chamam de "senhor", queira você ou não. Acontece comigo.

O senhor

Carta a uma jovem que, estando em uma roda em que dava aos presentes o tratamento de você, se dirigiu ao autor chamando-o "o senhor":

Senhora:

Aquele a quem chamastes senhor aqui está, de peito magoado e cara triste, para vos dizer que senhor ele não é, de nada, nem de ninguém. Bem o sabeis, por certo, que a única nobreza do plebeu está em não querer esconder sua condição, e esta nobreza tenho eu. Assim, se entre tantos senhores ricos e nobres a quem chamáveis você escolhestes a mim para tratar de senhor, é bem de ver que só poderíeis ter encontrado essa senhoria nas rugas de minha testa e na prata de meus cabelos. Senhor de muitos anos, eis aí; o território onde eu mando é no país do tempo que foi. Essa palavra "senhor", no meio de uma frase, ergueu entre nós um muro frio e triste.

Vi o muro e calei: não é de muito, eu juro, que me acontece essa tristeza; mas também não era a vez primeira.

BRAGA, R. **A borboleta amarela**. Rio de Janeiro: Record, 1991.

A escolha do tratamento que se queira atribuir a alguém geralmente considera as situações específicas de uso social. A violação desse princípio causou um mal-estar no autor da carta. O trecho que descreve essa violação é:

A. "Essa palavra, 'senhor', no meio de uma frase ergueu entre nós um muro frio e triste."

B. "A única nobreza do plebeu está em não querer esconder a sua condição."

C. "Só poderíeis ter encontrado essa senhoria nas rugas de minha testa."

D. "O território onde eu mando é no país do tempo que foi."

E. "Não é de muito, eu juro, que acontece essa tristeza; mas também não era a vez primeira."

Respostas:

QUESTÃO 119/ENEM de 2011:

A resposta certa é a C.

QUESTÃO 117/ENEM de 2015, 2ª aplicação:

O texto diz que Aurélia se fazia acompanhar de uma "mãe de encomenda" (uma pseudomãe) em uma sociedade que não aceitava a emancipação feminina. A resposta certa é a quarta.

QUESTÃO 129/ENEM de 2010:

As respostas C a E são obviamente absurdas: o texto não fala de "desejo de eternização de Rubião", nem que os metais "metaforicamente representam a durabilidade dos bens produzidos pelo trabalho" e menos ainda que Rubião fosse xenófobo. A resposta A parece ter certa lógica ao falar do "conflito entre o passado pobre e o presente rico", que é real, mas o texto não fala de "triunfo da aparência sobre a essência". A resposta certa é a segunda. Ao enriquecer Rubião foi levado a substituir seus escravos ("seus crioulos de Minas") por "criados brancos" estrangeiros: o criado espanhol, o cozinheiro francês.

COMO DESENVOLVER A COMPETÊNCIA 5... | 185

QUESTÃO 107/ENEM de 2016, 2ª aplicação:

A resposta certa é a D. O autor induz o leitor a pensar uma coisa ("deu-me [um tapa] na cara"), depois retifica ("Um beijo, digo").

QUESTÃO 98/ENEM de 2012:

"Essa palavra, 'senhor', no meio de uma frase ergueu entre nós um muro frio e triste."

Se seu resultado foi bom, parabéns. Se foi médio, tente melhorar. Se foi ruim, não desanime. Interpretação de texto é como dirigir ou nadar: aprende-se com a prática. Neste caso específico, você tem que (1) praticar a leitura, lendo revistas de atualidades (*Veja*, *Época*, *Isto É*), revistas de variedades (*Superinteressante*), contos, crônicas, os colunistas dos jornais na internet etc. (em suma, leia, leia, leia) e (2) praticar a múltipla escolha propriamente, fazendo simulados do ENEM ou as próprias provas do ENEM do passado, acessíveis na internet. Você vai achar as provas em www.infoenem.com.br/provas-anteriores/. Faça as provas de 2009, 2010, 2011, 2015 (duas aplicações) e 2016 (duas aplicações), que estão sem as respostas. As provas de 2012 a 2014 não servem para fins de simulação porque vêm com as respostas marcadas. Você vai ver que nem todas as perguntas são tão difíceis quanto estas cinco que selecionei aqui.

▪ Poesia

Cabe agora uma pequena explanação sobre poesia, já que representa dez por cento das questões da prova de LCST do ENEM. A poesia clássica segue **formas fixas**: um número fixo de sílabas por verso, um número fixo de versos por estrofe, e um esquema de rimas. A forma mais simples de um poema clássico é a **redondilha maior**, com versos de sete sílabas, comuns nas canções infantis tradicionais e na literatura popular, como de cordel:

A/ti/rei/ o/ pau/ no/ ga/to[6]
Mas/ o/ ga/to/ não/ mor/reu/
Do/na/ Chi/ca ad/mi/rou-/se/[7]
Do berro que o gato deu.

Por outro lado, a forma mais elaborada de um poema clássico é o **soneto**, que é um poema de 14 versos, com dois quartetos (estrofes de quatro versos) e dois tercetos (estrofes de três versos). Os versos do soneto costumam ser decassílabos (dez sílabas),

---

6. A contagem de sílabas em poesia vai até a última sílaba tônica, forte. Por exemplo, a sílaba tônica de gato é "ga". Em "Atirei o pau no gato" a contagem de sílabas vai só até "ga".

7. Em poesia, a sílaba final de uma palavra terminada em vogal ("Chica") e a sílaba inicial de uma palavra começada em vogal ("admirou") se juntam em termos de contagem: Chi-**cad**-mi-rou. Estou dizendo essas filigranas para que você tenha um mínimo de cultura poética, mas não esquente a cabeça que o ENEM não pergunta nada disso. Se quiser saber tudo sobre a arte poética adquira meu livro *Manual do poeta*, publicado pela Ciência Moderna.

186 | PORTUGUÊS SEM MISTÉRIO

mas não obrigatoriamente. Na introdução da Parte III vimos um soneto do poeta do século XIX Cruz e Souza. Outro grande sonetista da literatura brasileira foi Olavo Bilac. Augusto dos Anjos é um poeta pré-modernista que, embora componha sonetos rigorosamente clássicos, adota temáticas bem ousadas, com termos científicos, uma visão naturalista do homem, certo pessimismo. Um poeta que, embora moderno, adota a forma clássica do soneto é Vinicius de Moraes.

Com o modernismo a poesia se "liberta" das formas fixas e adota o **verso livre**, sem métrica, sem rima obrigatória. Nossos maiores poetas modernistas foram Carlos Drummond de Andrade e Manuel Bandeira.

Paralelamente à poesia "erudita" existe a poesia popular, por exemplo, a literatura de cordel, e a "poesia" das letras de músicas. Não foi à toa que Noel Rosa ficou conhecido como o "poeta da Vila". E todo bom sambista se considera um poeta.

Agora vamos ver algumas questões do ENEM envolvendo poesias e canções.

QUESTÃO 116/ENEM de 2014

Comentário: Vamos começar com um soneto mórbido de Augusto dos Anjos, autor de transição entre a poesia clássica e modernista. Ele ainda é clássico na forma (soneto), mas já é moderno na temática, no conteúdo.

Psicologia de um vencido

Eu, filho do carbono e do amoníaco,
Monstro de escuridão e rutilância,
Sofro, desde a epigênesis da infância,
A influência má dos signos do zodíaco.

Profundíssimamente hipocondríaco,
Este ambiente me causa repugnância...
Sobe-me à boca uma ânsia análoga à ânsia
Que se escapa da boca de um cardíaco.

Já o verme – este operário das ruínas –
Que o sangue podre das carnificinas
Come, e à vida em geral declara guerra,

Anda a espreitar meus olhos para roê-los,
E há de deixar-me apenas os cabelos,
Na frialdade inorgânica da terra!

ANJOS, A. **Obra completa**. Rio de Janeiro: Nova Aguilar, 1994

A poesia de Augusto dos Anjos revela aspectos de uma literatura de transição designada como pré-modernista. Com relação à poética e à abordagem temática presentes no soneto, identificam-se marcas dessa literatura de transição, como

COMO DESENVOLVER A COMPETÊNCIA 5... | 187

A. forma do soneto, os versos metrificados, a presença de rimas e o vocabulário requintado, além do ceticismo, que antecipam conceitos estéticos vigentes no Modernismo.

B. empenho do eu lírico pelo resgate da poesia simbolista, manifesta em metáforas como "Monstro da escuridão e rutilância" e "influência má dos signos do zodíaco".

C. seleção lexical emprestada ao cientificismo, como se lê em "carbono e amoníaco", "epigênesis da infância" e "frialdade inorgânica", que restitui a visão naturalista do homem.

D. manutenção de elementos formais vinculados à estética do Parnasianismo e do Simbolismo, dimensionada pela inovação na expressividade poética, e o desconcerto existencial.

E. ênfase no processo de construção de uma poesia descritiva e ao mesmo tempo filosófica, que incorpora valores morais e científicos mais tarde renovados pelos modernistas.

QUESTÃO 131/ENEM de 2009

Comentário: Vamos ver agora um poema modernista, com versos livres, sem métrica, sem rimas.

Confidência do Itabirano

Alguns anos vivi em Itabira.
Principalmente nasci em Itabira.
Por isso sou triste, orgulhoso: de ferro.
Noventa por cento de ferro nas calçadas.
Oitenta por cento de ferro nas almas.
E esse alheamento do que na vida é porosidade e
[comunicação.

A vontade de amar, que me paralisa o trabalho,
vem de Itabira, de suas noites brancas, sem mulheres e
[sem horizontes.
E o hábito de sofrer, que tanto me diverte,
é doce herança itabirana.

De Itabira trouxe prendas diversas que ora te ofereço:
esta pedra de ferro, futuro aço do Brasil,
este São Benedito do velho santeiro Alfredo Duval;
este couro de anta, estendido no sofá da sala de visitas;
este orgulho, esta cabeça baixa...

188 | PORTUGUÊS SEM MISTÉRIO

Tive ouro, tive gado, tive fazendas.
Hoje sou funcionário público.
Itabira é apenas uma fotografia na parede.
Mas como dói!

ANDRADE, C. D. **Poesia completa**. Rio de Janeiro: Nova Aguilar, 2003.

Carlos Drummond de Andrade é um dos expoentes do movimento modernista brasileiro. Com seus poemas, penetrou fundo na alma do Brasil e trabalhou poeticamente as inquietudes e os dilemas humanos. Sua poesia é feita de uma relação tensa entre o universal e o particular, como se percebe claramente na construção do poema Confidência do Itabirano. Tendo em vista os procedimentos de construção do texto literário e as concepções artísticas modernistas, conclui-se que o poema

A. representa a fase heroica do modernismo, devido ao tom contestatório e à utilização de expressões e usos linguísticos típicos da oralidade.

B. apresenta uma característica importante do gênero lírico, que é a apresentação objetiva de fatos e dados históricos.

C. evidencia uma tensão histórica entre o "eu" e a sua comunidade, por intermédio de imagens que representam a forma como a sociedade e o mundo colaboram para a constituição do indivíduo.

D. critica, por meio de um discurso irônico, a posição de inutilidade do poeta e da poesia em comparação com as prendas resgatadas de Itabira.

E. apresenta influências românticas, uma vez que trata da individualidade, da saudade da infância e do amor pela terra natal, por meio de recursos retóricos pomposos.

QUESTÃO 106/ENEM de 2013

Comentário: Agora uma letra de *rap* de Gabriel, o Pensador.

Até quando?

Não adianta olhar pro céu
Com muita fé e pouca luta
Levanta aí que você tem muito protesto pra fazer
E muita greve, você pode, você deve, pode crer
Não adianta olhar pro chão
Virar a cara pra não ver
Se liga aí que te botaram numa cruz e só porque Jesus
Sofreu não quer dizer que você tenha que sofrer!

GABRIEL, O PENSADOR. **Seja você mesmo (mas não seja sempre o mesmo)**.
Rio de Janeiro: Sony Music, 2001 (fragmento).

As escolhas linguísticas feitas pelo autor conferem ao texto

A. caráter atual, pelo uso de linguagem própria da internet.

B. cunho apelativo, pela predominância de imagens metafóricas.

C. tom de diálogo, pela recorrência de gírias.

D. espontaneidade, pelo uso da linguagem coloquial.

E. originalidade, pela concisão da linguagem.

QUESTÃO 101/ENEM de 2012

Comentário: Para terminar, uma "voz lírica feminina" contrastando a vida dos homens com aquela das mulheres nas sociedades tradicionais, machistas.

Das irmãs

os meus irmãos sujando-se
na lama
e eis-me aqui cercada
de alvura e enxovais

eles se provocando e provando
do fogo
e eu aqui fechada
provendo a comida

eles se lambuzando e arrotando
na mesa
e eu a temperada
servindo, contida

os meus irmãos jogando-se
na cama
e eis-me afiançada
por dote e marido

QUEIROZ, S. **O sacro ofício**. Belo Horizonte: Comunicação, 1980.

O poema de Sonia Queiroz apresenta uma voz lírica feminina que contrapõe o estilo de vida do homem ao modelo reservado à mulher. Nessa contraposição, ela conclui que

A. a mulher deve conservar uma assepsia que a distingue de homens, que podem se jogar na lama.

B. a palavra "fogo" é uma metáfora que remete ao ato de cozinhar, tarefa destinada às mulheres.

190 | PORTUGUÊS SEM MISTÉRIO

C. a luta pela igualdade entre os gêneros depende da ascensão financeira e social das mulheres.

D. a cama, como sua "alvura e enxovais", é um símbolo da fragilidade feminina no espaço doméstico.

E. os papéis sociais destinados aos gêneros produzem efeitos e graus de autorrealização desiguais.

Respostas:

QUESTÃO 116/ENEM de 2014:

A pergunta pede "marcas (características) dessa literatura de transição" em relação à poética e temática. Quanto à poética, temos os elementos formais do parnasianismo e simbolismo (a forma "soneto") e quanto à temática, o "desconcerto existencial". A resposta certa é a quarta. Pergunta difícil, exceto para os cultores (fãs) de Augusto dos Anjos.

QUESTÃO 131/ENEM de 2009:

As respostas A, B, D e E são claramente falsas: não existe "fase heroica" do modernismo, o gênero lírico não se caracteriza pela "apresentação objetiva dos fatos", o poema não fala sobre "inutilidade do poeta e da poesia" e Drummond não tem nenhuma influência do romantismo. A resposta certa é a terceira.

QUESTÃO 106/ENEM de 2013:

É típico do *rap* a espontaneidade e o uso da linguagem coloquial. Resposta D.

QUESTÃO 101/ENEM de 2012

Os papéis sociais destinados a homens (sujar-se na lama, brigar, arrotar, transar) e mulheres (providenciar o enxoval, cozinhar, servir a comida, casar-se) na sociedade tradicional machista geram uma grande desigualdade entre os gêneros e impedem que as mulheres se realizem profissionalmente. A resposta certa é a última.

22

Como desenvolver a Competência 6:

Compreender e usar os sistemas simbólicos das diferentes linguagens como meios de organização cognitiva da realidade pela constituição de significados, expressão, comunicação e informação

Linguagem corporal, visual e verbal (escrita e oral)

Esta competência envolve o conceito de **linguagem**. Linguagem é uma forma de comunicação. Por exemplo, se duas pessoas que falam línguas diferentes se encontram, elas se comunicam por gestos. É a **linguagem dos gestos**, que é um tipo de linguagem corporal. Outras formas de **linguagem corporal** são expressões faciais, movimentos dos olhos etc. Existe a **linguagem verbal**, que utiliza palavras, e a **linguagem visual**, que utiliza imagens. Na comunicação, a linguagem visual geralmente está associada à linguagem verbal. São exemplos de linguagem visual associada à linguagem verbal: gráficos, cartazes, cartuns, charges, propagandas, revistas em quadrinhos, tirinhas, memes. Vamos ver a incidência de questões do ENEM utilizando linguagem visual:

ENEM	NÚMERO DE QUESTÕES ENVOLVENDO LINGUAGEM VISUAL	PORCENTAGEM
2009	3	7%
2010	6	13%
2011	4	9%
2012	7	16%
2013	7	16%
2014	6	13%

(continua...)

(continuação...)

2015	2	4%
2015 2ª aplicação	6	13%
2016	2	4%
2016 2ª aplicação	5	11%
TOTAL	48	11%

Agora você vai responder a algumas questões do ENEM envolvendo linguagem visual (combinada com linguagem verbal):

QUESTÃO 132/ENEM de 2013

Comentário: Esta questão mistura linguagem verbal com não verbal (visual), ou seja, texto com gráficos.

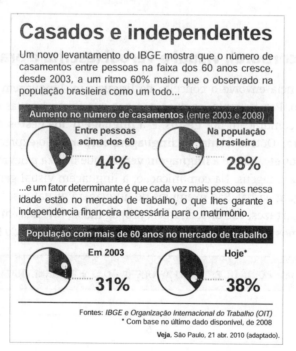

Os gráficos expõem dados estatísticos por meio de linguagem verbal e não verbal. No texto, o uso desse recurso

A. exemplifica o aumento da expectativa de vida da população.

B. explica o crescimento da confiança na instituição do casamento.

C. mostra que a população brasileira aumentou nos últimos cinco anos.

D. indica que as taxas de casamento e emprego cresceram na mesma proporção.

E. sintetiza o crescente número de casamentos e de ocupação no mercado de trabalho.

QUESTÃO 101/ENEM de 2015

Comentário: Temos aqui um anúncio publicitário.

Disponível em: www.behance.net. Acesso em: 21 fev. 2013 (adaptado).

A rapidez é destacada como uma das qualidades do serviço anunciado, funcionando como estratégia de persuasão em relação ao consumidor do mercado gráfico. O recurso da linguagem verbal que contribui para esse destaque é o emprego

A. do termo "fácil" no início do anúncio, com foco no processo

B. de adjetivos que valorizam a nitidez da impressão.

C. das formas verbais no futuro e no pretérito, em sequência.

D. da expressão intensificadora "menos do que" associada à qualidade.

E. da locução "do mundo" associada a "melhor", que quantifica a ação.

QUESTÃO 127/ENEM de 2015, 2ª aplicação

Comentário: Temos aqui uma tirinha.

DAHMER, A. Disponível em: www.malvados.com.br. Acesso em: 18 fev. 2013.

As redes sociais permitem que seus usuários facilmente compartilhem entre si ideias e opiniões. Na tirinha, há um tom de crítica àqueles que

A. fazem uso inadequado das redes sociais para criticar o mundo.

B. são usuários de redes sociais e têm seus desejos atendidos.

C. se supõem críticos, porém não apresentam ação efetiva.

D. são usuários das redes sociais e não criticam o mundo.

E. se esforçam para promover mudanças no mundo.

QUESTÃO 98/ENEM de 2015, 2ª aplicação

Comentário: Temos agora uma charge.

CABRAL, I. Disponível em: www.ivancabral.com. Acesso em: 30 jul. 2012

A palavra inglesa "involution" traduz-se como involução ou regressão. A construção da imagem com base na combinação do verbal com o não verbal revela a intenção de

A. denunciar o retrocesso da humanidade.

B. criticar o consumo de bebida alcoólica pelos humanos.

C. satirizar a caracterização dos humanos como primatas.

COMO DESENVOLVER A COMPETÊNCIA 6... | 195

D. elogiar a teoria da evolução humana pela seleção natural.

E. fazer um trocadilho com as palavras inovação e involução.

Respostas:

QUESTÃO 132/ENEM de 2013

O uso de gráficos sintetiza o crescente número de casamentos ("Aumento no número de casamentos") e de ocupação no mercado de trabalho ("População com mais de 60 anos no mercado de trabalho"). A última resposta está certa.

QUESTÃO 101/ENEM de 2015:

A pergunta quer saber qual é o recurso da linguagem verbal que dá ideia de rapidez. É o verbo no futuro ("vai ser bom") e depois no passado ("não foi?"). A resposta certa é a C.

QUESTÃO 127/ENEM de 2015, 2ª aplicação:

A tirinha faz uma crítica a quem critica o mundo sem fazer esforço para mudá-lo, ou seja, aos que "se supõem críticos, porém não apresentam ação efetiva".

QUESTÃO 98/ENEM de 2015, 2ª aplicação

A charge parece denunciar o "retrocesso da humanidade", mas existe uma pegadinha aí. A garrafinha de bebida na mão do humano e depois caída no chão mostra que ela critica o consumo de bebidas alcoólicas. A resposta certa é a B.

A linguagem verbal pode ser **falada** (oral) ou **escrita**. Existem sociedades ágrafas, que não desenvolveram a escrita e que só utilizam a linguagem oral. Por exemplo, as sociedades indígenas que habitavam o nosso país antes da chegada dos europeus. A Questão 106 do ENEM de 2015 aborda este tema:

> As narrativas indígenas se sustentam e se perpetuam por uma tradição de transmissão oral (sejam as histórias verdadeiras dos seus antepassados, dos fatos e guerras recentes ou antigos; sejam as histórias de ficção, como aquelas da onça e do macaco). De fato, as comunidades indígenas nas chamadas "terras baixas da América do Sul" (o que exclui as montanhas dos Andes, por exemplo) não desenvolveram sistemas de escrita como os que conhecemos, sejam alfabéticos (como a escrita do português), sejam ideogramáticos (como a escrita dos chineses) ou outros. Somente nas sociedades indígenas com estratificação social (ou seja, já divididas em classes), como foram os astecas e os maias, é que surgiu algum tipo de escrita.

A linguagem oral geralmente é mais informal, menos estruturada do que a linguagem escrita, com interrupção da ordem lógica das frases, vocabulário mais limitado, maior incidência de gírias, pronúncias que nem sempre correspondem ao que está escrito, e uso de termos "expletivos", meio que, tipo assim, enfim, que nada acrescentam ao sentido da frase. A Questão 102 do ENEM de 2014 dá um bom exemplo de linguagem

196 | PORTUGUÊS SEM MISTÉRIO

falada. Observe que as quebras das sequências lógicas das frases são assinaladas por reticências (...) e que o(a) orador(a) repete sistematicamente a palavra "né":

> eu acho um fato interessante... né... foi como meu pai e minha mãe vieram se conhecer... né... que... minha mãe morava no Piauí com toda família... né... meu... meu avô... materno no caso... era maquinista... ele sofreu um acidente... infeliz-mente morreu... minha mãe tinha cinco anos... né... e o irmão mais velho dela... meu padrinho... tinha dezessete e ele foi obrigado a trabalhar... foi trabalhar no banco... e... ele foi... o banco... no caso... estava... com um número de funcionários cheio e ele teve que ir para outro local e pediu transferência prum local mais perto de Parnaíba que era a cidade onde eles moravam e por engano o... o... escri-vão entendeu Paraíba... né... e meu... e minha família veio parar em Mossoró que era exatamente o local mais perto onde tinha vaga pra funcionário do Banco do Brasil e ela foi parar na rua do meu pai... né... e começaram a se conhecer... na-moraram onze anos... né... pararam algum tempo... brigaram... é lógico... porque todo relacionamento tem uma briga... né... e eu achei esse fato muito interessante porque foi uma coincidência incrível... né... como vieram a se conhecer... namora-ram e hoje... e até hoje estão juntos... dezessete anos de casados...

▪ Funções da linguagem

A linguagem pode exercer diferentes funções:

- **Emotiva** ou **expressiva**: Revela emoções e sentimentos do emissor. Por exem-plo: "Desculpem-me, mas não dá pra fazer uma cronicazinha divertida hoje. Simplesmente não dá. Não tem como disfarçar: esta é uma típica manhã de segunda-feira. A começar pela luz acesa da sala que esqueci ontem à noite. Seis recados para serem respondidos na secretária eletrônica. Recados chatos. Con-tas para pagar que venceram ontem. Estou nervoso. Estou zangado." (Trecho da crônica "Desabafo", de J. E. Carneiro, publicada na *Veja* de 11 de setembro de 2002, que figurou na Questão 127 do ENEM de 2012.)

- **Conativa**, **apelativa** ou **persuasiva**: Tentativa de influenciar o receptor, típica da propaganda. Por exemplo: "**Seja ativo**. Caminhe ou corra, ande de bicicleta, pratique um esporte, dance. Os exercícios fazem as pessoas se sentirem bem — o importante é cada pessoa achar a atividade que lhe dá prazer e que é adequada a seus limites. Estudos de longo prazo sugerem que a prática de uma atividade física previne o declínio das capacidades mentais e protege contra a ansiedade e a depressão. [...]" (Questão 102 do ENEM de 2015, 2a aplicação.)

- **Referencial** ou **expositiva**: Descrição de um fato. Por exemplo: "Animal raro foi encontrado por biólogos em canteiro de obras de usina. Exemplares estão no Museu Emilio Goeldi, no Pará" (Questão 124 do ENEM de 2015, 2a aplicação.)

- **Metalinguística**: A linguagem falando sobre a própria linguagem. Por exemplo: "Existe coisa mais descabida do que chamar de sambódromo uma passarela para desfile de escolas de samba? Em grego, -dromo quer dizer 'ação de correr', 'lugar de corrida', daí as palavras autódromo e hipódromo. É certo que, às vezes, durante o desfile, a escola se atrasa e é obrigada a correr para não perder pontos, mas não se desloca com a velocidade de um cavalo ou de um carro de Fórmula 1." (Texto de Ferreira Gular, que figurou na Questão 119 do ENEM de 2015.)

- **Poética**: Linguagem da poesia ou da prosa poética. Por exemplo, a "Canção do vento e da minha vida", de Manuel Bandeira, que figurou nas Questões 117 e 118 do ENEM de 2009:

  O vento varria as folhas,

  O vento varria os frutos,

  O vento varria as flores...

  E a minha vida ficava

  Cada vez mais cheia

  De frutos, de flores, de folhas.

- **Fática**: Envolve a própria comunicação. Exemplos: "alô", "oi", "câmbio", "está ouvindo?", "fala mais alto", coisas assim.

Agora você vai responder a duas questões que envolvem o conceito de funções da linguagem.

QUESTÃO 133/ENEM de 2013

Comentário: Aqui temos um texto literário escrito em Portugal, algo raro no ENEM. O verbete de dicionário no início mostra que o texto aborda as diferenças entre o português do Brasil e Portugal, exemplificadas pelo termo *rapariga*, que em Portugal designa uma moça e, no Brasil, uma meretriz. A pergunta envolve a noção de função metalinguística da linguagem.

Lusofonia

rapariga: s.f., fem. de rapaz: mulher nova; moça; menina; (Brasil), meretriz.

Escrevo um poema sobre a rapariga que está sentada no café, em frente da chávena de café, enquanto alisa os cabelos com a mão. Mas não posso escrever este poema sobre essa rapariga porque, no brasil, a palavra rapariga não quer dizer o que ela diz em portugal. Então, terei de escrever a mulher nova do café, a jovem do café, a menina do café, para que a reputação da pobre rapariga que alisa os cabelos com a mão, num café de lisboa, não fique estragada para sempre quando este poema atravessar o atlântico para desembarcar no rio de janeiro. E isto tudo sem pensar em áfrica, porque aí lá terei de escrever sobre a moça do café, para evitar o tom demasiado continental da rapariga, que é uma palavra que já me está a pôr com dores de cabeça até porque, no fundo, a única coisa que eu queria era escrever um poema sobre a rapariga do café. A solução, então, é

198 | PORTUGUÊS SEM MISTÉRIO

mudar de café, e limitar-me a escrever um poema sobre aquele café onde nenhuma rapariga se pode sentar à mesa porque só servem café ao balcão.

JÚDICE, N. **Matéria do Poema**. Lisboa: D. Quixote, 2008

O texto traz em relevo as funções metalinguística e poética. Seu caráter metalinguístico justifica-se pela

A. discussão da dificuldade de se fazer arte inovadora no mundo contemporâneo.

B. defesa do movimento artístico da pós-modernidade, típico do século XX.

C. abordagem de temas do cotidiano, em que a arte se volta para assuntos rotineiros.

D. tematização do fazer artístico, pela discussão do ato de construção da própria obra.

E. valorização do efeito de estranhamento causado no público, o que faz a obra ser reconhecida.

QUESTÃO 117/ENEM de 2011

Comentário: Aqui temos a letra de uma canção sobre desilusão amorosa de um grande compositor da MPB. Você pode ouvir esta canção no YouTube. Observe que cada uma das cinco respostas propostas define uma diferente função da linguagem. Por exemplo, "transmite informações objetivas sobre o tema de que trata a canção" seria a função referencial, e assim por diante.

Pequeno concerto que virou canção
Não, não há por que mentir ou esconder
A dor que foi maior do que é capaz meu coração
Não, nem há por que seguir cantando só para explicar
Não vai nunca entender de amor quem nunca soube amar
Ah, eu vou voltar pra mim
Seguir sozinho assim
Até me consumir ou consumir toda essa dor
Até sentir de novo o coração capaz de amor

VANDRÉ, G. Disponível em: http://www.letras.terra.com.br. Acesso em: 29 jun. 2011.

Na canção de Geraldo Vandré, tem-se a manifestação da função poética da linguagem, que é percebida na elaboração artística e criativa da mensagem, por meio de combinações sonoras e rítmicas. Pela análise do texto, entretanto, percebe-se, também, a presença marcante da função emotiva ou expressiva, por meio da qual o emissor

A. imprime à canção as marcas de sua atitude pessoal, seus sentimentos.

B. transmite informações objetivas sobre o tema de que trata a canção.

C. busca persuadir o receptor da canção a adotar um certo comportamento.

D. procura explicar a própria linguagem que utiliza para construir a canção.

E. objetiva verificar ou fortalecer a eficiência da mensagem veiculada.

Respostas:

QUESTÃO 133/ENEM de 2013

Metalinguagem é a linguagem que fala sobre a própria linguagem. O texto é metalinguístico porque fala sobre "o fazer artístico" (literário) e "discute a construção da própria obra", que é o poema sobre a rapariga. A quarta resposta está correta.

QUESTÃO 117/ENEM de 2011

Por meio da função emotiva o emissor aborda seus sentimentos (A). B seria a função referencial. C, função persuasiva; D, função metalinguística; E, função fática. A primeira alternativa está correta.

▪ Evolução e formas da língua

As **línguas** (portuguesa, inglesa, alemã, francesa) são formas específicas de linguagem, com vocabulários próprios, regras etc. As línguas são como os organismos vivos: transformam-se com o tempo. O português, como o francês, espanhol, italiano, evoluiu a partir do latim, língua falada no Império Romano e até hoje a língua oficial da Santa Sé. O próprio português (assim como o francês etc.) falado hoje difere daquele de cinquenta anos atrás, cem anos atrás, e assim por diante (veja o boxe O PORTUGUÊS ATRAVÉS DOS TEMPOS). As gírias se renovam, surgem novas expressões, palavras caem em desuso, palavras de línguas estrangeiras são incorporadas etc. (Veaj o boxe AMERICAN WAY, ao final do capítulo.) O próprio "internetês" é parte da metamorfose natural da língua. Às vezes a escola não consegue acompanhar esta evolução. A Questão 100 do ENEM de 2014 cita uma artigo de S. Possenti onde ele diz: "Só há uma saída para a escola se ela quiser ser mais bem-sucedida: aceitar a mudança da língua como um fato."

O PORTUGUÊS ATRAVÉS DOS TEMPOS

Século XII: Auto de partilha. O mais antigo documento português, arquivado na Torre do Tombo, em Portugal.

Hec est notitia de partiçon e de deuison que fazemos antre nos dos herdamentus e dus cout (os) e das onrras e dos padruadigos das eygreygas que forum de nossu padre e de nossa madre, en esta maneira que Rodrigo Sanchiz ficar por sa particon na quinta do couto de Viiturio e na quinta do padroadigo.

Século XV: Cantiga de Joam Rodrigues de Castelo Branco (observe que, naquele tempo, padecia-se de amor tanto quanto hoje).

> Senhora, parten tã tristes
> meus olhos por vos, meu bẽ,
> que nũca tam tristes vistes
> outros nenhũs por ninguem.
>
> Tam tristes, tam saudosos,
> tam doentes da partyda,
> tam canssados, tã chorosos,
> da morte mays desejosos
> çem myl vezes que da vida.

Século XVI: Texto do Padre José de Anchieta sobre o espírito festeiro dos índios brasileiros (que, ao que parece, acabou se estendendo aos demais habitantes do país):

Com o vinho das frutas que é muito forte se embebedam muito e perdem o siso; bebem tanto que às vezes andam dois dias com as suas noites bebendo, e às vezes mais, principalmente nas matanças de contrários, e todo este tempo cantando e bailando sem cansar nem dormir.

Século XVII: Trecho da *Carta de guia dos casados*, de Dom Francisco Manuel de Melo, criticando as mulheres que riem demais:

Ora do riso que diremos? Pois se elas têm bons dentes, e aquilo que chamam graça na boca, e cova na face, aí lhe digo eu a V. m. que está o perigo. Há mulher destas, que rirá a todo o sermão da Paixão, como se fosse ao de dia de Páscoa, somente por assoalhar aquele seu tesouro. Não disse Platão, nem Sêneca, cousa melhor que o que disseram as nossas velhas: *muito riso, pouco siso.*

Século XVIII: Fala de uma "ópera" (comédia) de Antônio José da Silva, o Judeu. Aos 34 anos, foi queimado vivo pela Inquisição pelo crime de "judaísmo".

Eis que partido eu para a nossa casa, com o recado de vossa mercê para a Senhora Alcmena, a primeira cousa, que encontrei, foi a nossa cadela, que com o rabo começou a explicar a sua alegria; donde inferi, que há criaturas, que têm a língua no rabo.

Século XIX: Texto de Francisco Adolfo de Varnhagen, Visconde de Porto Seguro, descrevendo como o uso do tabaco pelos índios acabou sendo imitado (e exportado para a Europa) pelos colonizadores.

Vendo-se em pequeno número e tão desamparados, os cristãos em cada uma das capitanias começaram por afazer-se a muitos usos dos bárbaros, nos objetos domésticos e de primeira necessidade. Destes adotaram o uso do tabaco de fumo, e com tanto amor que se tornou geral, e passou à Europa, e já no século seguinte constituía um dos ramos da indústria e produção do Brasil.

Século XX (primeira metade): Texto de Humberto de Campos sobre o horror ao céu estrelado. Humberto foi um dos cronistas mais lidos e apreciados da década de 1930.

Ao contrário dos poetas e, em geral, dos panteístas, eu tenho horror às noites estreladas. Nada me deprime tanto, e me entristece, como o espetáculo da imensidade celeste. A visão das estrelas miúdas, da "écharpe" ondulosa da Via-Láctea, chama-me à realidade da vida, e à consciência da minha insignificância. Lembro-me que aqueles glóbulos quase invisíveis são milhares ou milhões de vezes maiores do que aquele em que habito. E baixo os olhos, humilhado.

Século XX (segunda metade): Trecho de *Terror e êxtase*, romance de José Carlos Oliveira sobre o tema do amor bandido: a paixão de uma cocotinha *hippie* de Ipanema por seu sequestrador, o bandido 1001.

Esse negócio de droga e suicídio não leva a nada, podes crer. Uma cheiradinha de vez em quando, um fuminho curtido com gente boa, ainda admito. Mas a morte a gente tem que encontrar do lado de fora, e não do lado de dentro. Meu negócio agora é *birinaite* sempre, e droga de vez em quando, *sacou*? Entrei numa de birita, que esfola o fígado devagarinho, não tem perigo de acordar no cemitério.

Século XXI (início): De um *blog* da internet:

enfim lay novo, feito meio nas coxa, mesmo pq não to mais naquele pique todo de postar mas enqto eu não acabo logo com o blog de vez em qdo eu vou trocar o layout.

então, graças a Deus meu coringão voltou a ganhar, será q tá melhorando pq o geninho saiu, não importa, do jeito q tava não podia continuar.

véi do céu, se continuar esse calorão q tá fazendo (ainda é primavera) muita gente vai passar mal, não guento mais ficar torrando a moringa no sol, literalmente fritando o cabeção, mas antes solão a chuva fria e chata.

De 2009 a 2016 sete questões trataram diretamente da mudança da língua. Aqui estão duas delas. Vamos ver se você acerta!

QUESTÃO 111/ENEM de 2015, 2ª aplicação

Comentário: Eis um texto sobre o "internetês", a linguagem da internet, que mescla a oralidade (língua oral, falada) com a escrituralidade (língua escrita). O tipo de pergunta "fácil", com uma resposta óbvia. Vamos ver se você acerta.

Mudança linguística

Ataliba de Castilho, professor de língua portuguesa da USP, explica que o internetês é parte da metamorfose natural da língua.

— Com a internet, a linguagem segue o caminho dos fenômenos da mudança, como o que ocorreu com "você" o interneteiro pode ajudar a reduzir que se tornou o pronome átono "cê". Agora, o interneteiro pode ajudar a reduzir os

202 | PORTUGUÊS SEM MISTÉRIO

excessos da ortografia, e bem sabemos que são muitos. Por que o acento gráfico é tão importante assim para a escrita? Já tivemos no Brasil momentos até mais exacerbados por acentos e dispensamos muitos deles. Como toda palavra é contextualizada pelo falante, podemos dispensar ainda muitos outros. O interneteiro mostra um caminho, pois faz um casamento curioso entre oralidade e escrituralidade. O internetês pode, no futuro, até tornar a comunicação mais eficiente. Ou evoluir para um jargão complexo, que, em vez de aproximar as pessoas em menor tempo, estimule o isolamento dos iniciados e a exclusão dos leigos.

Para Castilho, no entanto, não será uma reforma ortográfica que fará a mudança de que precisamos na língua. Será a internet. O jeito eh tc e esperar pra ver?

Disponível em: http://revistalingua.com.br. Acesso em: 3 jun. 2015 (adaptado)

Na entrevista, o fragmento "O jeito eh tc e esperar pra ver?" tem por objetivo

A. ilustrar a linguagem de usuários da internet que poderá promover alterações de grafias.

B. mostrar os perigos da linguagem da internet como potencializadora de dificuldades de escrita.

C. evidenciar uma forma de exclusão social para as pessoas com baixa proficiência escrita.

D. explicar que se trata de um erro linguístico por destoar do padrão formal apresentado ao longo do texto.

E. exemplificar dificuldades de escrita dos interneteiros que desconhecem as estruturas da norma padrão.

QUESTÃO 124/ENEM de 2015

Comentário: Esta questão é sobre palavras que caem em desuso, especificamente a palavra "pinchar".

Palavras jogadas fora

Quando criança, convivia no interior de São Paulo com o curioso verbo pinchar e ainda o ouço por lá esporadicamente. O sentido da palavra é o de "jogar fora" (pincha fora essa porcaria) ou "mandar embora" (pincha esse fulano daqui). Teria sido uma das muitas palavras que ouvi menos na capital do estado e, por conseguinte, deixei de usar. Quando indago às pessoas se conhecem esse verbo, comumente escuto respostas como "minha avó fala isso". Aparentemente, para muitos falantes, esse verbo é algo do passado, que deixará de existir tão logo essa geração antiga morrer.

As palavras são, em sua grande maioria, resultados de uma tradição: elas já estavam lá antes de nascermos. "Tradição", etimologicamente, é o ato de entregar, de passar adiante, de transmitir (sobretudo valores culturais). O rompimento da tradição de uma palavra equivale à sua extinção. A gramática normativa muitas vezes colabora criando preconceitos, mas o fator mais forte que motiva os falantes a extinguirem uma palavra é associar a palavra, influenciados direta ou indiretamente pela visão normativa, a um grupo que julga não ser o seu. O pinchar, associado ao ambiente rural, onde há pouca escolaridade e refinamento citadino, está fadado à extinção?

É louvável que nos preocupemos com a extinção de ararinhas-azuis ou dos micos-leão-dourados, mas a extinção de uma palavra não promove nenhuma comoção, como não nos comovemos com a extinção de insetos, a não ser dos extraordinariamente belos. Pelo contrário, muitas vezes a extinção das palavras é incentivada.

VIARO, M. E. Língua Portuguesa, n. 77, mar. 2012 (adaptado)

A discussão empreendida sobre o (des)uso do verbo "pinchar" nos traz uma reflexão sobre a linguagem e seus usos, a partir da qual compreende-se que

A. as palavras esquecidas pelos falantes devem ser descartadas dos dicionários, conforme sugere o título.

B. o cuidado com espécies animais em extinção é mais urgente do que a preservação de palavras.

C. o abandono de determinados vocábulos está associado a preconceitos socioculturais.

D. as gerações têm a tradição de perpetuar o inventário de uma língua.

E. o mundo contemporâneo exige a inovação do vocabulário das línguas.

Respostas:

QUESTÃO 111/ENEM de 2015, 2ª aplicação

O objetivo do fragmento é "ilustrar a linguagem de usuários da internet", de modo que a resposta certa é a primeira.

QUESTÃO 124/ENEM de 2015

O título não sugere que palavras em desuso devam ser descartadas dos dicionários (A). O texto não diz que o cuidado com espécies animais é urgente (B). Tampouco diz que "as gerações têm a tradição de perpetuar o inventário de uma língua". (D) Nem que "o mundo contemporâneo exige a inovação do vocabulário das línguas" (E). Sobrou a terceira.

AMERICAN WAY

Entro no *site* do *New York City Center* e me vem à mente a Estátua da Liberdade em frente. Vejo que o *HOTZONE*, maior parque de diversões *indoor* da América Latina, oferece o melhor mix de *pinballs* e que o *BARRAKIDS* possui uma área *baby*. Você pode curtir um menu *lunch* no *Applebee's*, comprar vestuário infantil na Ação *Children*, comprar eletrodomésticos na *Ambient Air* e artigos esportivos na *Authentic Feet*, tudo isto sem sair da letra "a".

Vez ou outra, algum político ou intelectual levanta a bandeira da preservação da língua portuguesa. Não precisamos chegar ao extremo de Policarpo Quaresma, personagem de Lima Barreto que prega o retorno ao tupi-guarani como "língua oficial e nacional do povo brasileiro". Mas até que ponto a "invasão" linguística é nociva?

Tomemos o inglês. Não fosse uma série de invasões estrangeiras (invasões literalmente falando), o inglês seria hoje uma língua germânica como o alemão ou o holandês, sem a riqueza vocabular e a simplicidade gramatical que o caracterizam. Logan Pearsall Smith, em *The English Language*, afirma (a tradução portuguesa é minha): "O progresso do inglês [...] é o resultado, não da prosperidade nacional, mas de dois desastres nacionais: a invasão dinamarquesa e a conquista normanda [ocupação da Grã-Bretanha por Guilherme, o Conquistador, da Normandia, em 1066]. A conquista normanda estava destinada a mudar e transformar a língua inglesa de maneira radical [...] No século XIII, o processo de assimilação prosseguiu com grande rapidez, e centenas de palavras francesas foram adotadas pelo inglês, que começou a assumir o caráter composto que desde então preservou."

Já no século XIX os puristas se preocupavam em proteger a nossa língua dos *galicismos* (termos de origem francesa). O professor Castro Lopes, por exemplo, foi um desses "paladinos" da língua portuguesa. Ele achava que, em vez de *avalanche*, de origem francesa, deveríamos usar *runimol*. Em substituição a *chauffeur* (que evoluiu depois para *chofer*), Castro Lopes sugeriu a palavra *cinesíforo*. Em lugar de *piquenique* (termo de origem inglesa) deveríamos dizer *convescote*. Algumas sugestões de Castro Lopes "pegaram": é o caso de *cardápio* (em vez de *menu*). Machado de Assis, em crônica na *Gazeta de Notícias* de 7 de março de 1889, satiriza a mania de condenar nomes estrangeiros:

Nunca comi *croquettes*, por mais que me digam que são boas, só por causa do nome francês. Tenho um *chambre* de seda, que ainda não vesti, nem vestirei, por mais que o uso haja reduzido a essa simples forma popular a *robe de chambre* dos franceses.

O fato é que o português sempre esteve aberto às contribuições de outras línguas — árabe (algarismo), espanhol (alpiste), tupi (abacaxi), francês (abajur), alemão (aspirina), italiano (ravióli), holandês (flibusteiro), persa (cimitarra), japonês (karaokê), chinês (yin/yang), sânscrito (ioga), inglês (pôquer), grego (zodíaco), hebraico (cabala), quimbundo (moringa) etc. —, sem com isto perder a identidade.

23

Como desenvolver a Competência 7:

Confrontar opiniões e pontos de vista sobre as diferentes linguagens e suas manifestações específicas

Quando examinamos as funções da linguagem vimos que uma delas é a **função conativa**, **apelativa ou persuasiva**, que é a tentativa de persuadir alguém a comprar algo, a agir de certa forma, a votar em certo candidato, a adotar um ponto de vista, a clicar em um *link* que instalará um cavalo de troia etc. A própria prova de redação do ENEM envolve um texto dissertativo-argumentativo em que você vai tentar persuadir o leitor (neste caso, o examinador) de sua visão sobre o tema proposto, e na Parte II deste livro tivemos um capítulo inteiro sobre a "defesa de um ponto de vista". No Capítulo 12 vimos que existem várias estratégias de convencimento: apelar para a emoção, apelar para a razão, apelar para uma "autoridade" no assunto (argumento de autoridade), apelar para números e estatísticas.

O Relatório Pedagógico do ENEM de 2011–2012 define esta competência como a "capacidade de captar informações para além do que está escrito, de inferir o **objetivo** e o **público-alvo** do produtor, analisando as **estratégias argumentativas** utilizadas por autores de textos diversos". Nas provas do ENEM de 2009 a 2011, quatro questões trataram especificamente de estratégias argumentativas e seis, do objetivo do autor do texto. Vamos ver se você tem bom domínio desta competência. Embora sua incidência seja baixa na prova, pode garantir um pontinho precioso a mais.

QUESTÃO 99/ENEM de 2012

Comentário: Aqui temos uma questão sobre estratégia argumentativa utilizando linguagem visual (tirinha).

LAERTE. Disponível em: http://blog.educacional.com.br. Acesso em: 8 set. 2011.

Que estratégia argumentativa leva o personagem do terceiro quadrinho a persuadir sua interlocutora?

A. Prova concreta, ao expor o produto ao consumidor.

B. Consenso, ao sugerir que todo vendedor tem técnica.

C. Raciocínio lógico, ao relacionar uma fruta com um produto eletrônico.

D. Comparação, ao enfatizar que os produtos apresentados anteriormente são inferiores.

E. Indução, ao elaborar o discurso de acordo com os anseios do consumidor.

QUESTÃO 100/ENEM de 2010

Comentário: Questão sobre o objetivo do texto publicitário.

> MOSTRE QUE SUA MEMÓRIA É MELHOR
> DO QUE A DE COMPUTADOR E GUARDE
> ESTA CONDIÇÃO: 12X SEM JUROS.

Campanha publicitária de loja de eletroeletrônicos. **Revista Época.** N° 424, 03 jul. 2006.

Ao circularem socialmente, os textos realizam-se como práticas de linguagem, assumindo configurações específicas, formais e de conteúdo. Considerando o contexto em que circula o texto publicitário, seu objetivo básico é

A. influenciar o comportamento do leitor, por meio de apelos que visam à adesão ao consumo.

B. definir regras de comportamento social pautadas no combate ao consumismo exagerado.

COMO DESENVOLVER A COMPETÊNCIA 7... | 207

C. defender a importância do conhecimento de informática pela população de baixo poder aquisitivo.

D. facilitar o uso de equipamentos de informática pelas classes sociais economicamente desfavorecidas.

E. questionar o fato de o homem ser mais inteligente que a máquina, mesmo a mais moderna.

QUESTÃO 109/ENEM de 2016, 2ª aplicação

Comentário: Mais uma questão sobre o objetivo do autor do texto. Aqui a gente fica em dúvida sobre duas respostas que parecem lógicas. Vamos ver se você acerta.

Grupo transforma pele humana em neurônios

Um grupo de pesquisadores dos EUA conseguiu alterar células extraídas da pele de uma mulher de 82 anos sofrendo de uma doença nervosa degenerativa e conseguiu transformá-las em células capazes de se transformarem virtualmente em qualquer tipo de órgão do corpo. Em outras palavras, ganharam os poderes das células-tronco pluripotentes, normalmente obtidas a partir da destruição de embriões.

O método usado na pesquisa, descrita hoje na revista *Science*, existe desde o ano passado, quando um grupo liderado pelo japonês Shinya Yamanaka criou as chamadas iPS (células-tronco de pluripotência induzida). O novo estudo, porém, mostra pela primeira vez que é possível aplicá-lo a células de pessoas doentes, portadoras de esclerose lateral amiotrófica (ELA), mal que destrói o sistema nervoso progressivamente.

"Pela primeira vez, seremos capazes de observar células com ELA ao microscópio e ver como elas morrem", disse Valerie Estess, diretora do Projeto ALS (ELA, em inglês), que financiou parte da pesquisa. Observar em detalhes a degeneração pode sugerir novos métodos para tratar a ELA.

KOLNERKEVIC, I. **Folha de S. Paulo**. 1 ago. 2008 (adaptado)

A análise dos elementos constitutivos do texto e a identificação de seu gênero permitem ao leitor inferir que o objetivo do autor é

A. apresentar a opinião da diretora do Projeto ALS.

B. expor a sua opinião como um especialista no tema.

C. descrever os procedimentos de uma experiência científica.

D. defender a pesquisa e a opinião dos pesquisadores dos EUA.

E. informar os resultados de uma nova pesquisa feita nos EUA.

208 | PORTUGUÊS SEM MISTÉRIO

Respostas:

QUESTÃO 99/ENEM de 2012
A resposta certa é a última.

QUESTÃO 100/ENEM de 2010
A resposta certa é a primeira.

QUESTÃO 109/ENEM de 2016, 2ª aplicação
O texto descreve uma experiência científica sem apresentar opiniões. As respostas C e E parecem lógicas. O texto informa mais sobre resultados do que descreve procedimentos (uma diferença sutil), logo a resposta certa é a última.

24

Como desenvolver a Competência 8:

Compreender e usar a língua portuguesa como língua materna, geradora de significação e integradora da organização do mundo e da própria identidade

Variação linguística

Além de se transformar com o tempo (como vimos no Capítulo 20), a língua varia geograficamente. O português falado em Portugal, Angola ou Moçambique não é exatamente igual ao falado no Brasil.

PORTUGUÊS DO BRASIL E PORTUGUÊS DE PORTUGAL

No tempo em que os aviões faziam escala em Recife, Dacar e Lisboa, para depois prosseguirem até a Europa Central, um amigo de meu pai, diante do sotaque incompreensível do lusitano que o atendeu na lojinha do aeroporto de Lisboa, acabou apelando para o idioma universal:

— *Do you speak English?*

E pediu seu cafezinho em bom inglês. Em pleno Portugal!

Eu mesmo, quando estudante universitário, mochila às costas, em viagem econômica pelos países da Europa, ao desembarcar no Aeroporto de Lisboa, fui protagonista deste diálogo surreal:

— Poderia me informar onde pego um ônibus para o "Róssio" (me pareceu lógico que Rossio fosse paroxítono e se pronunciasse com **r** forte, de roupa, e **o** aberto).

— Um ônibus para o "Róssio"? (Cara de espanto — espanto português.)

— Isso mesmo, um ônibus para o "Róssio".

O guarda pensou, pensou, até que veio o estalo.

— Ah, sim, agora "intindi": o senhor quer tomar um **autocarro** para o "Russiiiu"...

210 | PORTUGUÊS SEM MISTÉRIO

Nessa estada na simpática Lisboa, aos 21 anos, vim a descobrir as diferenças entre o português do Brasil e o português de Portugal: que ônibus era **autocarro**; a parada era **paragem**; o ponto-final, **zona**; o bonde, **eléctrico**; o trem, **comboio**; que uma bebida gelada era **fresca**, e sem gelo, **ao natural**; que camiseta era **camisola** etc.

Mais de uma década depois, minha então esposa e eu fizemos uma viagem de ônibus entre duas capitais da Europa, junto com um casal de santistas que tínhamos acabado de conhecer. Viagem noturna, ônibus desconfortável (na Europa, rico anda de avião; classe média, de trem; e os mais ferrados, de ônibus). Para matar o tempo, pusemo-nos a desfiar um rosário de piadas. Claro que, a certa altura, começamos a lembrar todas aquelas velhas piadas de português que a gente ouve desde criança. Era um tal de Joaquim pra cá, Manel pra lá, Maria fazendo uma ou outra ponta. Interessante é que havia outra pessoa, mais atrás no ônibus, que também estava rindo das piadas. Vez ou outra, virávamos para trás tentando descobrir quem era, até que enfim conseguimos flagrar nossa companheira de idioma. Perguntamos:

— Gostou da piada?

— Bestial! — Nosso sangue gelou...

— A senhora é...

— Do Porto!

No jornal *Sol Português*, da comunidade portuguesa do Canadá, encontro anúncio de casa com "3 quartos de cama, 2 quartos de banho, estacionamento para 2 carros, cave acabada". Na seção de classificados, "senhoras delicadas e amorosas fazem massagens em privado" e astrólogo curandeiro da Guiné-Bissau explica que: "um dos problemas mais fáceis de combater é a impotência sexual, que actualmente afecta muito os casais, por vezes por questão de peso a mais, diabetes ou colesterol alto e para os quais a solução é a medicina tradicional, como a peticola, o pau de bicilom, barcolomo, assim como óleo de crocodilo e sumo de cabaceira."

As diferenças entre os dois portugueses são bem realçadas por esta frase hilária, que para o brasileiro se afiguraria chula, mas que para um português não teria a menor maldade: **O PUTO POSTOU-SE NO RABO DA BICHA COM DOIS PAUS NA ALGIBEIRA** (Tradução: O menino entrou no fim da fila com dois escudos no bolso.)

Alguém poderá perguntar: o Acordo Ortográfico não veio reduzir as diferenças entre as "versões" de nossa língua? Na verdade, o acordo visa *unificar a maneira de escrever as palavras*, para que um texto editado em Portugal não pareça tão estranho a um leitor brasileiro, e vice-versa. Mas ele não afeta as diferenças vocabulares (ônibus *versus* autocarro, freio *versus* travão) e de pronúncia (Antônio *versus* António). Aliás, estes tipos de diferenças existem até entre regiões diferentes do Brasil (sinal carioca *versus* farol paulista).

E vivam as diferenças!

E mesmo dentro do Brasil existem diferenças regionais. Um gaúcho fala diferentemente de um amazonense, não só em sua pronúncia, mas nos regionalismos, as expressões e palavras próprias de cada região (veja "O PORTUGUÊS BRASIL AFORA", ao final do capítulo). É o que mostra a seguinte questão sobre a variação linguística inter-regional.

COMO DESENVOLVER A COMPETÊNCIA 8... | 211

QUESTÃO 130/ENEM de 2011

MANDIOCA — mais um presente da Amazônia

Aipim, castelinha, macaxeira, maniva, maniveira. As designações da *Manihot utilissima* podem variar de região, no Brasil, mas uma delas deve ser levada em conta em todo o território nacional: *pão-de-pobre* — e por motivos óbvios.

Rica em fécula, a mandioca — uma planta rústica e nativa da Amazônia disseminada no mundo inteiro, especialmente pelos colonizadores portugueses — é a base de sustento de muitos brasileiros e o único alimento disponível para mais de 600 milhões de pessoas em vários pontos do planeta, e em particular em algumas regiões da África.

O melhor do Globo Rural. Fev. 2005 (fragmento).

De acordo com o texto, há no Brasil uma variedade de nomes para a *Manihot utilissima*, nome científico da mandioca. Esse fenômeno revela que

A. existem variedades regionais para nomear uma mesma espécie de planta.

B. mandioca é o nome específico para a espécie existente na região amazônica.

C. "pão-de-pobre" é a designação específica para a planta da região amazônica.

D. os nomes designam espécies diferentes da planta, conforme a região.

E. a planta é nomeada conforme as particularidades que apresenta.

As respostas desta e das outras questões estão mais à frente, antes do boxe "O POR-TUGUÊS BRASIL AFORA".

Mas a variação linguística não é apenas regional. Existe uma variação conforme o contexto linguístico. Assim, existe uma linguagem jurídica, uma linguagem filosófica etc. Existe ainda uma dicotomia entre, por um lado, a **linguagem coloquial**, **informal** — a linguagem falada no dia a dia, que não segue de forma cem por cento rigorosa os padrões gramaticais ("vi ele" e "tu vai" são formas comuns na linguagem falada que contrariam a norma padrão vigente) — e a **linguagem culta**, que segue rigorosamente a "**norma padrão**", e que se espera que seja utilizada, digamos, em uma matéria jornalística, redação do ENEM, discurso no Congresso, aula de um professor, palestra de um empresário etc. E existem ainda linguagens de certos grupos sociais, com códigos próprios: a linguagem dos malandros, *tá ligado*, dos marinheiros, dos presidiários, das crianças etc.

Existe ainda a chamada **linguagem popular**, que é a linguagem falada por estratos da população, geralmente do interior, sem acesso à "alta cultura" e que segue normas próprias, diferentes da norma padrão. É o caso da linguagem matuta. Não se pode dizer que esteja "errada", já que é falada por um grande universo de pessoas. E a linguagem popular contribui positivamente para a cultura do país via ditados populares, literatura de cordel, canções, lendas etc.

PORTUGUÊS SEM MISTÉRIO

A letra da canção *Assum preto*, de Luís Gonzaga, reproduzida na Questão 107 do ENEM de 2015, ilustra bem a linguagem popular:

QUESTÃO 107/ENEM DE 2015

Assum preto

Tudo em vorta é só beleza
Sol de abril e a mata em frô
Mas assum preto, cego dos óio,
Num vendo a luz, ai, canta de dor

Tarvez por ignorança
Ou mardade das pió
Furaro os óio do assum preto
Pra ele assim, ai, cantá mió

Assum preto veve sorto
Mas num pode avuá
Mil veiz a sina de uma gaiola
Desde que o céu, ai, pudesse oiá

GONZAGA, L.; TEIXEIRA, H. Disponível em: www.luizgonzaga.mus.br.
Acesso em: 30 jul. 2012 (fragmento)

As marcas da variedade regional registradas pelos compositores de *Assum preto* resultam da aplicação de um conjunto de princípios ou regras gerais que alteram a pronúncia, a morfologia, a sintaxe ou o léxico. No texto, é resultado de uma mesma regra a

A. pronúncia das palavras "vorta" e "veve".

B. pronúncia das palavras "tarvez" e "sorto".

C. flexão verbal encontrada em "furaro" e "cantá".

D. redundância nas expressões "cego dos óio" e "mata em frô".

E. pronúncia das palavras "ignorança" e "avuá".

A Questão 106 da segunda aplicação do ENEM de 2015 reproduz uma brincadeira em que ditados populares são atualizados para a era da internet.

QUESTÃO 106/ENEM DE 2015, 2ª APLICAÇÃO

Como estamos na "Era Digital", foi necessário rever os velhos ditados existentes e adaptá-los à nova realidade.

Veja abaixo...

1. A pressa é inimiga da *conexão*.

2. Amigos, amigos, *senhas* à parte.

COMO DESENVOLVER A COMPETÊNCIA 8... | 213

3. Para bom *provedor* uma senha basta.

4. Não adianta chorar sobre *arquivo* deletado.

5. Mais vale um *arquivo no HD* do que dois baixando.

6. Quem *clica* seus males multiplica.

7. Quem semeia *e-mails*, colhe *spams*.

8. Os fins justificam os *e-mails*.

Disponível em: www.abusar.org.br. Acesso em: 20 maio 2015 (adaptado).

No texto, há uma reinterpretação de ditados populares com o uso de termos da informática. Essa reinterpretação

A. torna o texto apropriado para profissionais da informática.

B. atribui ao texto um caráter humorístico.

C. restringe o acesso ao texto por público não especializado.

D. deixa a terminologia original mais acessível ao público em geral.

E. dificulta a compreensão do texto por quem não domina a língua inglesa.

De 2009 a 2016, seis questões abordaram a linguagem popular. Por exemplo, esta questão do ENEM de 2011 sobre uma canção de Noel Rosa, que você pode ouvir antes de responder:

QUESTÃO 107/ENEM de 2011

Não tem tradução
[...]
Lá no morro, se eu fizer uma falseta
A Risoleta desiste logo do francês e do inglês
A gíria que o nosso morro criou
Bem cedo a cidade aceitou e usou
[...]
Essa gente hoje em dia que tem mania de exibição
Não entende que o samba não tem tradução no idioma
francês
Tudo aquilo que o malandro pronuncia
Com voz macia é brasileiro, já passou de português
Amor lá no morro é amor pra chuchu
As rimas do samba não são *I love you*
E esse negócio de *alô, alô boy* e *alô Johnny*
Só pode ser conversa de telefone

ROSA, N. In: SOBRAL, João J. V. A tradução dos bambas. Revista Língua Portuguesa.
Ano 4, nº 54. São Paulo: Segmento, abr. 2010 (fragmento).

214 | PORTUGUÊS SEM MISTÉRIO

As canções de Noel Rosa, compositor brasileiro de Vila Isabel, apesar de revelarem uma aguçada preocupação do artista com seu tempo e com as mudanças político-culturais no Brasil, no início dos anos 1920, ainda são modernas. Nesse fragmento do samba *Não tem tradução*, por meio do recurso da metalinguagem, o poeta propõe

A. incorporar novos costumes de origem francesa e americana, juntamente com vocábulos estrangeiros.

B. respeitar e preservar o português padrão como forma de fortalecimento do idioma do Brasil.

C. valorizar a fala popular brasileira como patrimônio linguístico e forma legítima de identidade nacional.

D. mudar os valores sociais vigentes à época, com o advento do novo e quente ritmo da música popular brasileira.

E. ironizar a malandragem carioca, aculturada pela invasão de valores étnicos de sociedades mais desenvolvidas.

Vejamos agora um texto de Rubem Alves, que figurou em uma questão de 2012, sobre o conflito entre a linguagem culta ("varrição") e a linguagem popular mineira ("varreção").

QUESTÃO 125/ENEM de 2012

Sou feliz pelos amigos que tenho. Um deles muito sofre pelo meu descuido com o vernáculo. Por alguns anos ele sistematicamente me enviava missivas eruditas com precisas informações sobre as regras da gramática, que eu não respeitava, e sobre a grafia correta dos vocábulos, que eu ignorava. Fi-lo sofrer pelo uso errado que fiz de uma palavra num desses meus badulaques. Acontece que eu, acostumado a conversar com a gente das Minas Gerais, falei em "varreção" — do verbo "varrer". De fato, trata-se de um equívoco que, num vestibular, poderia me valer uma reprovação. Pois o meu amigo, paladino da língua portuguesa, se deu ao trabalho de fazer um xerox da página 827 do dicionário, aquela que tem, no topo, a fotografia de uma "varroa"(sic!) (você não sabe o que é uma "varroa"?) para corrigir-me do meu erro. E confesso: ele está certo. O certo é "varrição" e não "varreção". Mas estou com medo de que os mineiros da roça façam troça de mim porque nunca os vi falar de "varrição". E se eles rirem de mim não vai me adiantar mostrar-lhes o xerox da página do dicionário com a "varroa" no topo. Porque para eles não é o dicionário que faz a língua. É o povo. E o povo, lá nas montanhas de Minas Gerais, fala "varreção" quando não "barreção". O que me deixa triste sobre esse amigo oculto é que nunca tenha dito nada sobre o que eu escrevo, se é bonito ou se é feio. Toma a minha sopa, não diz nada sobre ela, mas reclama sempre que o prato está rachado.

ALVES, R. **Mais badulaques**. São Paulo: Parábola, 2004 (fragmento)

De acordo com o texto, após receber a carta de um amigo "que se deu ao trabalho de fazer um xerox da página 827 do dicionário" sinalizando um erro de grafia, o autor reconhece.

A. a supremacia das formas da língua em relação ao seu conteúdo.

B. a necessidade da norma padrão em situações formais de comunicação escrita.

C. a obrigatoriedade da norma culta da língua, para a garantia de uma comunicação efetiva.

D. a importância da variedade culta da língua, para a preservação da identidade cultural de um povo.

E. a necessidade do dicionário como guia de adequação linguística em contextos informais privados.

Respostas:

QUESTÃO 130/ENEM de 2011

A resposta certa é a primeira.

QUESTÃO 107/ENEM de 2015

As pronúncias de "tarvez" e "sorto" resultam da mesma regra, a saber, substituição de "l" por "r": "talvez" vira "tarvez" e "solto", "sorto". A resposta certa é a B.

QUESTÃO 106/ENEM de 2015 (2ª aplicação)

A reinterpretação dos ditados dá ao texto uma pegada humorística (B).

QUESTÃO 107/ENEM de 2011

A letra da canção é um texto metalinguístico, que aborda a própria linguagem, no caso, a linguagem do morro. A resposta certa é a terceira.

QUESTÃO 125/ENEM de 2012

"De fato, trata-se de um equívoco que, num vestibular, poderia me valer uma reprovação." Nesta frase o autor reconhece "a necessidade da norma padrão em situações formais de comunicação escrita", logo, a resposta certa é a segunda.

O PORTUGUÊS BRASIL AFORA

Este texto bem-humorado de autor desconhecido que circulou alguns anos atrás na internet ilustra as diferentes formas de falar o português Brasil afora:

ASSALTANTE BAIANO:
Ô, meu rei... (pausa)
Isso é um assalto... (longa pausa)

Levanta os braços, mas não se avexe, não... (outra pausa)

Se num quiser nem precisa levantar, pra num ficar cansado...

Vai passando a grana, bem devagarinho (pausa pra pausa)

Num repara se o berro está sem bala, mas é pra não ficar muito pesado.

Não esquenta, meu irmãozinho, (pausa)

Vou deixar teus documentos na encruzilhada...

ASSALTANTE GOIANO/MINEIRO:

Ô, sô, prestenção... isso é um assarto, uai.

Levanta os braço e fica ketin quêsse trem na minha mão tá chei de bala...

Mió passá logo os trocados que eu num tô bão hoje.

Vai andando, uai! Tá esperando o quê, sô?!

ASSALTANTE CARIOCA:

Seguiiiinnte, mano.... Tu te ferrou, valeu? Isso é um assalto...

Passa a grana e levanta os braços, rapá...

Não fica de bobeira senão leva um teco....

Vai andando e se olhar pra trás vira presunto, na moral...

ASSALTANTE PAULISTA:

Ôrra, meu.... Isso é um assalto, meu

Alevanta os braços, meu...

Passa a grana logo, meu.

Mais rápido, meu, que eu ainda preciso pegar a bilheteria aberta pra comprar o ingresso do jogo do Curintia, meu...

Pô, se manda, meu...

ASSALTANTE GAÚCHO:

O gurí, ficas atento... Báh, isso é um assalto.

Levanta os braços e te aquieta, tchê!

Não tentes nada e cuidado que esse facão corta uma barbaridade, tchê.

Passa as pilas prá cá!

E te manda a la cria, senão o quarenta e quatro fala.

ASSALTANTE DE BRASÍLIA:

Querido povo brasileiro, estou aqui no horário nobre da TV para dizer que no final do mês aumentaremos as seguintes tarifas: energia, água, esgoto, gás, passagem de ônibus, imposto de renda, licenciamento de veículos, seguro obrigatório, gasolina, álcool, IPTU, IPVA, IPI, ICMS, PIS, COFINS...

CONCLUSÃO

Depois de ler este livro, você está munido de ferramentas e estratégias para aumentar suas chances de sucesso nas provas de Redação e Linguagens, Códigos e Suas Tecnologias do Exame Nacional do Ensino Médio (ENEM). Essa não é uma prova tradicional, clássica, em que você decora uma matéria para depois responder a perguntas objetivas. Trata-se de uma prova que avaliará sua capacidade de ler, entender e interpretar variados tipos de texto (poesia, matérias jornalísticas, textos em linguagem popular, textos literários, letras de músicas etc.) em português e em uma língua estrangeira, e de escrever uma redação defendendo um ponto de vista e oferecendo propostas de solução. A prova também contém questões sobre artes, saúde, educação física. Por isto não adianta esperar até um mês antes da prova e sair decorando a matéria como se fazia nos velhos tempos. Com base no que aprendeu neste livro você vai traçar seu plano de ação, reforçar os pontos fracos e praticar. Faça os simulados da internet. Faça as provas do ENEM do passado (www.infoenem.com.br/provas-anteriores ou portal.inep. gov.br/web/guest/provas-e-gabaritos). Leia livros, revistas, jornais. Aproveite as horas ociosas no transporte público para ler. Assista a telejornais e programas jornalísticos. Navegue por *sites* culturais na internet. Visite meu *blog* cultural *Sopa no Mel* (sopanomel. blogspot.com.br). Escreva redações e as submeta à família, aos amigos ou a *sites* como o Banco de Redações do UOL ou o Projeto Redação. Forme opiniões sobre tudo. Discuta--as. Poste suas opiniões em um *blog* ou rede social. Faça listas de palavras em inglês ou espanhol para decorá-las. E releia este livro quantas vezes precisar.

Termino o livro com uns conselhos: organize-se para chegar ao local do exame antes do fechamento dos portões. Conte com a possibilidade de engarrafamentos, demora na chegada do ônibus etc. Melhor chegar uma hora antes do que um minuto depois e não conseguir entrar (e ainda por cima ser zoado pela galera e aparecer no YouTube naqueles vídeos sobre os retardatários). Vá com a cabeça fresca, descanse no(s) dia(s) anterior(es). O que você não conseguiu estudar durante o ano não vai conseguir meter na cabeça um ou dois dias antes. Deixe a balada para depois do exame, ir para o ENEM de ressaca é um tiro no pé[1]. Crie uma estratégia para aproveitar ao máximo as **cinco horas e trinta minutos** da prova. Por exemplo, você pode ler o enunciado da redação primeiro, mas sem fazê-la (10 minutos), depois saltar para a prova de matemática, reservando três minutos por questão (totalizando 135 minutos), depois fazer o *brainstorming* e rascunho da redação (30 minutos), depois a prova de LCST, reservando dois minutos por questão (90 minutos), depois marcar o cartão-resposta (20 minutos) e finalmente passar a limpo sua redação (30 minutos). Com isto você totalizou 5 horas e 15 minutos. Esta é apenas uma sugestão, você pode montar seu próprio esquema. Ao fazer

---

1 Bela metáfora, não é?

218 | PORTUGUÊS SEM MISTÉRIO

as questões de múltipla escolha, quando se deparar com alguma em que tenha forte dúvida, marque com um traço ou xis a lápis na margem, salte para a questão seguinte, e volte às questões marcadas no final.

Você pode me contactar pelo Facebook (Ivo Korytowski). Aceito elogios, e críticas também. E boa sorte no dia da prova!